기억 환상 그리고 실체

프랑켄슈타인에서
모노노케 히메까지

초판 1쇄 발행 | 2009년 1월 7일
지은이 | 허영은·허필숙
펴낸이 | 이용두
펴낸곳 | 열린길
경북 경산시 진량읍 내리리 15 대구대학교출판부
053) 850-8661~3 팩스 053) 850-5669
http://dubookstore.daegu.ac.kr/
등록 | 2007년 4월 19일 제2007-3호
ISBN 978-89-959583-5-3-04330

기억 환상 그리고 실체

프랑켄슈타인에서 모노노케 히메까지

허영은 · 허필숙 공저

•들어가는 말

“매화는 분명 매화나무에서 왔건만, 매화나무를 쪼개도 매화는 없네.” 라고 예전에 한 선사는 노래하였다. 비록 땅 밑으로는 봄기운이 감돌고 있을 터이나 대기 중에는 매서운 겨울의 찬 기운이 채 사라지지 않았을 무렵에 꽃망울을 터뜨리는 매화는 아름답고 신비롭기까지 하다. 매화는 분명히 매화나무에서 피었으니, 다른 어떤 곳에서 오는 건 아니다. 그렇지만 매화나무를 쪼개 봐도 그 속에는 매화의 흔적도 없다. 세상만물이 모두 주관적인 요인과 객관적인 상황이 합일된 찰나, 다른 말로 하자면 시절인연이 되었을 때, 마치 순간을 영원처럼 여기며 존재한다는 가르침일 것이다. 때가 되어 모습을 드러내는 건 한 치의 오차도 없는 자연의 법칙성이고, 나무를 쪼개서라도 매화를 보고자 하는 건 인간의 욕망이다. 아마 세상에 존재하는 모든 것들 중에서 나무를 쪼개서까지 매화를 구하는 것도 인간만이 유일하고, 법칙성의 세계에 발을 딛고자 열망하고 고뇌하는 존재도 인간만이 유일하지 않을까. 인간은 욕망하는 존재이면서 또한 고뇌하는 자이기도 하다. 문학은 언제 어디서나 인간의 이러한 양극성을 다룬다.

시대가 변하면서 문학 텍스트를 읽는 방식도 달라져야 하리라고 본다. 매스 미디어의 발달로 인해 실재와는 무관한 이미지들이 현실을 뒤덮고, 첨단 과학기술의 발달로 새로운 생명체들이 출현하며, 가상 공간 속 나의 분신과 현실 속 내가 공존한다. 나의 육체마저도 더 이상 고정불변의 것이 아니라 끊임없이 변화시킬 수 있는 지금, 더 이상 고정된 주체나 절대적인 현실은 존재하지 않는다고 사람들은 말한다. 그런데 우리가 일상적으로 말해왔던 주체나 현실이란 무엇일까? 그것들은 과거에는 있었지만 현대에는 과연 사라진 것일까? 그런 것들이 있기나 했던 것일까? 이런 질문들을 SF나 판타지 영상물들은 의외로 단순 명료하게 던지고 있다. 그것이 이 책에서 이들 작품들을 분석의 대상으로 선택한 이유이다.

SF와 판타지 영상물은 현실과 구분이 안 되는 가상현실의 창조, 인간복제와 인조인간의 제작에서 동물, 더 나아가 자연의 정령과의 대화에 이르기까지 상상 가능한 모든 것들을 우리 눈앞에 펼쳐 보인다. 그것은 비약적인 발전을 거듭하는 과학기술과 더불어 생겨날 여러 문제들을 공상의 틀을 빌어서 적나라하게 제기하기도 하고, 신과 인간, 동물과 정령이 더불어 살았던 신화 속의 세계를 재현함으로써 우주만물과 더불어 사는 삶의 필요성을 서정적으로 일깨워주기도 한다. 이들은 욕망의 표출과 그 파괴력을 다루기도 하고, 혹은 욕망을 내려놓는 것이 바로 상생의 세계로 나아가는 길이라고 말하기도 한다. 고전 문학에는 깊이가 있고, SF와 판타지에는 단순함과 재미가 있다. 이 둘을 겹쳐 놓고 본다면 고전의 깊이에 새로움이 더해지고, SF와 판타지에는 인문학적인 깊이가 더해질 수 있을 것이다.

미국의 대표적인 SF 작가인 필립 K. 딕Philip K. Dick의 소설 『안드로이드는 전기 양을 꿈꾸는가?Do Androids Dream of Electric Sheep?』를 통해서는

'가상현실과 삶의 리얼리티'라는 제목으로, 내가 알고 있는 나, 내가 보고 있는 현실은 어디까지가 진짜이고, 어디까지가 환상인가를 살펴보았다. 딕은 과학 장치를 통해 제공되는 가상현실을 인간의 보편적인 존재 조건이라든가 인간을 초월하는 존재와의 합일과 연결시키는 부분이 있었고, 바로 이런 점에서 그의 작품이 단순한 흥미위주의 SF를 넘어서 철학적이며 정신적인 깊이를 더한다고 보았다. 리들리 스콧Ridley Scott감독의 「블레이드 러너Blade Runner」는 앞의 작품을 바탕으로 해서 만들어진 영화인데, 인간과 인조인간의 대립을 통해 궁극적으로는 '나는 누구인가?'하는, 정체성의 문제를 다루었다.

SF 소설의 효시로 평가받는 메리 셸리Mary Shelley의 『프랑켄슈타인』Frankenstein을 통해서는 앞서 「블레이드 러너」에서 제기된 인조인간의 문제를 창조주와 피조물의 관계에서 바라보았다. 생명공학과 유전공학을 통해 새로운 생명체가 속속 만들어졌고, 심지어 가까운 미래에 인간마저 복제될지 모르는 오늘날, 과연 이러한 과학연구를 해야 하는 목적과 의미는 무엇인가? 그 결과 탄생될 피조물은 어떤 처지에 놓이고, 어떤 생각을 할 것이며, 창조주로서 그에 대한 책임은 무엇인가? 등의 의문은 필수적이다. 그런 의미에서 『프랑켄슈타인』을 한 번쯤 읽어보아야 할 필독서로 권장하고 싶다.

영화 「아일랜드」는 황우석 박사의 줄기세포 연구 성공으로 인해서 한국이 세계 언론의 중심에 서있던 2005년에 제작된 영화이다. 『프랑켄슈타인』이 창조주로서 과학자의 욕망과 그 비극적인 결말을 다뤘다면,

「아일랜드」는 미래의 소비자들의 욕망을 건드린다. “500만 달러만 내면 당신의 생명을 6,70년까지 연장할 수 있다. 당신이라면 어떻게 하겠는가?” 영화 속의 한 고객이 말하듯이 생명을 구하는 대가로 그 정도는 별로 큰돈이라고는 할 수 없다. 그러나 그것이 당신의 복제 인간으로부터 장기를 꺼낸 결과라면 얘기는 달라진다. 영화는 재차 묻는다. 이런 경우 클론은 사람인가, 아니면 제품인가? 당신은 단순한 보험사 고객인가 혹인 살인방조자인가?

쉬지 않고 숨 가쁘게 달려온 인류의 종착지가 바로 여기일까? 인간을 복제해서 제품으로 쓸 수 있을 정도의 기술이라면 동시에 인간에게 엄청난 도움도 줄 수 있다. 생명의 창조는 신의 고유한 권리였으니, 이제 인간에게는 신의 영역으로 나갈 수도 있고, 혹은 인간 이하의 존재로 곤두박질할 수도 있는 선택권이 주어진 셈이다. 그렇다면 인간의 손에 쥐어진 능력을 지혜롭게 사용하는 방법은 무엇일까?

미야자키 하야오의 「모노노케 히메」는 신화적 상상력을 동원해서 신과 자연, 인간과 동물과 정령의 세계를 아우르는 장엄한 우주의 서사시를 노래한다. 하야오 감독이 제시하는 화두는 ‘사랑’이다. 그는 자연과 인간의 공생을 통해 정복에서 화해로, 갈등에서 상생으로 나가는 길을 모색하고자 한다. 인간을 향한 증오와 분노에 휩싸여 모노노케 히메는 아시타카의 목에 칼을 들이댄다. 그 순간 그의 입에서 담담하게 흘러나오는 “살아라”는 말은 하야오 감독의 철학을 단적으로 대변한다. 그것은 일체의 분별심과 선악을 넘어서 존재하는 모든 것에 대한 절대적인 긍정이며, 삶 그 자체에 대한 예찬이다.

이 책에서 다룬 작품들은 인간과 인조·복제 인간의 대립, 생명의 창조와 파괴, 과학의 발전과 그로 인한 인간성의 상실, 환상과 실제, 욕망이 빚어내는 갈등상태와 상생의 과정과 같은 다양한 문제들을 다룬다. 동양과 서양, 문학과 문학 외적인 장르의 구분이나 소재의 다양성을 넘어서 이 작품들을 관통하는 공통의 화두(話頭)가 있다면 '존재와 목적과 의미'가 될 것이다. 화두란 말 그대로 말머리, 즉 말이 나오기 이전의 상태를 뜻한다. 그 상태를 안 사람은 말이 없다. 이 글들이 존재에 대한 끊임없는 사유와 더불어 우주 삼라만상에 대한 이해와 사랑, 공존의 참 뜻에 대해 함께 고민하는 계기가 되었으면 한다.

• 차 례

1_가상현실의 여행자들

『안드로이드는 전기 양을 꿈꾸는가?』

Do Androids Dream of Electric Sheep?

가상현실이 삶을 점령하다

소설[1]의 제목이 되는 '안드로이드Android'[2]로부터 시작해보자. 안드로이드는 인조인간으로서, 최후의 전쟁World War Terminus이 끝나고 방사능 먼지로 인해 지구에서의 삶이 위협을 받게 되자 인간이 만든 로봇 노예들이다. 이들은 행성 식민지를 개척하면서 힘든 노동을 담당했다. 애초에 전쟁기계였던 이들은 진화에 진화를 거쳐서, 육체적인 면에서나 지적인 면에서 인간과 구분이 되지 않는 수준에 이르렀다. 행성 이주자들은 식민지로 이주하는 대가로 안드로이드들을 무상으로 지원받는다. 출발 전에 각자 원하는 로봇 주문서를 제출하면, 식민지에 도착하는 즉시 그들이 맞춤 제작을 요청했던 안드로이드가 완제품으로 그들을 기다리고 있는 것이다. 안드로이드들은 육체적으로는 인간들의 노역을 대신하고, 또 심리적으로는 그들에게 주인으로서의 만족감을 누리게끔 해주는 인간화된 기계이다. 이들이 자기들의 처지에 불만을 품고 주인을 죽이거나 혹은 거주지를 이탈하여 지구로 잠입할 경우, 이들은 '현상금 사냥꾼bounty hunter'으로 불리는 사법 경찰들에 의해 처단되었다. 한마디로 안드로이드들은 과거에 권력자나 귀족들, 혹은 부유한 사람들만이 누릴 수 있었던 특권과 행복, 그렇지만 평범한 사람이라면 누구나 한번쯤

---

1 필립 K. 딕. *Do Androids Dream of Electric Sheep?* (NY: A Del Rey Book, 1968), 이하 ( ) 안에 쪽수만 명기함.

2 그는 소설에서 안드로이드는 기술력의 상징이 아니라 '잔인한 방식으로 우리를 속이는 존재, 그것이 우리의 일부라고 생각하게끔 만드는 존재'라고 지적한다. Philip K. Dick, "Man, Android, and Machine"(1976) in Lawrence Sutin, ed. The Shifting Realities of Philip K. Dick. p.211

품었을 안락함과 권력에의 환상을 현실로 만들어주는 가짜인간들인 것이다. 사람과 똑같은 인조인간을 만들어내는 기술력이 다른 생물체를 만들 능력이 어찌 없겠는가. 소설 속 세계는 진짜 동물이나 곤충들과 똑같이 생긴 가짜들로 넘쳐난다.

즐거움과 행복이 끊이지 않는 삶. 이것은 모든 사람들이 꾸는 꿈이다. 소설에는 이런 꿈들을 손쉽게 실현시켜주는 장치들이 등장한다. 감정조절장치mood organ에는 환희, 믿음과 소망, 자부심, 성적인 욕망, 심지어는 슬픔과 절망의 메뉴에 이르기까지 각종 감정과 마음의 상태들이 입력되어 있어서 사용자는 자기가 누리고 싶은 어떤 감정도 실시간으로 제공받을 수 있다. 기계에서 발사된 전파가 사용자의 뇌의 해당 부위를 자극하는 순간 그의 슬픔은 기쁨이 되고, 더불어 그의 인생도 우울한 잿빛에서 장밋빛으로 변하는 것이다. 감정조절장치가 개인의 감정을 조절해 준다면, 공감박스empathy box는 자아의 벽을 넘어 확장된 체험을 가능하게 해주는 장치이다. 우주 공간 어느 곳에서든 공감박스에 접속한 사람들은 그 순간 심리적인 합일체가 되어 교감하면서, 마치 부흥회나 기성 종교의 정신적인 고양상태에서와 유사한 경험을 한다. 객관적인 현실뿐 아니라 인간의 내면까지도 시뮬라크르Simulacre[3]로 가득 찬 가상현실로 탈바꿈된 것이다.

---

3 원래 플라톤Plato에 의해 정의된 개념으로 그는 인간 세계를 원형인 이데아, 그것의 복제물인 현실, 그리고 복제의 복제물인 시뮬라크르로 이뤄졌다고 보았다. 후에 포스트구조주의의 대표적인 철학자인 질 들뢰즈Gilles Deleuze는 복제의 모델을 뛰어넘어 새로운 자신의 공간을 창조하는 역동성과 정체성을 지니는 것으로 시뮬라크르의 개념을 재정립했다. 『두산백과사전』 EnCyber & Encyber.com. 참조.

세상에는 인간이나 실제 동물과 구분이 안 되는 안드로이드들과 인공 동물들이 혼재하고, 인간의 내면은 자발적으로 생성된 감정들과 기계를 통해 조작된 감정들이 상충한다. 소설속의 세계에는 객관적으로 볼 때는 진짜와 가짜가 분명히 존재한다. 예를 들어 인간은 진짜이다. 반면 안드로이드는 인간의 복사물이고, 그렇기 때문에 가짜이다. 그러나 소설이 진행되면서 안드로이드보다 더 냉혹하고 기계적인 인간도 있고, 또 인간보다 더 인간적인 안드로이드도 있다는 것을 알게 된다. 그렇다면 무엇을 두고 진정한 인간을 정의할 수 있을 것인가? 인간의 내면의 체험도 마찬가지이다. 어떤 체험이 진짜이고, 어떤 체험이 가짜인가. 눈 앞의 현실은 진짜이고, 꿈이나 상상은 가짜이고 환상인가? 폐쇄적 환상은 그 주체를 현실과 유리시키기도 하지만, 수 천 년을 통해 내려온 문학과 예술의 역사는 환상이 때로 실제보다 더 강력하게 현실을 바꾸는 힘이 될 수 있음을 웅변한다.

사람 개개인에 이르면 객관적인 기준은 무용지물이 된다. 아니, 보다 정확히 말하면 소설은 이런 객관적인 기준이 절대적인 것이 될 수 없음을 말하며, 소설을 읽는 독자들로 하여금 각자의 판단을 되돌아보고 가상과 실재를 구분하는 기준을 재정립할 것을 요구한다. 어떤 의미에서 가상현실의 잠재력과 파괴력은 과학의 기술력을 통해 극사실의 세계를 재현할 수 있는 SF 소설의 문제만은 아니다. 우리의 삶이 실제보다 더 실제 같은 이미지들로 넘쳐나고, 사이버 공간에는 현실보다 더 현실 같은 세컨드 라이프Second Life[4]가 그 문을 활짝 열어젖힌 지금, 우리의 영혼은 심각한 착시현상을 겪는다. 소설은 우화적인 장치들을 통해 가상현실과 현실의 경계를 무너뜨리며 우리에게 묻는다. 우리의 욕망과 감정, 그리고 구원을 향한 믿음조차도 알고 보면 가상현실이다. 자, 그러면 우리는 어디에서 출발해야 할까?

가상현실 1 - 절망과 우울에의 침잠

소설의 무대는 이제는 그다지 멀지도 않은 미래, 최후의 전쟁이 끝나고 얼마간의 시간이 흐른 2021년[5]의 지구이다. 3차 세계대전이라고 할 이 핵전쟁의 원인을 기억하는 사람은 아무도 없다. 전쟁을 일으켰던 정치적인 명분도 허구에 불과했을 뿐, 전쟁은 벌써 잊혀진 기억이 되었다. 마치 황사처럼 방사능 낙진이 시야를 흐리며 사물의 경계를 불분명하게 만드는 아침, 사람들은 어제와 변함없이 단조로운 일상을 시작한다. 감정조절장치와 연결된 자명종 시계는 예약시간에 맞춰 전기파를 발사해 뇌를 각성시키고, 사용자는 산뜻한 정신으로 잠에서 깬다. 이 장치가

4 온라인 게임업체인 린든랩Lindon Lab이 1998년에 개발한 3D 가상현실 웹사이트. 사용자들은 자기의 분신인 아바타avatar를 만들어 그 안에 거주하면서, 모든 면에서 현실과 다를 바 없는 가상현실의 삶을 산다. 공식환전소 LindeX를 통해 270린든 달러는 현실에서 1달러로 환전이 되고, 세컨드 라이프의 경제 활동을 통해 백만장자가 된 사례들도 속출한다. 글로벌 기업들이나 대학 강의실도 가상현실에 분점을 내든가 화상 회의, 화상강좌를 개설하면서 현실과 가상현실의 경계는 급속히 붕괴되는 중이다.("Why Millions Are Living Virtual Lives Online" Newsweek, July 30, 2007)

5 1968년에 처음 출판될 당시 소설의 무대는 1992년이었으나 나중에 다시 출판하면서 작가는 시대를 2021년으로 늦췄다.

비단 잠에서 깨는 데만 도움을 주는 것은 아니다. 장치에는 불필요한 감정으로 인한 에너지 소모를 방지하고, 삶을 보다 편리하고 효율적으로 편집할 수 있도록 다양한 감정 정보들이 입력되어 있다. 예를 들자면 3번 채널은 '조절장치의 다이얼을 맞추고 싶은 마음이 생기도록 뇌를 자극하는 것'이고, 481번은 '내 앞에 열린 미래의 다양한 가능성을 깨달음'이며, 888번은 'TV에서 뭘 방영하든 TV를 보고 싶어 하기'이다. 혹은 원만한 부부생활을 위해서일지 모르지만, '모든 점에서 남편이 뛰어난 지혜를 갖고 있음을 인정하기'인 574 채널도 있다.

사실 가만히 살펴보면 이런 장치가 현재 우리가 기분전환의 수단으로 사용하는 여러 방법들과 본질적으로 다른 것은 아니다. 영화나 TV, 컴퓨터 게임이나 채팅도 어느 정도 감정조절장치의 역할을 하고, 더 강력하고 중독성을 지닌 것들로는 환각효과를 부르는 약물들도 있다. 감정조절장치는 사용주체가 스위치를 조절하면서, 별 수고를 기울이지 않고도 신속하고 효율적으로 원하는 감정을 얻어낸다는 차이가 있을 뿐이며, 항상 행복과 기쁨을 누리고 싶다는 인간의 욕망은 중간 단계를 거치지 않고 직접 뇌의 해당 부위를 자극하는 기계를 만들어 냈다. 뇌는 그것이 접수한 전기적인 신호만을 내장된 프로그램에 따라서 해독할 뿐이며, 체험의 순수성 따위는 개의치 않는다는 사실을 고려하면 이런 장치는 극히 효율적이다. 감정 전환을 위해 굳이 특정한 상황을 거쳐야 할 수고를 덜 수 있기 때문이다. 그러나 과학기술의 발전은 양날의 칼과 마찬가지로, 쓰는 주체에 따라 창조적으로 혹은 파괴적으로 작용한다는 불변의 진리는 여기에도 적용된다. 마음대로 감정을 조절할 수 있는 장치와 물질적인 풍요가 주어진다 해도 그것을 올바르게 사용할 뜻과 능력이 없을 때 궁극적으로 그 피해는 인간에게 돌아간다. 소설에 등장하는 데커드Deckard 부부가 바로 그런 경우이다. 결론부터 말하자면 데커드의 아내는 감정조절장치를 타인과의 관계를 차단해서 자폐적으로 자기의 감정에 몰입하는 수단으로 삼고, 데커드는 욕망을 성취하는 데 효율적인 수단 정도로 생각한다.

릭 데커드Rick Deckard는 안드로이드 사냥꾼이다. 그는 감정조절장치의 도움으로 맑은 정신으로 잠을 깨서 기지개를 편다. 그의 아내 아이란Iran은 남편의 기척을 느끼고 잠깐 눈을 뜨지만 짜증을 내면서 다시 눈을 감는다. 보람찬 하루를 위해 자신감이라든가 미래에 대한 희망과 같은 긍정적인 감정들로 이미 빽빽하게 시간표를 짜놓은 그는 아내의 행동이 이해되지 않는다. 데케드는 다정하게 아내의 어깨를 감싸 안으며 말한다. “당신이 펜필드Penfield[6]를 너무 약하게 맞췄나 보군. 내가 다시 조정을 해주면 일어나기가…” 그가 미처 말을 끝내기도 전에 아이란은 깨고 싶지 않으니 기계에서 손을 떼라고 말한다. 그녀의 짜증에도 불구하고 데커드는 다시 그녀에게 몸을 구부려서 다정하게 설명한다.

> “전압을 높이면 즐겁게 일어날 수 있어. 그저 그렇게만 하면 된다니까. ‘C’에다 맞추면, 지금 나처럼, 의식을 가로막는 문턱을 넘어설 수 있어요.”(3)

---

6 감정조절장치를 발명한 박사의 이름.

아내의 짜증에도 불구하고 그가 자제력을 잃지 않는 이유는 기계 덕분이다. 그는 기계를 'C'보다 한 단계 높은 'D'에 맞춰 놓았고, 그 결과 한껏 기분이 고양되어 있기 때문이다. 그러나 기계의 힘을 빌어서 그에게 생성된 감정은 그의 내면에서 자체적으로 발생되는 감정에 비해서는 터무니없이 무력하다. 그의 육체의 세포 하나하나에는 기계의 일회적인 자극과는 비교할 수 없이 오랜 세월 작동해온 자체의 메커니즘이 각인되어 있기 때문이다. 그의 다정함과 고양된 느낌은 아내의 말 한마디에 무력하게 사라지는 허상에 불과하다.

"그 더러운 경찰 손 좀 치우지 못해"
"난 경찰이 아니야."(3-4)

아내의 말을 들으며 그는 '다이얼을 '분노'에 맞추지 않았음에도 불구하고' 속에서 분노가 치미는 것을 느낀다. 육체의 프로그램은 조절장치가 입력한 정보와 무관하게 자체적으로 작동하기 시작한다. 아내에 대한 불만이 커지면서 그의 내면에서 분노와 다정함은 충돌하기 시작한다. '분노'는 그의 육체에 각인된 기억에서 습관적으로 분출되는 감정이고, '다정함'은 그가 의식적으로 기계에서 선택한 감정이다. 이어지는 말다툼에서 알 수 있듯이 데커드와 아이란은 권태기에 빠져 서로에게 싫증을 내며 결혼 생활을 이어가는 부부이다.

"더 나쁘지. 경찰에 고용된 살인자니까."

"내 평생 사람을 죽인 적은 없어"(4)

이 순간 분노가 다정함을 압도하며, 분노는 적개심으로 변한다. 조작된 감정이 현실을 변화하는 힘으로 작용하면 좋으련만, 그 열쇠를 쥐고 있는 데커드는 더 이상 기계의 힘을 긍정적으로 사용할 생각이 없다.

"불쌍한 앤디들."

"보니까 당신은 내가 집에 가져온 현상금을 거침없이 그때그때 당신 쓰고 싶은 데 쓰더군. 그 돈을 모아서 진짜 양을 사서 위층에 있는 가짜와 바꾸는 대신에 말이야. 몇 년 동안 그렇게 뼈 빠지게 일했는데 고작 전기 양이라니."(4)

감정조절장치는 이제 각자의 분노를 폭발시키고, 욕망을 관철시키는 수단으로 변화한다. 마치 사이버게임에서 무기의 종류와 등급 조절을 놓고 망설이는 게이머들처럼, 데커드와 아이란은 각자의 감정 장치의 스위치를 어디에 맞출까를 재빨리 궁리한다. 자기의 조절장치 앞에서 그는 잠시 망설인다. 분노를 없애는 쪽으로 스위치를 맞춰서 싸움을 멈출 것인가, 아니면 이왕 분노가 올라온 김에 최대로 증폭시켜 싸움에서 이길 것인가? 그의 의도를 눈치 챈 아이란은 그를 노려보면서 만일 그가 분노의 스위치를 최대치로 올리면 자기도 똑같이 할 터이니 각오하라고 경고한다. 순간 팽팽한 긴장이 흐르고, 그녀의 위협에 한풀 꺾여서 데커드는 한숨을 쉬며 각자 원래의 스케줄에 맞추자고 절충안을 내놓는다.

이 순간 데커드는 조절장치의 스위치에서 손을 떼고 그와 더불어 그의 분노도 사라진다. 기계의 스위치뿐 아니라 육체의 스위치도 조절된 것이다. 기계이건 육체이건 그 스위치를 조절하는 건 데커드의 의식이다. 욕망을 내려놓자 감정도 사라진다. 분노와 다정함은 존재했다 사라지고, 사라진 후에는 어떤 흔적조차 남지 않는다. 감정조절장치에서 비롯된 감정이건, 아니면 내 속에서 일어난 감정이건 그것들은 분명히 생생한 실체가 있지만, 다른 각도에서 보면 허상에 불과하다. 다양한 감정들의 흐름은 생각 따라 일어났다 사라지는 한 편의 드라마이며, 그 연출자는 바로 자기 자신이다.

오늘은 각자 어떤 감정의 메뉴들을 즐기기로 했는지 서로의 감정 스케줄을 공개하는 과정에서 데커드는 아내 아이란이 '6 시간 동안의 자학성 우울'⑷을 선택했다는 말을 듣고 깜짝 놀란다. 펜필드라는 과학자가 감정조절장치를 만들고, 또 많은 사람들이 그 장치를 애용하는 이유는 사람을 피폐하게 만드는 절망과 같은 부정적인 감정 대신에 낙관적이며 긍정적인 감정으로 충만한 삶을 살 목적에서가 아니었던가. 물론 조금 전에 그들 자신도 그 원칙에 정면으로 위배되는 행동을 하긴 했지만 말이다. 우울은 영혼의 죽음이나 마찬가지이다. 데커드는 그런 아내가 불만스럽고 또한 걱정도 된다. 삶에 대한 절망으로 인해 자기 속에 틀어박혀 끊임없는 회한과 자책으로 삶을 헛되게 보내는 대신, 비록 기계의 도움을 받았을망정 일단 자신감과 희망에 불타서 행동하는 인간이 된다면 얼마나 좋은 일인가. 데커드의 생각에서는, 마치 자기 힘으로 걷지 못하는 사람이 보조기구의 도움을 받아 걷게 되듯이, 감정조절장치는 사람들의 감정과 의식이 굳건해지게끔 도와주는 도구이다. 그런데 아내 아이란은 지금 기계가 만들어진 목적에 상반되게, 오히려 그 속에 안주하면서 의식의 근육을 약화시키려고 하고 있다. 그는 아이란을 이해할 수 없다. 그가 보기에 자기 아내는 탈출한 안드로이드만큼도 살아가려는 의지가 없다. 자기 혼자만의 삶도 버거운 그에게 삶의 중압감을 더하는 아내를 그는 혐오한다.

그러나 아이란도 할 말이 있다. 자기가 무료한 일상을 보내지만, 그렇다고 남편이 자기보다 더 나은 삶을 사는 것 같지도 않고, 게다가 그의 삶은 허위와 기만에 가득 찬 것이기 때문이다. 데커드는 자기의 직업인 안드로이드 사냥은 사회의 질서를 파괴하는 기계를 폐기하는 행동이라고 말한다. 그런 말을 하는 그의 태도에서는 사회의 치안에 일익을 담당한다는 자부심까지 느낄 수 있다. 그러나 아이란이 보기에 그가 어떤 명분을 붙이건 그의 행동은 살인이다. 그리고 이런 허위의식은 데커드의 행동 하나하나에 낱낱이 배어있다. 아이란은 그의 다정함조차 반갑지 않다. 그의 다정함은 내면에서 우러난 것이 아니라 기계로 조작된 허상에 불과한데, 그는 그것이 마치 자기 속에서 우러난 양 행동하지 않는가 말이다.

사실 데커드는 아내보다 살아있는 동물을 더 소중히 여긴다. '무한한 가능성으로 충만한 미래'이든 '넘치는 자신감'이든, 장치의 도움을 받아 생성된 감정들은 진짜 양에 비하면 아무 것도 아닌 것들이다. 그의 삶에서 유일한 낙은 그의 집 옥상에서 키우고 있는 전기 양을 살아있는 진짜 양으로 바꾸겠다는 생각뿐이다. 아이란은 고작 양 한 마리를 위해 목숨을 걸고 안드로이드를 죽이는 데커드를 경멸한다. 나의 절대적인 가치는 타인의 눈으로 보면 신기루에 불과하고, 나의 절실한 삶이 타인의 눈에는 신기루를 쫓는 삶, 그러니까 일종의 가상현실로 보이는 법이니까.

자기가 무엇을 위해 살고 있는지, 또 어떻게 살아가야 하는지를 알 수 없기 때문에 아이란은 우울하다. 삶의 의미를 찾지 못한 그녀에게 감정조절장치를 통해 얻어지는 감정들 또한 별로 쓸모가 없다. 비평가들은 아이란이 1960년대의 미국 중산층 부인들의 전형적인 모습을 재현한 것이라고 지적한다. 이 때는 미국이 물질적인 풍요를 누리는 가운데 TV, 세탁기, 자동차 등과 같은 문명의 이기들이 급속히 보급되어 시간과 공간이 주체할 수 없이 늘어난 시대이다. 그러나 굳이 그녀를 특수한 시공간에 위치시킬 필요는 없을 것이다. 그녀가 겪는 일상의 무료함은 언제 어디서나 누구에게나 있을 수 있는 일이다. 데커드가 출근한 후 그녀는 TV에서 하루 종일 방영되는 '부스터 프렌들리와 그의 멋진 친구들Buster Friendly and His Friendly Friends'이라는 쇼를 본다. 부스터는 화려하지만 인공적으로 만들어진 이미지들로 가득한 엔터테인먼트 산업, 혹은 실제를 능가하는 가상현실을 대표하는 존재이다. 그의 쇼가 제공하는 환락에 취해서 사는 한, 사람들은 고독과 소외, 그리고 궁극적으로 죽음의 공포를 망각한다. 그러나 그녀는 TV의 오락프로를 보면서도 마음의 밑바닥을 흐르는 허무감와 무의미의 강물을 어렴풋이 느낀다. 삶의 공허함을 느끼는 딱 그만큼만 그녀의 의식은 살아있다. 소설 속의 그녀의 모습은 현란한 이미지들 속에서 삶의 황폐함을 감지하는 현대인들과 다를 바 없다.

한편으로는 오락프로나 조절장치의 감정들을 주입받고, 다른 한편으로는 삶의 무의미함에 알게 모르게 고통 받으면서 그녀의 마음은 괴리되어 있다. 아마 그녀를 비롯해서 살아남은 지구인들이 강박적으로 부스터 쇼에 몰입하는 이유는 자신의 괴리를 직시할 용기가 없어서이기 때문일 것이다. 그러다 어느 순간, 아마도 그녀가 그 괴리성에 더 이상 눈감을 수 없을 때, 삶의 리얼리티가 생경한 형태로 그녀의 마음의 틈새를 뚫고 들어온다. 그녀가 대면하는 궁극적인 리얼리티는 바로 죽음이다. 서서히 죽어가는 지구, 그리고 그 안에서 서서히 죽어가는 그녀 자신. 어느 날, 여느 때와 다름없이 부스터 쇼를 보고 있던 중 그녀는 문득 텅 빈 아파트의 소리, 역설적인 표현이지만 '허공의 소리emptiness'(5)를 듣는다.

내가 TV 소리를 아주 작게 줄인 순간 나는 382 감정 이었어.: 직전에 거기다 다이얼을 맞췄거든. 그래서 허공의 소리를 머리로 듣기는 했지만 가슴으로 느끼지는 않았어. 펜필드 감정조절장치를 살 수 있어서 정말 다행이다 하는 게 내 첫 반응이어. 하지만 곧 이 건물뿐 아니라 도처에서 생명이 사라진 걸 감지하면서도 아무런 반응도 보이지 않는 건 지극히 병적인 상태라는 걸 깨달았어. 아마 당신은 모를 거야. 그런 걸 사람들은 정신병의 징후로 여겨왔지. 그래서 나는 TV 소리를 줄인 채로 내 감정조절장치 앞에 앉아서 이리저리 찾아봤어. 그러다가 결국 절망에 맞추는 법을 알아낸 거야. (5-6)

허공의 소리는 곧 죽음의 공포를 일깨우며, 순간 그녀는 기계의 도움으로 만든 인위적인 감정의 방어 막에 둘러싸여 그런 공포를 직시하지 않아도 된다는 것을 다행으로 생각한다. 그녀는 기계장치를 뚫고 문득 그녀의 의식에 침입한 삶의 진실에 대해 어떤 감정을 어떻게 느껴야 할지조차 모른다. 다행히도 그녀는 마음의 혼란을 지켜보는 자신을 발견한다. 습관적으로 틀어 놓는 TV 소리가 잠시 사라졌을 때 그녀는 죽음을 향해 수동적으로, 그리고 무기력하게 떠밀리듯이 나아가는 그녀의 삶을 생생히 느낀 것이다. 그 순간 그녀가 느끼는 죽음의 공포와 고독감은 너무도 강렬하다. 그 충격은 순간 그녀의 반응 능력을 마비시킨다. 분명히 몸과 마음에는 와서 닿지만 그 실체를 뭐라 표현할 수 없기 때문에 더욱 당황스런 감정. 그녀는 어찌할 바를 모르며 조절장치를 뒤지다가 간신히 '우울'을 찾아내어, 그것을 그녀가 느낀 감정의 실체라고 정의한다.

감정조절장치는 원래 긍정적인 삶을 위해 고안된 것이다. 그러나 그녀는 그 장치를 자기의 상황을 부정하는 수단으로 삼으면서, 우울과 절망이 삶의 리얼리티에 더 가깝다는 생각으로 위안을 삼는다. '절망'은 매끄럽게 조작된 긍정적인 감정들로 뒤덮인 삶에 대해 그녀가 취하는 최소한의 심리적인 저항이다. 이후 그녀는 한 달에 두 번씩 감정조절기계를 통해 '절망'을 느낀다고 말하면서 이 정도의 분량이면 '영악한 사람들은 다 떠난 지구에 남아, 모든 것에 희망을 상실한 상태를 느끼기에는 적절한 시간이라고 생각한다.'(6)고 말한다. 데커드가 절망의 감정은 계속해서 사람을 그 안에 침잠하게 만드는 위험한 감정이라고 지적하자, 아이란은 일정 시간 동안 절망을 느낀 후에는 자동적으로 미래에 대한 희망으로 감정이 변화되도록 예약을 해뒀다고 대답한다.

비록 그녀가 용감히 현실을 대면한 듯 보이지만 그녀는 적당히 절망하고, 또 적당히 절망에서 회복된다. 데커드 또한 그녀가 말하는 허공의 소리가 무엇을 의미하는지 안다. 어쩌다 한 밤중에 그도 또렷이 그 소리를 듣기 때문이다. 그 역시 사람들이 모두 떠났으며, 건물들이 계속해서 비어가고 있음을 안다. 그러나 그는 직접 그 사실을 확인하거나, 절망과 같은 감정에 빠질 생각은 없다. 그녀와 같은 상황에서 살아가는 사람들 대부분이 조작된 안락함에 만족할 때 그녀가 '절망'의 감정을 찾아냈다는 건 어떤 면에서는 발전이라고 할 수도 있지만, 그녀의 '절망'은 좀 더 강한 마취제일 뿐, 그녀는 '절망'의 주체가 되어 절망의 근원을 찾아 마음 깊이 내려가지 못한다. 오히려 그녀는 '절망'을 감정의 실체라고 간주하면서, 그 속에서 마음의 문을 걸어 잠근다. 그녀는 사실 절망의 감정을 즐기는 것이다. 남편과 생생한 감정을 주고받는 대신에 그녀는 기계가 만들어낸 감정에 흠뻑 취한다. 이 순간 그녀는 삶의 실체에서 벗어나 환상으로 도피하는 것이다. 조절장치가 만들어낸 감정이든 혹은 그녀의 내면에서 자연발생적으로 일어난 감정이든, 그것들은 한 순간 존재했다가 사라진다. 모든 감정은 보는 관점에 따라 실제일 수도, 그리고 환상일 수도 있다. 문제는 '절망'을 삶의 실체로 정당화하면서, 그것에 집착하는 그녀의 태도이다.

이처럼 실상이라고 보면 실상이고, 또 허상이라고 보면 허상일 '감정'을 나는 무엇을 하는데 쓸 것인가? 정작 중요한 문제는 여기에 있다. 앞서 살펴봤듯이 아이란은 감정을 고립의 수단으로 사용한다. 그러나 그와 반대로 감정은 자아의 벽을 허무는 수단도 된다. 소설에서 안드로이드는 갖지 못한 인간 고유의 능력으로 교감Empathy을 꼽는 것은 바로 이런 관점에서이다. 인간이라면 마땅히 다른 생물체가 고통 받을 때 같이 고통스러워하고, 기쁠 때 같이 기뻐할 수 있는 정신적인 능력을 지녀야 한다. 인간과 안드로이드를 나누는 기준은 인간은 동료 인간의 고통과 기쁨은 말할 것도 없고, 대상이 동물이든 곤충이든 혹은 식물이든, 살아있는 모든 존재들의 느낌과 기운을 공유하는 존재라는 것이다.

이런 전제에 근거해서 소설 속의 인간들은 교감의 능력 유무를 측정하는 보이트 캄프 테스트Voigt-Kampff Test를 만들어서 탈출한 안드로이드를 색출한다. 테스트의 내용은 주로 동물들과 연관된 항목들로 이뤄졌으며, 피조사자의 홍채에서 일어나는 변화를 보고 그가 인간인지 아닌지를 판별한다. 예를 들면 인간의 홍채는 사막에 뒤집어져 뜨거운 햇살에 고통스럽게 버둥대는 거북이의 이야기를 들으면 뭔가 의미 있는 반응을 보이지만, 안드로이드는 비록 지성이나 외모는 인간과 똑같아 보일지라도 사실은 감정 없는 기계에 지나지 않기 때문에 이런 이야기를 듣고도 아무런 반응도 보이지 않는다는 것이다. 엄청난 정보를 입력시켜서 외부 현실을 판단하고 상황에 대처하는 분야에서는 인간의 지적인 능력을 따라잡을 수 있을지 몰라도, 안드로이드들은 애초에 슬픔과 기쁨, 연민과 배려와 같은 정신적인 차원이 삭제된 채로 제작되었기 때문이다.

불행히도 이런 테스트는 극히 자의적이고 불합리하다. 우화적인 장치를 통해 역사적이며 사회적인 사실들을 냉소적으로 비판하는 작가의 기질이 여기서도 그대로 발휘되면서, 그는 역사적으로 범법자나 이질적인 존재를 색출해왔던 검사들이 얼마나 불합리했을지, 그리고 그런 검사를 자행했던 무리들이 얼마나 기만적이었을지를 싸잡아서 조롱한다. 보이트 캄프 테스트만을 두고 보자면 전쟁으로 인해 지구상에서 살아있는 동물들은 거의 사라졌기 때문에 동물 학대를 암시하는 문항들은 피검사자들의 감정의 유무를 측정하는 현실적인 근거가 될 수 없다. 안드로이드뿐만 아니라 인간들조차 동물을 본 적이 없기 때문에 문항에 대한 피검사자의 반응은 오로지 입력된 기억에 의지해서 나온 상상에 불과하다. 전쟁 전에는 존재했다고 듣기는 했으나 실제는 본 적도 없는 동물들과 그 동물들에 대한 학대 상황들, 예를 들어 잔치상에 올린 쌀을 넣어 끓인 개고기에 대한 항목이 테스트에 등장하기도 한다. 테스트를 받으면서 사람들은 오로지 그 동물들이 실제 동물이라는 '생각'만으로 절실한 감정을 느낄지 모르지만, 안드로이드들은 그 동물들에 대한 '기억'이 입력되지 않았기 때문에 어떤 감정도 일어나지 않는다. 안드로이드는 '진짜 개가 아직도 살아있다면 얼마나 비쌀 텐데 그걸 잡아먹는 바보가 정말 있느냐?'(103)는 식으로 반응한다. 생각과 기억에 물들지 않은 안드로이드는 오히려 현실을 정확히 인식하고 반응한다고 볼 수 있다. 과거에 인간과 개가 어떤 관계였는지를 기억하고 있는 사람들이 그런 이야기를 들으면서 고통과 전율을 느낀다고 해도 그런 감정들이 반드시 안드로이드들의 반응보다 더 인간적이며, 의미 있는 것은 아니다. 마치 가상현실에서의 반응처럼 그런 반응들 또한 상상작용에 불과한 것이기 때문이다. 모처럼 마비된 의식을 뚫고 찾아낸 '절망'을 고립의 수단으로 삼는 경우처럼, 공감테스트는 말로는 '교감'의 능력을 평가한다고 하면서 실제로는 그것을 명분삼아서 상대를 처단하는 또 다른 예이다.

아이란의 경우나 아니면 감정반응테스트를 둘러싼 인간과 안드로이드의 반응을 통해서 작가는 과연 진실한 감정이나 교감이란 무엇인가를 묻는다. 소설에 등장하는 감정조절장치는 매순간 인간이 원하는 감정을 생성하게끔 해주며, 기계의 도움을 받아 내면에서 일어나는 감정들은 오랜 반복을 통해 육체에 각인된 감정들보다 때로 더 순수하고 강렬하다. 그러나 감정의 '순수성'과 '강렬함'이 그 '진실성'을 보장하는 것은 아니다. 아이란은 그야말로 진실해지기 위해서 '절망'이라는 감정의 항로를 택하지만 그녀는 삶의 리얼리티에 도달하는 대신 점점 자기폐쇄적인 환상으로 다가간다. 그녀는 자기 감정에 사로잡혀서 실제 자기가 하고 있는 바를 직시하지 못한다. 이런 것이 바로 가상현실이라고 할 수 있지 않을까? 마치 누군가에게 쫓겨서 필사적으로 달리거나, 아니면 죽음의 공포를 느끼며 엄청난 긴장이나 분노에 떨었는데, 깨어 보니 전부가 꿈이었다는 식으로 말이다.

가상현실 2 - 진짜 양을 꿈꾸기

데커드는 자기 삶의 진정한 의미를 진짜 양에게 둔다. 전기 양 대신 진짜 양을 얻는 순간 그는 무의미한 일상, 이웃의 질시, 방사능의 위험에서 오는 공포와 자기 능력에 대한 회의 등등에서 벗어나 자신감을 회복하고 삶의 절대적인 의미를 손에 넣을 수 있으리라고 생각한다. 소설에서 진짜 양은 여러 상징적인 의미를 함축한다. 그것은 허위와 기만으로 가득 찬 일상을 벗어나게 해 줄 수단이며, 돈이나 명예, 권력을 향한 그의 욕망의 객관적 상관물이기도 하다. 전쟁으로 폐허가 된 세상에서 그도 역시 사람인 이상 죽음에 대한 공포가 없을 리 없지만, 아내처럼 극단적인 감정을 택하는 법은 없다. 그가 보기에 아이란은 자기의 인생을 바꿔보려고 노력하는 대신 감정의 순환 고리 속에 틀어박혀서 비슷비슷한 감정들에 취해서, 즐기고 있을 뿐이다. 소설은 진짜 양을 얻고자 하는 데커드의 행동을 뒤따라가면서 그의 인식이 변화되는 과정을 추적한다. 맨 첫 단계에서 그의 삶은 욕망이 빚어낸 모순에 가득 차 있다. 그의 허위의식은 맹목적인 삶의 태도와 맞물려 있으며, 그의 안팎의 환상이 깨지는 순간에 비로소 그는 삶의 실체를 대면한다.

데커드는 탈출한 안드로이드 한 명을 잡을 때마다 월급 이외에 1000불의 포상금을 받는다. 이런 성과급제는 그의 탐욕을 더욱 불타오르게 만든다. 소설 속의 데커드는 이 작품을 소재로 만든 영화 「블레이드 러너Blade Runner」에 등장하는 해리슨 포드Harrison Ford식의 '고독한 영웅'과는 거리가 멀다. 그는 '중키에 그다지 인상적일 것도 없는, 둥근 얼굴에 매끈하고 부드러운 외모를 한, 전혀 신과 같은 인물이 아니라 관청 직원이 더 어울릴'(217) 외모를 하고 있다. 그는 판매목록에 올라있는 동물을 살 생각에 골몰하면서, 그렇게 하기 위해서 안드로이드를 몇 명이나 죽여야 하는가를 계산한다. 또는 현상금을 독차지하기 위해서 선임 사냥꾼이 죽거나 다치기를 속으로 빌기도 한다. 그는 약간은 비열한 면도 있는 사람이다. 그는 감정조절장치를 사용하는 걸 놓고 아내와 부부싸움을 벌이고, 진짜 말을 키우는 이웃을 질투한다. 자존심이 상하는 것도 무릅쓰고 자기 양이 진짜가 아니라는 사실을 고백했는데도, 정 돈이 모자라면 귀뚜라미를 사서 키워보라는 이웃의 농담에 발끈해서 "자네 말도 언제 벌레처럼 네 다리를 허공에 뻗은 채 죽을지 모른다."(14)는 독설을 내뱉기도 한다. 어찌 보면 그는 지극히 평범한, 그야말로 '우리들 중의 하나'인 것이다.

소설에서 안드로이드를 죽이는 것은 합법적이지만, 전쟁 직후에 동물을 키우지 않는다는 건 일종의 범죄였다. 애초에 이렇듯 법적인 강제성을 띠면서까지 동물 키우기를 권장한 이유는 알 수 없지만 아무튼 인간들이 보다 '인간적인' 삶을 살 수 있도록 도와주기 위한 제도적인 장치였음에는 틀림없다. 그것은 살아남은 생명체에 대해 사람으로서의 의무를 다하기 위한 것이었을 수도 있고, 혹은 동물과의 교감을 통해 전쟁의 와중에서 황폐해진 심성을 다시 가꾸려는 방편이었을 수도 있다. 전쟁이 끝난 지 몇 년이 흐른 지금에 와서는 동물이나 곤충 키우기는 더 이상 법적인 강제성을 띠지는 않지만 공동체의 일원으로 살아가기 위해서는 마땅히 따라야 할 일종의 사회적 관습이 되었다. 그와 더불어 동물은 인간에게 새로운 의미를 갖게 되었다.

동물들은 사람들의 경제력을 과시하는 수단이며, 사회적 신분의 표식이 된다. 핵전쟁으로 인해 진짜 동물의 상당수는 멸종했거나 극히 희귀한 것들이 되었고, 따라서 진짜 동물을 사기 위해서는 엄청난 돈이 필요했다. 예를 들면 시드니Sidney 라는 동물판매회사의 카탈로그에 이탤릭체로 기재된 동물들은 멸종했거나 설령 남아 있다고 해도 구할 수 없기 때문에 가격을 측정할 수 없는 상태였고, 그 밖에 판매되는 동물들도 예를 들면 망아지는 5000불, 염소는 3000불 이상이었다. 사람의 신분과 계급은 아이러니하게도 그가 소유한 동물에 기준해서 규정되어서, 예컨대 가짜 양을 키우다가 진짜 염소를 사면 그는 '염소계급Goat Class'(167)으로 승격이 되는 식이었다. 희소성과 객관적인 필요에 따라 사물의 가치도 변하고, 이 공식에 따라서 인간은 동물에 종속된 존재로 되어버린다. 객관성의 신화에 갇힌 인간들의 근시안적인 안목에 대한 작가의 신랄한 풍자는 이런 부분에서 다시 한 번 그 힘을 발휘한다.

원래 데커드에게는 장인이 화성으로 이민가면서 물려주고 간 진짜 양이 있었는데 파상풍으로 죽어버렸다. 양 먹이가 되는 건초 더미를 묶은 철사 줄을 세심하게 제거하지 않은 탓에 그가 허탈하게 말하듯이 고작 '부러진 주사바늘만한 2 인치 철사'에 찔려서 감염이 된 것이다. 그의 진짜 양 그루초Grucho[7]가 죽은 후에 그는 어떤 식으로든 다른 동물을 마련해야 했다. 그러나 진짜를 사자니 돈이 없고, 안 키우자니 이웃으로부터 비난의 눈초리를 감수해야 했기 때문에 그는 그루초의 사진을 들고 전기동물 제작공장을 찾아가 그것과 똑같이 생긴 가짜 양을 만든다. 같은 아파트에 살고 있는 이웃들 중 누구도 데커드의 양이 가짜인 줄 모른다. 그것은 옥상에 만들어진 인조 풀밭에 뒹굴면서, 이따금 진짜 양처럼 울기도 하고, 귀리를 먹게끔 입력된 프로그램에 따라 그의 손에 들린 건초를 탐욕스럽게 바라보다가 뒤뚱거리면서 달려와 어적어적 받아먹기도 한다.

가짜 양이라고 해서 손이 덜 가는 것도 아니다. 그것 또한 진짜 양 못지않게 많은 보살핌을 필요로 한다. 때맞춰 점검을 받아야 하고, 데커드도 한 번 당했듯이, 만일 목소리가 내장된 테이프가 고장을 일으켜서 계속 멈추지 않고 울어댄다면 가짜임이 들통나기 때문에 늘 조심해야 한다. 진짜 동물을 키우기가 어려운 상황에서 많은 사람들은 데커드처럼 가짜 양을 사서 진짜인 척 키운다. 이것은 누구나 아는 비밀이지만 어느 누구도 입 밖에 내지는 않는다. 가짜 동물을 키우는 것은 창피스런

7 소설에서 아이는 등장하지 않으며, 애완동물에 대한 이들의 집착은 아이를 가진 부모의 심정과 크게 다르지 않다. 작가는 아이의 대체물로 동물을 등장시켜서 부모와 자식간의 관계를 인간과 동물의 관계로 치환해서 풍자하고 있다고 봐도 무방할 듯싶다.

일이지만 이웃에게 그가 키우는 동물이 가짜인지 진짜인지를 물어보는 것도 또한 품위 있는 사람으로서는 의당 피해야할 뻔뻔스러운 일로 여겨졌기 때문이다.

가짜와 진짜가 외양상으로는 구분이 안되어도 데커드는 진짜 양을 절실하게 원한다. 그 가장 큰 이유는 진짜와는 '교감'이 가능하기 때문이다. 진짜 동물은 '살아있으며', 살아있는 동물들은 그의 존재를 알아차리고 그의 손길을 필요로 한다. 인공적으로 만든 동물들은 '진짜와 똑같이 보살펴 줘도 주인의 존재를 아는 기색도 없고, 보살핌에 감사할 줄 모른다.'(42) 가짜 동물과는 교감이 불가능하고, 그는 이를 가짜 동물들의 '폭력성'(42)이라고 표현한다. 살아있다는 것, 그것은 교감이 가능한 상태이며, 데커드가 꿈꾸는 '진짜 양'은 사랑과 배려, 보살핌을 받아들이고 그것들에 걸 맞는 반응을 해올 것이다. 한마디로 진짜 양은 그에게 삶의 충만한 에너지를 느끼게 해주는 그 무엇이다.

그러나 노발리스Novalis의 시에 나오는 푸른 꽃[8]이나 미찌르Mytyl와 찌르찌르Tyltyl의 파랑새[9]처럼, 진짜 양은 아직 완성되지 않은 꿈으로 존재할 뿐, 진짜 양을 향한 그의 여정은 실패의 연속이다. 설령 자기의 인생을 몽땅 바치고, 온갖 부정을 서슴지 않고 진짜 양을 얻었다 하더라도

---

8 노발리스Novalis(1772-1801)는 독일 낭만주의 시인이다. 그가 쓴 미완의 장시『푸른 꽃』에서 중세의 기사이자 시인인 화자는 꿈에서 푸른 꽃이 청순한 소녀의 모습으로 변하는 광경을 보고, 꿈에서 깨어나 그 소녀를 찾고자 길을 떠난다.

9 불란서 상징주의의 영향을 받은 벨기에 작가 모리스 메테르링크Maurice Maeterlinck(1862-1949)가 발표한 희곡으로서, 1908년 스타니슬라브스키에 의해 모스크바 예술 극장에서 초연되었다. 가난한 나무꾼의 아이들인 미찌르과 찌르찌르는 모든 존재들의 영혼을 볼 수 있는 다이아몬드를 들고 행복의 파랑새를 찾아 떠난다.

그것은 애초에 그가 원했던 것은 아닐 것이다. 데커드를 비롯해 그의 이웃들은 동물 키우기를 통해 시기와 질투와 욕망과 미움만을 쌓을 뿐이다. 애초의 의도와 달리 동물 키우기는 일종의 집단 환상을 초래한다. 생명체와의 교감을 성취하는 대신 이들은 살해와 시기와 미움의 씨앗을 그들의 마음속에 심어나간다. 미래는 현재의 나의 행동들이 모여서 이뤄지는 것이고, 현재의 나의 생각대로 열려가는 것이니까 그들이 꿈꾸는 진짜 동물들은 결코 도달할 수 없는 환상이 되는 건 자명한 이치이다.

데커드는 진짜 양을 살 돈을 모으기 위해 안드로이드 사냥에 열을 올린다. 진짜 양을 향한 그의 욕망은 그의 내면에 파괴적 성향과 살의를 일깨우고, 증대시킨다. 이웃이 가진 것과 똑같은 멋진 암말을 사기 위해서는 적어도 오천 불은 있어야 한다. 그 돈을 손에 넣기 위해서는 다섯 명의 안드로이드를 처치해야 하는데 그러자면 그 전에 식민지 행성으로부터 그들이 지구로 탈출해야 하고, 다른 어느 곳도 아닌 이곳, 바로 자기의 담당 구역인 북 캘리포니아로 와야 한다. 마지막으로 한 가지 문제가 더 남아있다. 오천 불을 고스란히 차지하기 위해서는 자기 구역에서 현재 함께 활동을 하고 있는, 자기보다 뛰어난 선배 사냥꾼인 데이브 홀든Dave Holden이 죽든가 아니면 은퇴를 해야 한다. 마음속으로야 무슨 생각인들 못하겠는가? 원하는 동물을 사기 위해서라면 안드로이드는 말할 것도 없고 인간의 목숨마저도 하찮은 것이다. 그에게 있어서 안드로이드는 생명체가 아닌 어떤 물질적인 수단에 불과하다. 안드로이드 다섯은 그저 망아지 하나, 안드로이드 셋은 염소 한 마리의 값을 가질 뿐이다.

그러나 이런 생각을 의도적인 행동으로 옮긴다면 문제는 달라진다. 행동을 통해 그의 마음속의 가상현실은 실제가 되기 때문이다. 단순한 몽상에 머물렀을지 모를 이런 생각들을 그는 하나씩 행동으로 옮기지만, 그 파괴력은 궁극적으로 그 자신을 향한다. 그의 행동은 외부의 적과 동지뿐 아니라 자기 자신도 파괴한다. 자기에게 닥칠 위험을 최소화하고 효율적으로 적을 처치하기 위해서 그는 어설픈 연민 따위로 머뭇거려서는 안 되기 때문이다. 그는 단호해지고, 냉혹해져야 하며, 진짜 동물만이 인간과 교감할 수 있고, 모든 안드로이드는 감정을 느낄 능력이 없다고 끊임없이 자기 암시를 한다. 진짜 양을 손에 넣고 싶은 마음에서 그는 자기 행동에 계속 명분을 붙인다. 나중에 동료 사냥꾼인 필 레시Phil Resch에게 고백하듯이 이러한 기만적인 자기 암시와 명분 붙이기는 안드로이드 사냥을 계속하겠다는 욕망에서 비롯된다.(125) 그는 끊임없이 되니인다. 안드로이드들은 '사랑의 분위기'(130)를 모르고, 사람과 비슷해 보여도 기계에 불과하며, 아무런 감정도 없고, 때로 자기 목숨을 구하기 위해 동료들을 인간에게 팔아넘기기도 하며, 지적인 능력이 저하되어 행성으로 이주할 자격이 없는 '스페셜'[10] 조차 타자와 공감할 수 있으나, 이들은 공감의 능력이 없다고 말이다.

10 소설에서 지구에 거주하는 인간들은 '정상인'과 '스페셜'로 나뉜다. 후자는 지적 · 육체적 능력에 문제가 있어서 행성 이주권을 얻을 수 없다.

데커드가 진짜 동물을 원하는 이유는 여러 가지이다. 거기에는 자기의 이웃으로서 멋진 말을 소유한 바버Babour를 향한 경쟁심도 있고, 은폐와 속임수에 대한 수치심과 자의식도 있으며, 자기의 손길에 화답하는 생명체를 그리워하는 마음도 들어있다. 동기야 어쨌든 그가 진짜 양을 강하게 열망할수록 안드로이드나 동료 사냥꾼을 향한 살의도 비례해서 커져야 한다. 이것이 그의 내면의 모순이다. 소설에서 동물은 인간보다 귀하다. 소설에 제시되는 동물과 인간과 안드로이드의 상대적인 가치들은 어쩌면 인간중심적 가치관에 대한 통렬한 고발일지도 모르고, 우리가 흔히 절대적인 것으로 간주하는 객관적인 기준이라는 게 사실 얼마나 자의적이며 상대적인가를 보여준다.

이런 허구적인 기준이 마치 절대적인 것처럼 받아들여지는 것은 시대적인 요구도 아니고, 법률적인 강제도 아니며, 개인적인 취향의 문제도 아니다. 궁극적으로 그 밑바닥에는 개인의 욕망이 자리한다. 의식적이든 무의식적이든 자기의 욕망을 성취하기 위해 사람들은 필요에 따라 객관의 허구를 마치 삶의 절대적인 의미이며 기준인 양 받아들인다. 동물을 사기 위해 안드로이드를 사냥한다는 설정은 역사적으로 인류가 되풀이했던 관행들에 대한 알레고리이기도 하다. 전제정치나 영웅시대, 그리고 비교적 근래에 이르기까지 전쟁포로들은 거래의 수단이기도 했다. 혹은 식민지 시대에 행해졌던 흑인노예들의 매매도 있다. 데커드에게 안드로이드는 인간도 아니고, 동물도 아니다. 더욱이 주인을 죽이고 탈출한 안드로이드라면 말할 나위도 없다.

안드로이드 사냥을 정당화하는 데커드의 논리는 나름대로 정교하다. 살육자는 사냥감을 먹고 산다. 사냥감에 동정심을 느끼면 살육자는 더 이상 사냥을 하지 못한 채 굶어 죽는다. 따라서 살육자는 공감의 능력을 도태시키는 방식으로 진화했다. 안드로이드는 대상과 교감하지 못한다. 따라서 안드로이드는 살육자이다. 그의 이론에 따르면 만일 먹이 사냥으로 살아가는 사냥꾼이 사냥감에게 연민을 느끼면 사냥꾼은 더 이상 사냥을 할 수 없으며 살아갈 방법이 없다. 따라서 사냥꾼에게 교감의 능력은 치명적인 것으로서, 살아남기 위해 육식동물들은 이런 능력을 제거할 수밖에 없다는 것이다. 그러나 이런 논리는 안드로이드라는 존재를 설명하기 보다는 데커드의 자기모순을 설명하는데 더 적절하다.

그는 안드로이드를 사냥하면서 살아간다. 안드로이드가 아무리 인간과 똑같아 보이고, 그래서 자기 아내는 안드로이드를 처치하는 합법적인 행위를 살인이라고 부를지라도, 거기에 속아 그들을 사람 취급해서는 안 된다. 그들에게 연민이나 동정을 느끼는 순간 사냥꾼으로서의 그의 인생은 끝장나기 때문이다. 안드로이드 사냥은 그가 평생 해온 일이고, 가장 잘 할 수 있는 일이며, 그 일을 그만 두는 순간 살길이 막연해질 것이다. 그는 끊임없이 안드로이드는 '주인의 살해범, 동물을 보살필 줄도 모르고, 다른 생물체의 성공에 같이 기뻐하고, 그 좌절에 같이 슬퍼할 줄 모르는 존재'이며, 그들을 폐기retire시키는 작업은 양심에 위배되기는커녕 사회의 질서유지에 반드시 필요하다는 자기 암시를 해야 한다. 그는 진짜 양을 사기 위해 살아있는 동료가 죽기를 바라거나,

살아있는 안드로이드를 죽이고자 한다. 생명체의 활력과 주인을 향한 무조건적인 애정을 느껴보기 위해서 그는 지금 이 순간 살의와 적개심을 추슬러야 한다. 이것이 그가 봉착한 엄청난 모순이다. 그는 진짜 양을 손에 넣을 미래의 어느 순간을 위해서 자기의 현재를 분노와 증오로 채워나간다. 또 그의 마음에 자리한 구원의 상징으로서 양은 역설적으로 그의 현재가 얼마나 보잘것없는 것인가를 일깨울 뿐이다.

그의 현재는 오로지 미래를 위해서 존재한다. 그러나 미래가 현재와 동떨어진 그 어느 곳에 오롯이 존재하는 것은 아니지 않는가. 다른 각도에서 보자면 현재니 미래니 하는 것은 우리가 개념상의 필요를 위해서 만들어 낸 것일 뿐, 순간들이 모여서 미래가 되는 것이므로 미래는 또한 현재 속에 있다. 살의의 씨앗에서 생명이, 그리고 증오와 분노의 씨앗에서 사랑의 열매가 나올 수 없을 것은 자명한 이치이므로, 데커드의 진짜 양은 그가 자기 내면의 프로그램을 바꾸지 않는 한 도달할 수 없는 영원한 환상으로 남는다. 그가 진짜 양을 절실히 원하면 원할수록 현실에서는 점점 그것으로부터 멀어지는 식으로 그의 프로그램은 작동한다. 데커드는 자기의 삶의 목표가 뚜렷하고 또 그것을 달성하기 위해 노력한다고 생각하지만, 자기 프로그램의 작동 방식을 알지 못하는 한 그의 노력에 비례해서 현실은 점점 그의 생각과는 다르게 전개된다. 데커드의 세계가 아이란이 즐기는 조작된 감정의 가상현실과 다를 바 없다는 이유가 여기에 있다. 하나는 기계 장치가 개입을 했고, 다른 하나는 그렇지 않다 뿐이지, 각자의 내면에 자리한 괴리가 가상현실의 진원지가 된다는 사실은 변함이 없다. 그렇다면 가상현실이 아닌 진짜 세계는 과연 어디에 있으며, 어떻게 그곳에 다다를 수 있을까? 우선 자기가 진짜라고 철썩 같이 믿고 있는 게 사실은 허구에 불과하다는 것을 아는 데서부터 출발해야 할 것이다.

어떤 세계가 진짜인가

이웃 사람과의 말다툼에 기분이 상한 채로 직장에 출근했던 데커드는 상사인 브라이언트Bryant를 통해서 선배 사냥꾼 홀든이 안드로이드를 체포하는 과정에서 부상을 당했다는 사실을 알게 된다. 그는 데커드에게 홀든이 잡은 2명을 제외한 나머지 안드로이드들을 처치할 것을 지시하면서 탈출자의 명단과 은닉처에 대한 정보를 내어준다. 브라이언트의 명령에 따라 데커드는 쓰레기 수거인력으로 위장한 폴로코프Polokov를 무난히 처단하고, 이어 두 번째 대상인 루바 루프트Luba Luft를 찾아서 전쟁기념관 오페라 하우스로 향한다. 그녀는 숨어버리자는 동료들의 설득을 뿌리치고 인간들 사이에서 오페라 프리마돈나로 활약 중이다. 그 곳에 도착한 그는 무대 위에서 모차르트의 마술피리The Magic Flute[11]에

11 1791년 초연된 모짜르트Mozart의 작품으로서 자라스트로가 이끄는 빛의 세계와 밤의 여왕이 군림하는 어둠의 세계의 싸움을 배경으로 이집트 왕자 타미노Tamino와 밤의 여왕의 딸 파미나Pamina가 진정한 사랑을 성취해가는 이야기, 파파게노Papageno는 타미노Tamino와 함께 파미나Pamina를 찾아 나선 새잡이이다.

서 파미나Pamina 역을 연습하는데 여념이 없는 그녀를 바라보며 잠시 상념에 빠진다. 그는 그녀의 아리아를 들으며 그녀의 아름다운 음색과 섬세한 감수성에 감동한다. 그러나 삶의 절정에서 생명의 에너지를 뿜어내는 그녀에게서 현상금 사냥꾼인 데커드는 죽음을 본다. 같은 시간, 같은 공간에 그녀와 그가 존재한다. 하지만 그녀의 삶, 그녀의 진실은 데커드의 삶, 데커드의 진실과 만날 수 없다. 안드로이드와 인간, 사냥감과 사냥꾼으로서 그들은 삶의 반대편에 각자 위치하기 때문이다. 파미나로 분장한 루프트는 노래한다.

> 파파게노: "얘야, 우리는 무슨 말을 해야지?"
> 파미나: "진실이요. 그게 우리가 해야 할 말이에요."

사냥꾼으로서 절대적인 우위를 점한 데커드는 이 가사를 들으며 생각한다. '아무리 생동감이 넘치고 역동적이며 멋진 모습을 하고 있더라도, 도망친 안드로이드는 진실을 말할 수 없어. 어쨌든 자기 자신에 대해서는 말이야.'(99) 그러나 이런 데커드의 자신만만함도 곧 무너진다. 그 자신도 진실을 입증할 수 없는 위기에 봉착하기 때문이다. 첫 번째 위기는 루프트와 대면하는 순간에 찾아온다. 모르는 사람이 나타나 느닷없이 자기보고 안드로이드라고 말하며 조사를 받을 것을 종용하자, 리허설에서 나와서 잠시 숨을 돌리고 있던 루프트는 펄쩍 뛰면서 오히려 데커드가 안드로이드라고 몰아세운다. 그런데 재미있는 점은 두 사람

사이의 설전이 계속되면서 루프트의 견해가 점점 힘을 얻는다는 사실이다.

"당신은 내가 안드로이드라는 거에요? 그런 거에요?" 그녀의 목소리는 작아져서 거의 안 들릴 정도였다. "나는 안드로이드가 아니에요. 화성에는 가본 적도 없다구요. 안드로이드를 본 적도 없어요!" 그녀의 긴 속눈썹이 그녀도 모르게 파르르 떨렸다. 그는 그녀가 애써 침착하려는 걸 알 수 있었다. "오페라 배역들 중에 안드로이드가 있다는 정보를 갖고 있나요? 그렇다면 기꺼이 당신에게 협조하죠. 근데 내가 만일 안드로이드라면 당신을 도울까요?

그는 말했다. "안드로이드는 다른 안드로이드에게 무슨 일이 일어나든 상관하지 않소. 그게 우리가 찾는 표식 중의 하나요."

"그렇다면 당신은 틀림없이 안드로이드일거에요."루프트 양이 말했다.

그 말에 그는 멈칫했다. 그는 그녀를 노려보았다.

"왜냐하면" 그녀는 계속해서 말했다. "당신 직업은 그들을 죽이는 거 아닌가요? 사람들 말로는 - " 그녀는 그 말을 생각해 내려고 애썼다.

"현상금 사냥꾼," 릭이 거들었다. "하지만 나는 안드로이드는 아니오."

"당신이 내게 하겠다는 이 테스트 말이에요." 이제 그녀의 목소리는 서서히 자신을 되찾기 시작했다. "당신도 그 테스트를 받았나요?"

"그렇소." 그는 고개를 끄덕였다. "아주 오래 전에. 내가 경찰서에서 처음 일하기 시작했을 때."

"그건 가짜 기억일거에요. 안드로이드들은 가끔 가짜 기억이 입력된 채로 돌아다닌다면서요?"… "아마 전에 당신처럼 생긴 인간이 있었을 거야.

그러다가 언제인지 알 수 없지만 어쨌든 당신이 그를 죽이고 그의 행세를 하는 거에요. 당신의 상관들은 아무 것도 모르고 말이죠." 그녀는 미소를 지었다. 마치 그가 동의해 주기를 기대한다는 듯이.

"자, 검사를 시작하기로 하겠소." 질문들이 적힌 종이를 꺼내며 그가 말했다.

"좋아요, 검사를 받겠어요." 루바 루프트가 말했다. "당신이 먼저 한 다음에."

순간 그는 동작을 멈추고, 다시 그녀를 노려보았다.

"그게 더 공평하잖아요?" 그녀가 물었다. "그래야 당신을 믿을 수 있을 테니까. 잘 모르겠어요. 당신은 너무 특이하고, 거칠고, 이상해요." 그녀는 살짝 진저리를 치고 나서, 뭔가를 기대하는 양 미소를 띠었다.(101-102)

데커드는 루프트의 말에 차가운 태도로 일관하지만 그렇다고 그것을 반박할 어떤 합리적인 내용도 제시하지 못한다. 그는 감정반응테스트 장치는 자기만 다룰 수 있다는 사실을 그녀에게 상기시킨 다음에 테스트를 시작한다. 이 테스트를 통해 드러나는 건 안드로이드의 무감각함이 아니라 인간들의 자기기만이다. 데커드는 냉정하고 관료적이며 기계적인 태도로 일상화된 작업을 시작한다. 그는 말벌이 손목에 앉았을 때, 쌀을 넣어 끓인 개고기를 먹는 사람들에 관한 이야기를 들을 때, 혹은 산장에 걸린 박제된 사슴을 보았을 때 그녀가 보일 '사회적이며, 감정적이며, 도덕적인 반응'(103)을 살피겠다고 한다. 그는 인간과 안드로이드를 경계 짓는 익숙한 반응들을 기대하면서 익숙한 질문을 던진다. 그런데 마치 어린아이처럼 루프트는 모든 항목과 단어와 장면에 대해 쉴 새 없이 질문을 던지고 기발한 답을 쏟아낸다. 질문이 거듭될수록 그녀의 자유분방한 상상은 빛을 발하고 데커드는 기계적이 되면서 틀에 박힌 물음과 답변만 되풀이 한다. 급기야 이성간의 관계에 관한 질문에 이르자 루프트는 데커드를 경찰 행세를 하는 성도착자라고 비난하면서 재빨리 감추고 있던 총을 꺼내서 그를 겨눈다.

루프트의 신고를 받고 샌프란시스코 경찰이 출동하고, 그에게 데커드는 자기의 신분을 밝힌다. 경찰은 데커드가 말한 직장 번호에 전화를 걸어보지만 데커드라는 사람도, 그리고 그의 상사 브라이언트라는 사람도 애초부터 없었다는 대답이 돌아온다. 경찰관은 데커드가 말하는 샌프란시스코 경찰서와 동료들은 전부 그가 지어낸 환상이라고 추정한다. 반면 데커드는 이 때야 비로소 루프트나 충돌한 경찰 모두가 아마 인간의 기억이 이식된 안드로이드일지도 모른다는 생각을 한다. 데커드가 계속 자기는 인간이고 그들이 안드로이드라고 주장하자 경찰이 말한다. "뭐? 나는 안드로이드가 아니오. 당신 대체 뭐하는 작자요? 어슬렁거리고 돌아다니면서 사람들을 죽이고, 그 사람들이 안드로이드라고 해? 루프트 양이 왜 겁에 질렸는지 알겠군. 우리한테 연락하기를 잘했지."(110) 경찰관은 데커드가 가짜 기억이 입력된 안드로이드일거라고 결론짓는다. 더 이상 자기의 정체를 설명할 길이 없어지자 데커드는 그에게 같이 경찰서로 가자고 말한다. 상사인 브라이언트와 다른 친근한 얼굴들을 만나기를 기대하면서.

그러나 그를 기다리는 건 생소한 건물과 전혀 본 적이 없는 사람들이다. 탈출한 안드로이드들은 진짜와 똑같은 경찰서를 만들어서 인간들과 똑같은 일을 하고 있었던 것이다. 외부와 격리된 채 그들은 인간 현상금 사냥꾼을 고용하기도 하고, 다른 인간들을 감쪽같이 속이기도 하면서 지구에서 안드로이드들의 세력을 확장하고 있었다.

데커드의 안락하고 확고한 현실은 거대한 환상이었을 뿐이며, 그의 정체성은 상황 따라 그에게 부여된 타이틀에 불과하다. 객관적인 사실들의 도움 없이 자기가 누구인지 말할 방법은 없다. 그의 아내와 직장 상사, 동료들이 없는 상태에서 도대체 그의 정체를 입증하기가 불가능한 것이다. 그가 속한 사회적인 관계들과 그로부터 만들어지는 객관적인 타이틀이 사라지자, 그의 실체 또한 사라진다. 언제 어디서나 존재하는 것이 아니라 상황 따라 생겨났다 사라지는 것이라면, 데커드가 알고 있는 자기 자신이란 궁극적인 실체가 없는 허상에 불과하다. 인간들의 사회가 사라지면서 데커드가 '나'라고 알고 있던 것들은 흔적도 없이 사라진다. 신분증 속의 나, 남편으로서의 나, 현상금 사냥꾼으로서의 나 등등은 상황이 바뀌면 사라지는 허상이었을 뿐, 그 어떤 것도 궁극적인 '나'는 아니다. 객관적 진실은 결국 다수의 진실에 불과한 것이며, 모든 안드로이드들이 데커드가 안드로이드라고 몰아부칠 때 객관적으로 그는 안드로이드가 되어버린다. 경찰서장이자 안드로이드인 갈런드Garland 경감은 데커드를 현상금 사냥꾼의 기억이 입력된 안드로이드일 것이라고 주장한다. 안드로이드의 소굴에서 그는 악몽과도 같은 현실을 경험한다. 그 안에서 대다수의 안드로이드들은 가짜 기억이 이식되어 자기들이 인간이라는 환상에 빠져있다. 조작된 현실속의 조작된 기억들. 이 상황에서 데커드가 자기의 존재를 입증할 방법은 없다. 안드로이드는 인간이고, 인간은 안드로이드가 된 것이다.

그는 갈런드 경감에게 감정이입테스트를 받겠다고 말한다. 감정이야말로 인간의 특징이며, 테스트를 통해서만 자기의 진실을 말할 수 있다고 생각하기 때문이다. 안드로이드들 밑에서 현상금 사냥꾼으로 일하고 있던 필 레시는 데커드의 말과 행동을 보면서 그에게 공감한다. 레시는 안드로이드가 정체를 숨기고 인간 사회에 잠입했을 가능성을 인정하면서 이번 기회에 갈런드 경감도 조사를 받도록 종용한다. 레시가 기계를 가지러 간 사이 위험을 직감한 갈런드 경감은 데커드에게 자신들이 탈출한 안드로이드들이라고 자백하는 척 하면서, 레시는 인간의 기억이 입력된 안드로이드라고 거짓말을 한다. 그는 데커드와 레시가 연합해서 자기들의 은닉처를 붕괴시킬 것을 우려해서 이들을 이간시키려고 한 것이다. 그러나 돌아와서 문을 여는 순간 사냥꾼의 후각으로 레시는 상황을 직감하고 갈란드에게 총을 발사해서 그를 사살한다. 갈란드의 시체를 공중부양자동차에 싣고 이들은 무사히 안드로이드의 소굴에서 탈출하여 인간 세계로 돌아온다.

이처럼 동시적으로 존재하는 여러 층위의 현실들은 SF 소설이 즐겨 다루는 소재이며, 흥미로운 방식으로 '나'와 내가 사는 현실세계의 절대성에 대한 의문을 제기한다. 루바 루프트와의 사건, 그리고 안드로이드들의 거점에서 데커드는 지금까지의 그의 삶이나 정체성이 확고부동한 것이 아니었음을 실감한다. 데커드는 안드로이드들과 대면하자 교감의 능력을 측정하는 테스트를 통해 자신이 인간임을 입증하고자 했다. 다른 사람의 기쁨에 같이 기뻐하고 그들의 슬픔에 같이 슬퍼하는 것, 소설에서는 이런 교감의 능력을 인간 존재의 정수로 본다. 교감은 각자가 만든 가상현실의 벽을 깨고 자아를 확장시키는 통로의 기능을 한다. 루프트와의 만남과 안드로이드들의 비밀본부에서의 경험을 통해 그는 자기를 지탱해 온 객관적인 가치들은 그야말로 상황 따라 만들어졌다 사라지는 허구임을 실감한다. 이와 더불어 데커드의 시선은 점차 그의 내면으로 향하기 시작한다.

가상현실에서 빠져나오기

루프트 역시 안드로이드일 것이라고 확신하면서, 레시와 데커드는 그녀가 자취를 감추기 전에 체포하기 위해 서둘러 그녀를 추적한다. 그녀는 뭉크Edvard Munch의 작품전이 열리는 미술관에 있었다. 그곳에서 데커드는 초등학생을 인솔한 여교사가 학생들을 통제하면서 날카롭게 내지르는 목소리와 싸늘한 표정을 듣고 보면서, 바로 저런 것이 안드로이드의 목소리와 표정이라고 생각한다. 그의 내면에 어느덧 변화가 일어난 것이다. 그는 더 이상 '인간'이라는 타이틀 때문에 자동적으로 그들을 인간으로 인정하지는 않는다. 사물을 대하는 그의 생각과 감정은 지금까지와는 다른 방식으로 작동한다. 레시는 그에게 묻는다.

> "안드로이드는 도망치고, 현상금 사냥꾼은 뒤쫓지... 자네는 그들을 '물건 it'으로 생각하나?" "한 때는 그랬지," 릭이 말했다. "내가 하는 일이 이따금씩 양심에 가책이 될 때에. 그런 식으로 생각하면서 내 자신을 보호했었지. 하지만 지금은 더 이상 그럴 필요를 느끼지 않아."(125)

데커드는 지금껏 살아남기 위해 자기 눈을 가리고 자기를 속여 왔음을 고백한다. 안드로이드에 대한 무의식적인 연민을 차단하면서 그가 보호하려고 했던 자아의 실체는 무엇이었을까? 그의 욕망이 구축한 자아의 벽을 헐고, 그는 이제 현실을 향해 그의 마음을 열고자 한다. 소설에서 데커드와 레시는 일종의 분신처럼 등장한다. 작가는 이들의 대비를 통해서 같은 상황에서 어떻게 사람은 각자의 의지와 선택에 의해 전혀 다른 방향으로 나아가는지를 보여준다. 오랜 사냥꾼의 생활을 통해 그는 냉혹한 존재가 되었다. 살아남기 위해 그는 안드로이드를 물건에 지나지 않는다고 끊임없이 자기를 세뇌했고, 그 과정에서 자기 자신 또한 모든 인간적인 감정이 사라진 무감각한 존재가 되어버렸다. 그의 내면에는 안드로이드를 죽이고 싶은 마음이 끊이질 않는다. 자기의 마음을 온통 살의가 점령하고 있음을 스스로도 자각하면서 그는 자기가 인간의 기억이 이식된 안드로이드일지도 모른다고 생각한다. 이런 두려움 속에서 그는 필사적으로 인간으로서의 정체성을 확인하고자 한다.

루프트를 죽인 후에 그는 데커드에게 부탁해서 보이트 캄프 테스트를 받아 보기도 하고, 한 때 진짜 다람쥐를 키웠던 사실을 기억하면서 위안을 삼기도 한다. "(다람쥐의) 철장에는 바퀴가 있었는데, 하루 종일 돌아도 제자리에 있는 거야. 그래도 버피는 그걸 좋아하는 거 같았어."(128)

끝없는 반복과 윤회의 모티프는 그가 키우던 다람쥐 버피Buffy가 돌리던 쳇바퀴로 상징된다. 레시와 버피는 변화 없이 반복되는 삶, 어떤 행동을 하든지 결국은 무의미해지는 삶, 죽음과 다르지 않은 윤회에 갇혀 있다는 점에서 서로 닮아있다. 타성적이고 반복되는 일상을 통해 결국 사람이든 다람쥐든 그 조건에 길들여지는 것이다. 그것은 인간의 욕망이 계속해서 재생산해내는 가상현실이며, 자기 내면의 프로그램과 그것이 불러오는 상황 사이의 연관성을 보지 못하는 한 윤회에서 벗어날 길은 없다. 레시는 박물관에 걸린 뭉크의 그림 「절규」를 바라보며 쫓기는 안드로이드의 영혼은 공포와 분노와 절망으로 가득 차있으리라고 상상한다.

그러나 삶과 죽음의 갈림길에서 루프트의 마음을 사로잡고 있는 건 뭉크의 「사춘기」로서, 그림속의 소녀는 양손을 맞잡고 침대 가장자리에 앉아서 미지의 삶에 대한 불안과 기대를 담은 눈빛을 하고 있다. 사춘기에 접어든 소녀를 기다리는 미래의 삶, 그리고 자기의 몸에 일어나는 변화들에 당황하는 그녀의 심정을 배경에 드리워진 커다란 그림자는 간접적으로 전달한다. 아마 그림 속의 소녀는 인간의 삶을 잠시 훔쳐봤던 루프트 자신의 모습이리라. 그러나 화성에서의 고달픈 삶이나 그녀의 뒤를 쫓는 현상금 사냥꾼은 이 순간 그녀의 의식에는 없다. 분노와 공포에 찬 비명은 레시의 내면에 울려퍼지는 것이지 루프트와는 아무 상관이 없다. 레시든, 루프트이든, 인간이든, 안드로이드이든, 모든 존재들은 눈앞의 현실을 자기가 생각하는 대로 보고, 볼 수 있는 만큼만 보는 것이다. 그런 의미에서 우리 모두가 같은 공간에 있어도, 저마다 각자의 욕망과 감정과 생각으로 창조된 가상현실, 자기만의 우주에 살고 있다. 이 때 과연 어떤 것을 삶의 리얼리티라고 할 수 있을까? 우리 눈에 보이는 현실인가, 아니면 각자의 내면의 소우주인가, 아니면 그 둘 다와 무관한 어떤 것일까?

레시가 생각하는 루프트의 삶.[12]

설렘과 불안이 교차하는 루프트의 마음.[13]

데커드와 레시는 꿈꾸듯이 「사춘기」를 바라보고 있는 루프트의 옆에 다가가 양쪽에서 꼼짝 못하게 그녀를 붙잡는다. 그녀는 사태를 짐작하고 순순히 끌려 나오다가 복도 끝에 있는 상점에 멈춰 서서 데커드에게

---

12 1893년 뭉크Munch의 작품. 작가 노트에는 그림을 그리게 된 배경을 다음과 같이 적고 있다. '두 친구와 함께 산책을 나갔다. 햇살이 쏟아져 내렸다. 그 때 갑자기 하늘이 핏빛처럼 붉어졌고 한줄기 우울함이 엄습해 왔다. 친구들은 저만치 걸어가고 있었고, 나만이 공포에 떨며 홀로 서 있었다. 마치 강렬하고 끝없는 절규가 대자연을 관통하는 듯이 보였다.' 소설에서 레시는 그 그림을 보면서 다음처럼 느낀다. '그의 입은 거대한, 소리 없는 비명으로 크게 벌어져 있었고, 그 존재의 고통에서 흘러나온 뒤틀린 물결들, 그 절규의 메아리가 그를 감싸고 있는 허공 속으로 넘실거리며 흘러나갔다.'(130)

13 1894-5년 사이에 그린 그림. 성(性)에 눈뜨며 사춘기에 접어든 소녀의 불안과 기대를 동시에 표현하고 있다는 평가를 받는다.

자기가 보고 있었던 그림의 복사본을 사달라고 부탁한다. 죽음의 그림자가 드리운 순간에도 그녀는 직관과 순수, 아름다움 등으로 요약할 수 있는 예술의 세계를 동경한다. 안드로이드에게 자기 돈을 쓰면서 물건을 사주냐는 레시의 비웃음에도 불구하고, 데커드는 그녀에게 「사춘기」를 사준다. 그런 레시를 비웃으며 루프트는 자기는 인간의 삶을 따라하기 위해 노력했지만 당신은 노력이라도 해봤냐고 말한다. 모욕감을 느낀 레시는 루프트가 안드로이드라는 객관적인 증거가 아직 확보되지 않았음에도 불구하고, 데커드의 만류와 방어를 밀쳐내면서, 엘리베이터 안에서 그녀를 사살한다. 레시가 루프트를 죽이는 현장을 보면서 데커드는 큰 충격과 혼란을 경험한다. 데커드는 루프트의 시체를 보면서 슬픔을, 그리고 레시에게는 증오를 느낀다. 그의 프로그램에 이상이 생긴 것이다. 그의 프로그램은 이제 적과 아군을 혼동하기 시작했으며, 그는 선택에 직면한다. 인간이 되기 위해 현상금 사냥꾼을 그만 둘 것인가 아니면 안드로이드를 사냥하면서 서서히 레시와 같은 냉혹한 살인자가 될 것인가?

루프트의 시체와 레시를 나란히 공중부양자동차에 싣고 달리면서 그는 두 존재에 대해 '익숙하게 느껴왔던 방식' 혹은 '그렇게 느끼도록 요구받았던 방식'(143)과는 다른 식으로 감정이 반응하는 것을 느낀다. 그의 의식은 분명히 안드로이드를 영리한 '기계'라고 말하지만, 감정에서는 그것이 '진짜 살아있는'(141)존재라고 말한다. 데커드가 레시에게 맹렬한 분노와 적의를 느끼는 건 바로 그의 내면에 레시와 똑같은 모습이 있기 때문이다. 그는 서서히 인간과 안드로이드, 선과 악의 선험적인 기준을 넘어선다. 선험적이고 절대적인 기준에서 자유로와진 것은 그의 의식이 성장했다는 증거이고, 그의 의식이 성장한 만큼 그의 눈에 보이는 세상도 달라진다. 데커드의 눈앞에 바야흐로 새로운 세상이 열리려고 하지만 그는 두려움을 느낀다. 정체성의 혼란과 익숙한 일상의 세계가 그의 손에서 빠져나가려고 하기 때문이다. 자기 내면에서 여러 개의 '나'의 목소리들이 들리지만 그것들을 통제하기에는 아직 그의 깨달음은 미진하고, 익숙지 않은 길이 제시하는 미래는 두렵다. 그 결과 그는 과거의 습관대로 행동하기로 선택하며, 다시금 욕망이 빚어내는 가상현실의 세계로 돌아간다.

마음의 혼란을 잠재우기 위해 그는 동물가게로 향한다. '동물들을 보는 것과 가게에 떠도는 돈 냄새'(167)는 늘 그의 우울함을 씻어줬기 때문에 이번에도 그럴 수 있기를 기대하면서 말이다. 데커드는 그 날 세 명의 안드로이드[14]를 죽이고 받은 현상금 3000불을 몽땅 털어 검은 염소 한 마리를 산다. 염소는 안드로이드 제거라는 그의 '비인간적인' 행동에 대한 보상이며, 그의 '인간성'이 빠져나간 내면의 공허를 채워줄 대용물이다. 그는 아내에게 오늘 자기가 '새롭고 끔찍하게 특이한 우울'(167)을 경험했으며, 그래서 염소를 한 마리 샀고, 이제 당신의 우울증을 이해하게 됐다고 말한다.

---

14 러시아 경찰로 위장한 폴로코프, 경찰서 서장이었던 갈런드, 그리고 루바 루프트. 갈런드와 루프트를 죽인 건 레시이지만 안드로이드들에게 사냥꾼으로 고용되었던 레시가 현상금을 받을 권리가 없으므로 결국 데커드가 3000불을 갖게 된다.

"들어봐. 오늘 무슨 일이 있었는지 얘기해 줄게. ... 오늘 다른 현상금 사냥꾼을 만났거든. 전에는 본 적이 없는 놈이야. 앤디[15]들을 죽이고 싶어 안달하는 살인마 같은 놈이었지. 그 자와 함께 있다보니 처음으로 앤디들이 다르게 보이기 시작했어. 나도 내 식대로 앤디들을 그 녀석처럼 봤던 걸 알게 됐어..... 나는 자문자답을 해봤어. 내가 변한 걸 확실히 알겠더군. 나는 안드로이드에게 감정을 느끼게 된 거야. 자, 들어봐, 오늘 아침에 당신 입으로 말했지, '불쌍한 앤디들'이라고. 그러니 당신은 내가 무슨 말을 하는지 알거야. 그게 내가 염소를 산 이유야. 지금까지 그런 기분을 느껴본 적이 없어. 그게 아마 당신을 괴롭히는 우울증일거야. 당신이 우울할 때 얼마나 고통스러웠을지 이제는 이해가 가. 나는 늘 당신이 그걸 즐긴다고 생각했어. 혼자서 못하면 감정조절장치를 써서라도 언제라도 빠져나올 수 있을 텐데 하고 말이지. 근데 당신이 그 정도로 우울하면 아무 상관이 없는 거였어. 소중한 게 없기 때문에 냉담해지는 거지. 당신 기분이 나아지든 아니든 그건 문제가 안 되는 거야, 왜냐하면 만일 당신이 뭣이 소중하다는 –"(174-175)

지금까지 자기를 지탱해 온 삶의 가치가 일시에 사라지고, 앞으로 어떻게 살아야할지 미래는 아직 불분명하다. 그럼에도 불구하고 이런 그의 말은 분명 커다란 변화가 그의 내면에서 일어나고 있음을 반영한다. 그것은 타인에 대한 이해로 이어진다. 그는 아내의 우울, 전에는 그토록 이해할 수 없었던 그 세계를 이제는 알 수 있을 것 같다고 말하고 있지 않은가. 그러나 이런 장황한 데커드의 자기고백은 앞으로 염소

15 안드로이드를 다소 경멸적으로 부르는 명칭.

할부금은 어떻게 할 거냐는 아내의 말 한마디에 와르르 무너지고 만다. 아이란은 남편의 절망을 이해하지 못한다. 그렇다면 감정조절장치를 통해 그녀가 정기적으로 경험했던 절망은 과연 어떠한 것이었을까. 그녀의 절망이 데커드의 절망보다 깊었다면 분명히 그녀는 남편의 심정을 이해할 수 있었을 텐데 말이다. 아이란은 남편의 절망보다 당장 코앞에 닥친 염소의 할부금에 더 관심이 있다. 아내의 다그침에 그는 더 이상 사냥꾼 노릇은 하지 않을 테고, 대신 동물도둑을 하든가 할부금 개월 수를 늘이겠다고 둘러댄다. 이렇게 두 사람이 말다툼을 하고 있을 때 브라이언트가 전화를 해서 나머지 안드로이드들을 빨리 처치하라고 독촉을 하자, 그는 이번이 마지막이라고 다짐하면서 다시 사냥에 나선다.

이렇듯 절망감, 새롭게 찾아든 실존적인 고뇌의 언저리를 어설프게 맴돌면서도 그는 점점 윤회 속으로 빠져든다. 그는 이번에 나머지 세 명의 안드로이드를 죽이고 현상금을 받으면 인간으로의 자기의 정체성을 훼손한 대가로 꼭 진짜 양을 사고야 말리라고 결심한다. 그는 진짜 양을 사기 위해 다시 안드로이드 사냥을 되풀이할 수밖에 없다. 사랑의 능력을 확인하기 위해서 진짜 양이 필요하고, 진짜 양을 위해서 안드로이드를 죽여야 하다니? 그렇다면 진짜 양은 안드로이드를 죽이기 위한 명분에 지나지 않는 것은 아닐까. 새로운 삶이 시작될 문턱에서 그는 다시 과거의 자신으로 돌아간다.

분별하는 마음을 버리기[16]

데커드는 진짜 양을 얻기 전까지는 사랑의 감정을 경험하지 못한다. 그 이유는 단 하나. 그가 진짜 양만이 사랑을 알아준다고 정했기 때문이다. 사람들이 가짜 동물들이나 안드로이드를 만든 이유는 진짜를 능가하는 가짜를 통해 진짜에서 얻는 것과 똑같은 만족과 행복감을 느끼기 위해서였다. 비록 가짜이고 환상일망정 그것들이 나의 내면을 변화시키고 나의 현실을 바꾼다면 그것은 실제적이고 구체적인 힘이 되는 것이 아닌가. 이것이 가짜 동물이나 환상을 긍정적이며 창조적으로 사용하는 방법일 것이다. 보물을 묻어 뒀다는 아버지의 유언을 믿고 자식들이 땀 흘려 땅을 파던 끝에 결국 비옥해진 땅을 보면서 보물의 실체를 실감한다는 이야기처럼, 환상이 현실을 변화시키는 힘으로 작용할 때 어디까지를 거짓이고 환상이며, 또 어디서부터를 현실이라고 경계 짓기는 어려운 노릇이다. 환상이나 실제란 보는 입장이나 행동하는 주체에 따라 달라질 수 있기 때문이다. 또 다른 예도 있다. 어린 아이들은 나와 너, 주체와 객체, 그리고 현실과 환상의 경계를 모른다. 마치 산타클로스의 존재를 실제로 믿고 선물을 받기 위해 선하게 행동하려고 애를 쓰고, 그들이 믿는 만큼 현실은 실제로 변화한다. 이처럼 선과

16 분별하는 의식이 있음으로 해서 사람들은 소위 '정상적'이고 '안전한' 삶을 산다. 딕은 소설에서 깨어있는 정신을 유지한 채 분별하는 의식을 넘어서는 문제를 진지하게 다루는 듯이 보이는데, 실제로 그는 약을 통해 얻어지는 환각의 상태와 그 결과 의식이 확장되는 것에 큰 관심을 보였다. Philip K. Dick. "Drugs, Hallucinations, and the Quest for Reality"(1964), in Lawrence Sutin ed. The Shifting Realities of Philip K. Dick. (New York: Vintage Books, 1995) 167-174쪽 참조.

악, 환상과 실제를 나누는 객관적인 기준은 상대적이다. 그렇다면 인간의 감정이나 생각은 대상이 진짜이든 가짜이든, 대상과 무관하게 그의 내면에서 흘러나오는 것이다. 비록 기계로 만든 양일지라도 이런 경우라면 인간은 진실하게 기계 동물과 교감할 수 있을 것이다.

그런데 이런 이야기들에서 전제 조건이 하나가 있다. 어느 경우이든 거짓을 진실로, 가짜를 진짜로 '착각'해야 하는 것이다. 거짓이나 환상을 감쪽같이 실제로 믿을 때, 혹은 현실을 환상과 혼동할 때 환상은 실재의 무게를 얻고, 실재는 무게감을 상실한다. 꿈을 꿀 수 있는 능력이나 상상력은 바로 이런 전환을 가능하게 만드는 정신적인 능력이며, '안드로이드도 꿈을 꿀 수 있을까?'하는 소설의 제목에서 암시되듯이 꿈과 상상은 안드로이드와 인간을 구분 짓는 경계이다. 그런데 진짜와 가짜의 구분이 없어진 하이퍼리얼리티[17]의 세계는 상상력의 큰 도움 없이도 기술력을 통해 환상을 현실로 만든다. 그렇지만 사람들은 첨단 기술이 창조하는 가상현실의 달콤함을 즐기면서도 그 안에는 뭔가 정신적인 것이 빠져있다고 느낀다. 데커드나 아이란은 복제품과 이미지들로 그들의 삶을 가득 채우면서도 진짜를 향한 갈망에 시달린다. 그들의 삶은, 이를테면 풍요속의 빈곤이라고나 할까, 늘 황량하고 메말라있다. 그러나 진짜와 가짜를 구분 못하는 '스페셜'인 존 이지도어John Isidore[18]에게 여자 안드로이드인 프리스Pris가 찾아왔을 때 그의 삶은 환희로 가득

17 현실보다 더 현실적인 이미지를 뜻함.

18 소설에서 이지도어Isidore라는 이름은 카톨릭 성자 성 이지도루스St. Isidorus와 연결되면서, 그를 종교적인 차원에서 조명하게끔 한다.

찬다. 나중에 그녀가 안드로이드임을 알게 되었을 때도, 그녀가 시종일관 이지도어를 '얼간이chicken head'라고 조롱해도 상황은 크게 달라지지 않는다.

전쟁 후의 인류는 건강한 인간의 보존을 위해 매달 일정한 신체검사와 IQ 테스트를 통해서 정상인과 비정상인을 분류한다. 사람들은 방사능으로 인해 유전자 변이를 일으켰거나 지능이 퇴화된 이들을 '스페셜'이라고 불렀다. 이들은 지능이나 신체적인 면에서는 안드로이드보다 떨어지지만, 공감박스를 통해 다른 생명체와의 교감이 가능하다는 점에서는 안드로이드보다 우월했다. 이지도어는 바로 그런 스페셜 중의 하나이다. 그는 전쟁이 끝나고 얼마 후 도시에서 좀 떨어진, 아무도 살지 않는 외곽의 폐허로 흘러들었으며, 을씨년스럽게 흩어져있는 콘크리트 더미들, 먼지를 뒤집어쓰고, 죽은 것도 아니고 산 것도 아닌 나무들과 잡초들[19] 속에서 텅 빈 건물에 혼자 살고 있다. 정상인들과 함께 살 수 있는데도 왜 그가 굳이 혼자 사는지는 불분명하다.

그는 가짜 동물들을 수리해주는 한니발 슬로트Hannibal Sloat동물병원의 직원으로 일한다. 원장을 비롯하여 병원의 직원들은 가짜 동물임이 발각될까봐 두려워하는 고객들을 위해서 흰 가운을 걸치고 동물들을 수거하러 다닌다. 동물들만 진짜처럼 만들어졌을 뿐 아니라 그것을

19 소설에서 이런 쓰레기들은 '키플kipple'이라는 용어로 총칭된다. '키플'은 작가가 만든 용어이다. 비단 사물 뿐 아니라 인간이든 동물이든 더 이상 유용하지 않은 것들은 키플이 된다. 모든 것들이 키플로 가득 찬 세계에서 존재들의 삶은 생물권biosphere이 아니라 테크노스피어technosphere에서 전개된다. (Christopher Palmer. Philip K. Dick: Exhilaration and Terror of the Postmodern. (London: Liverpool University Press, 2003), 18쪽.

고치는 사람들 역시 진짜 동물병원 의사라는 환상을 사람들에게 심어줘야 하는 것이다. 어느 날 이지도어는 수리할 동물들을 수거해오는 과정에서 병든 진짜 고양이를 인조 동물로 알고 열심히 콘트롤 박스Control Box를 뒤지다가 결국 치료 시간을 놓쳐서 죽게 만드는 사고를 친다. 그는 진짜 고양이의 신음소리를 인조 동물의 내부에 삽입된 '질병'회로가 작동된 것으로 오인한 것이다. 이런 사태가 발생할까봐 걱정했었던 병원장 슬로트는 이지도어에게 진짜와 가짜도 구분 못하느냐고 야단친다. 그 광경을 옆에서 지켜보고 있던 이지도어의 직장 상사인 밀그로브Milgrove는 그를 위해 변명해준다. "그(이지도어)에게는 모두가 살아있는 겁니다. 가짜 동물까지 포함해서요. 그는 아마 그 고양이를 살리려고 애썼을 거에요."(77)

이지도어의 고민은 분명히 동물들이 진짜가 아니라 기계이며, 입력된 프로그램에 따라 신음하고 운다는 사실을 알아도, 그럼에도 불구하고 그들의 울음은 마치 진짜 동물의 울음처럼 그의 마음을 아프게 한다는 사실이다. 그는 자기 마음이 아픈 건 아마 방사능으로 인해 자기의 감각 기관에 이상이 생긴 탓일 거라고 생각한다. '내가 IQ 테스트만 통과했어도 이처럼 부수적인 감정에 시달리는 직업을 갖지는 않았을 텐데. 헌데 같이 일하는 이들이 가짜 동물들의 인공적인 고통을 보고 괴로워하지 않다니 참 신기하기도 하지. 아마도 나는 진화의 사다리 밑바닥까지 떨어져서 스페셜이 되어서 무덤의 세계 밑바닥에서 뒹굴기 때문인가 봐. 내 감각 기관에 이상이 생겨서 말이지.'(72) 정상인의 눈으로 볼 때는 이지도어는 환상과 실제를 구분하지 못하고 자기만의 세계에 갇혀있는 인물이다. 그러나 다른 각도에서 보자면 그는 기계와도 교감할 수 있는 뛰어난 능력을 지닌 존재이다.

누군가를 사랑하고, 그에게 필요한 존재가 되고 싶다는 이지도어의 소원은 탈출한 안드로이드들 중의 하나인 프리스가 그의 아파트로 숨어들면서 실현된다. 가짜 동물과 진짜 동물을 구분하지 못하는 이지도어조차 그녀에게 뭔가 인간적이 아닌, 차가운 기운이 있다고 느끼지만 크게 신경 쓰지는 않는다. 아름다운 프리스는 그가 오랫동안 꿈꿔온 구원의 여신과 같은 존재이기 때문이다. 그는 퇴근길에 두주일치 봉급을 몽땅 털어서 귀한 음식들을 사고, 여자가 나타날 순간을 위해서 아껴놓았던 포도주를 대접한다. 음식을 본 프리스는 기뻐하지만 동료들이 떠오르자 냉담해지고 '순간적으로, 아무런 경고도 없이, 죽음과 같은 신랄함이 그녀를 스쳐갔고, 콘크리트처럼'(147) 그녀는 굳어진다. 그녀는 이지도어의 기쁨 따위는 관심이 없다. 프리스는 이지도어가 스페셜인 걸 알고 그를 경멸하며, 자기를 향한 그의 사랑을 멸시하고, 그를 노예처럼 부리며 이용할 생각만을 한다. 그녀는 전형적인 안드로이드로서 행동한다. 그러다가 프리스는 자기를 추격하는 현상금 사냥꾼에 대해 그에게 말해준다. 그들은 처단 대상자의 명단을 갖고 다니며, 월급 이외에 처치된 안드로이드 한 명당 1000불의 인센티브를 받는 전문 살인자라는 것을 말이다.

그러나 이지도어의 세계에는 안드로이드도, 현상금 사냥꾼도 없다.

그는 '모든 생명은 하나'이며 어떤 사람도 고립된 섬은 아니라고 중얼거린다.(148) 그러면서 그는 자기 식대로 프리스는 '처형되리라는 망상에 빠진 사이코'이거나 아니면 '방사능 낙진으로 뇌손상을 입거나', '스페셜'(148)일지 모른다고 생각한다. 프리스의 동료들인 로이 배티Roy Baty와 그의 아내가 찾아왔을 때 존재하는 모든 것에 대한 그의 선의가 일차적인 시험을 받는다. 비로소 이지도어는 그들 모두가 안드로이드이며, 인간에게 적의를 품고 있고, 현상금 사냥꾼에 맞서 전투를 준비한다는 사실을 알게 된다. 실제 현실에 던져졌을 때 이지도어는 무난히 일차 관문을 통과한다. 가짜 동물과 진짜 동물의 구분이 그에게는 별 의미가 없듯이, 상대가 인간이 아닌 안드로이드들이라고 해서 그의 호의적인 감정이 바뀌거나 사라지지 않는다. 그의 사랑의 감정은 대상에 따라 변화하는 상대적인 것이 아니다.

셰익스피어의 『폭풍우The Tempest』에서 무서운 주인님 외에 남자들을 본 적이 없는 캘리반Caliban은 섬에 상륙한 천박하고 비열한 뱃사람들의 정체를 파악하지 못한다. 그는 오로지 이들이 신기하고 대단해보일 뿐이다. 캘리반은 낯선 이들에게 말한다. "당신은 천상에서 내려온 분이시죠?."[20] 이지도어가 안드로이드들에게 보내는 찬사는 뭔가 캘리반의 심정을 연상시키는 부분이 있다. 이지도어의 정성에 로이배티Roy Baty나 프리스는 약간의 감사와 감탄을 곁들이면서, 인간은 이해할 수

---

20 윌리엄 셰익스피어William Shakespeare, 『폭풍우The Tempest』, 2. 2. 137.

없는 존재라고 말한다. 그러나 이지도어의 선의나 따뜻한 감정은 이들을 감동시키지는 못한다. 루바 루프트처럼 예외적인 경우가 있기는 하지만 이들은 냉혹한 안드로이드이기 때문이다.

객관적으로 보기에도 이지도어의 태도에는 뭔가 불안한 요소가 있다. 그의 행복과 신뢰는 상당 부분이 그의 소외감과 상대에 대한 무지에서 출발했기 때문이다. 그의 무지는 때로 그의 생명이나 입지를 위태롭게 만든다. 진짜 고양이를 가짜인 줄 알고 죽였을 때 그는 자기를 '인간'으로 인정하고 취직시켜준 직장에서 쫓겨날 뻔 한다. 또 현상금 사냥꾼인 데커드와의 일전을 앞두고 안드로이드들은 이지도어를 죽일 것인가, 아니면 살려서 이용할 것인가를 놓고 투표를 하기도 한다. 그의 목숨이 안드로이드들의 수중에 있는 것이다. 이런 상황을 보면서도 이지도어는 안드로이드들을 보호하고, 현상금 사냥꾼에 맞서서 그들과 같이 싸우겠다고 선언한다. 보통 사람들의 기준들은 그에게는 통용되지 않는다. 앞서 고양이의 경우에서처럼, 그의 의식에서 인간과 안드로이드의 위계는 뒤바뀐다. 그는 현상금 사냥꾼을 '단조롭고 관료적인 살인 작업을 기계처럼 수행하는 존재들, 감정도, 표정도 없는 것thing들. 그것들이 죽고 나면 재빨리 그들을 닮은 다른 것으로 대체되는 것들. 살아있는 모든 자들이 다 사살될 때까지 계속 작업하는 것들'(158)로 상상한다. 이지도어는 안드로이드를 인간적인 존재들로, 현상금 사냥꾼을 냉혹한 기계로 간주하는 것이다.

이지도어가 두 번째 시험에 드는 순간이 얼마 지나지 않아서 온다.

데커드와의 싸움을 앞두고 로이 배티는 프리스가 이지도어의 집에 머무는 편이 낫겠다고 판단한다. 그리하여 안드로이드들은 이지도어에게 프리스의 짐을 가져오라고 지시한다. 이지도어는 기꺼이 그들의 명령을 따른다. 이들과 함께 있으며, 이들의 심부름을 해주면서 그는 '무미건조한 삶에서 처음으로 유용한 존재가 되었다는 느낌' 때문에 '강렬하고도 엄청난 행복의 향기'(203)에 휩싸인다. 그녀의 짐을 옮기던 중에 이지도어는 계단에서 살아있는 거미를 한 마리 발견한다. 기쁨에 들떠서 이지도어는 그런 기적 같은 일이 생길 때를 대비해서 늘 품에 지니고 다니던 병에 소중히 담아 배티 부부와 프리스에게 보여준다. 거미를 처음 본 안드로이드들은 왜 거미가 그렇게 다리가 많은지 신기해한다. 가슴 벅차오르는 감동을 느끼며 이지도어는 원래 거미의 다리는 여덟 개라고 가르쳐준다.

그러나 이어지는 안드로이드의 반응은 이지도어에게는 너무도 뜻밖이며, 끔찍하며, 잔인하다. 그토록 아름다운 모습 속에 그런 냉혹함이 들어 있다니! 먼저 로이 배티의 아내가 말한다. "여덟 개 라고? 왜 네 개면 안 되지? 나머지 네 개를 잘라 보자."(206) 그녀는 얼른 손가방을 열어서 깨끗하고 예리한 손톱 가위를 꺼내서 프리스에게 건넨다. 이지도어의 간절한 애원에도 불구하고 프리스는 웃음 띤 얼굴로 거미의 다리를 천천히 하나씩 가위로 자른다. 그의 눈앞에서 거미의 다리를 하나씩 자르고 있는 프리스는 그가 알고 있던 여자가 아니다. 거미가 죽어갈 때 그녀를 향한 이지도어의 사랑도 죽어간다. 그렇다면 프리스에 대한 그의 사랑 역시 대상에 따라 변화하는 상대적인 것이며 대상에 대한 무지에서 비롯된 환상이었을까? 안드로이드들이 거미에게 가하는 고통을 무력하게 지켜보던 그는 프리스의 손에서 재빨리 거미를 빼내어 싱크대에 넣는다. 물을 트는 순간 거미는 물에 휩싸여 떠내려가고, 더불어 그의 희망과 꿈도 산산조각이 난다. 절망에 빠진 그는 자기 방으로 돌아와 필사적으로 공감박스에 접속한다. 그러자 공감박스가 만들어 낸 가상현실, 삶과 죽음의 드라마가 그의 앞에 펼쳐진다.

두 종류의 가상현실 - 관조와 도취

소설에는 윌버 머서[21]와 부스터 프렌들리라는 두 인물이 등장한다. 이들은 두 종류의 가상현실에 대한 은유이다. 윌버 머서는 초월적 메시지를 전하는 구도자이며, 사람들은 공감박스Empathy Box에 접속함으로써 그와 정신적인 합일을 꾀한다. 머서와 합일한 상태에서 사람들은 마음이 빚어내는 갖가지 가상현실을 체험하는데, 여기서 머서는 사람들을 죽음에서 삶으로 이끄는 존재로 묘사된다. 부스터 프렌들리 역시 가상현실을 선사한다. 그는 '부스터 프렌들리와 그의 멋진 친구들Buster Friendly and His Friendly Friends'이라는 쇼의 제작자이자 연출가로서, 그의 쇼는 거의

---

21 딕의 소설에 등장하는 구원자적 인물에 대한 설명으로는 Christopher Palmer, Philip K. Dick: Exhilaration and Terror of the Postmodern. 39쪽 참조.

하루 종일 우주 전체로 그 전파를 쏴댄다. 부스터 쇼는 오늘날 TV나 영화에서 제공하는 환상의 세계를 빗 댄 것인데, 극사실적인 이미지들을 통해 사람들의 영혼과 감각을 마비시킨다. 머서는 정신적인 초월을 통해, 그리고 부스터는 하이퍼리얼리티에의 몰입을 통해 사람들을 현상과 물질의 세계에서 벗어나게끔 유도한다. 각각 구도의 행위와 쇼 엔터테인먼트를 대변하는 머서와 부스터는 이지도어의 말에 따르면 '인간의 영체psychic selves에 대한 통제권을 얻기 위해 다투는 존재들'(75)이다.

공감박스와 TV의 부스터 쇼를 오가는 지구인들의 영혼은 두 종류의 가상현실을 번갈아 체험한다. 머서가 물질계에 대한 정신의 우위를 주장하며, 눈앞의 현실은 환상에 불과함을 가르친다면, 부스터는 영혼의 존재를 부정하고, 현상계가 유일한 실재임을 주장한다. 탈출한 안드로이드들에 따르면 부스터 역시 안드로이드이다. 소설에서 안드로이드는 교감의 능력이 없기 때문에 이들은 스페셜도 할 수 있는 머서와의 합일에 도달하지 못하고, 매순간 우주 전체를 관통하여 일어나는 장엄한 영혼의 드라마도 이해하지 못한다. 그 뿐만 아니라 그들은 지구인들의 '합일의 체험'을 의혹의 눈초리로 보며, 그것이 은하계 전체에서 벌어지는 대사기극일 수도 있다고 생각한다. 안드로이드들을 보면서 데커드는 이따금 자문한다. "안드로이드도 꿈을 꿀까?"(184) 소설에서 '교감'은 영혼과 정신, 꿈과 상상 등의 단어들과 동의어이다. 본질과 현상, 정신과 물질, 나와 타자 사이를 오갈 수 없다면 꿈도 꿀 수 없다.

공감박스의 가상현실 속에서 정신과 물질, 나와 타자의 분리와 같은 이항대립적인 요소들은 사라진다. 머서와 접속하는 순간, 접속자들은 자기의 개체성을 유지하면서 머서와 합일되는 묘한 상태로 들어간다. 공감박스의 세계는 각자의 마음이 투사되어 펼쳐지는 영상이기 때문에 같은 순간에 접속했다 하더라도 그 내용은 제각각이다. 예를 들어 이지도어가 경험하는 가상현실은 이렇다. 공감박스의 전원을 켜면 음극선이 작동하고 매캐한 음이온이 방출된다. 그 냄새를 맡으며 그는 박스의 핸들을 굳게 움켜쥔다. 이윽고 갈색의 황량한 산허리와 메마른 잡초들이 흐릿하고 태양조차 없는 하늘을 배경으로 황량하게 굴러다니는 광경이 뿌옇게 펼쳐지고, 알 수 없는 적의로 가득 찬 가상현실의 공간이 어렴풋이 드러난다. 그 한 가운데를 한 노인이 남루한 옷을 걸치고 힘겹게 산언덕을 오른다. 그는 인간으로서는 알 수 없는 그 어떤 곳, 죽음의 세계에서 삶의 세계로 건너오기 위해 터벅터벅 고난에 찬 발걸음을 옮긴다는 신비로운 존재, 바로 머서이다.

그는 서서히 머서와 융합하여 그와 하나가 된다. 이지도어는 이 순간 그 자신이면서, 동시에 머서이면서, 또 머서와 융합한 수많은 존재들의 총합이기도 한 것이다. 수많은 존재들의 생각들이 이지도어의 의식 속에서 각자의 독자성을 유지하면서 따로따로, 그러나 동시에 하나의 목소리가 되어 파노라마처럼 펼쳐진다. 다양한 정신들의 욕망과 감정들이 어우러지지만 이들의 목표는 오직 하나이다. 그것은 삶의 세계로 들어가는 문이 존재하는 산의 정점까지 오르는 것이다.

한걸음 한걸음씩 그는 나아갔다. 너무도 느려서 움직임이 거의 느껴지지도 않을 정도로. 그러나 그는 거기에 있었다. 돌멩이들이 그의 발밑으로 덜그럭대며 굴러 내려갔고, 그는 '더 높이'하고 생각했다. 오늘은 어제보다 더 올라 왔으며, 내일은 - 윌버 머서와 융합한 그는 눈을 들어서 산 위를 올려 보았다. 꼭대기를 가늠하기란 불가능했다. 너무 멀어. 하지만 도달할 날이 오겠지. 돌멩이가 그를 향해 날아와서 그의 팔을 강타했다. 그는 고통을 느꼈다. 그가 반쯤 몸을 돌리자 또 다른 돌멩이가 그를 스치고 지나갔다. 돌멩이는 땅에 부딪쳤고 그 소리에 그는 깜짝 놀랐다. 누굴까? 궁금해 하며, 그는 자기를 괴롭히는 자를 응시했다. 오래된 적들의 모습이 그의 시야에 아스라이 잡혔다. 저것, 혹은 저것들은 산을 오르는 내내 그를 따라올 것이다. 꼭대기에 이를 때까지 계속 쫓아 올 것이다.(22-23)

머서가 산을 오르는 행위는 죽음에서 삶으로 나아가는 구도의 과정에 대한 알레고리이며, 공감박스를 통한 정신적인 융합은 종교적 체험에서 얻어지는 심리적 고양상태를 연상시킨다. 머서는 보이지 않는 적들이 던지는 돌에 맞아 피를 흘려가면서 삶을 향해 산을 오른다. 정상에 다다르는 순간 그는 다시 죽음의 세계로 추락한다. 태어나는 순간부터 이미 죽음으로의 움직임이 시작되는 건 생명체의 존재조건이지만, 머서는 그 속에서 매순간 삶과 죽음의 드라마를 쓰고 있는 것이다. 보이지 않는 적들은 죽음의 세계에 속한 자들로서, 그가 삶으로 나아가지 못하게끔 돌을 던진다. 머서와 영육의 합일이 완벽해 질수록 공감박스에 접속한 사람들은 그의 고통을 실제로 체험한다. 머서가 고통을 느끼면 그들도 고통을 느끼며, 머서가 피를 흘리면 그들도 피를 흘린다. 이런 체험은 가상현실 내에 국한되지는 않는다. 공감박스를 벗어나 현실로 돌아와도 상처와 고통은 그대로 남는다. 공감박스의 체험은 환상이면서 동시에 실제가 되는 것이다. 산꼭대기에 가까워질수록 적들의 공격도 치열해지며, 그로 인해 심지어 공감박스 안에서 죽어버려서 현실로 귀환하지 못하는 경우도 종종 있다.

머서에게 돌을 던지는 적들은 늘 먼 산기슭에서 흐릿하게 모습을 드러낸다. 아무리 그들을 뚫어지게 응시해도 그 실체를 똑똑히 볼 수는 없다. 머서와 융합된 상태에서 돌을 던지는 적들은 머서의 적들인 동시에 나의 적들도 된다. 사람들은 적들을 자기 마음에 떠오르는 존재들과 일치시켜 나간다. 각자 돌을 맞으면서 고통과 분노, 증오 속에서 떠올리는 존재들, 그것들이 바로 그 순간 흐릿한 적들의 실체이다. 보이지 않는 적들은 홀든이나 데커드과 같은 현상금 사냥꾼에게는 언제 그들의 목숨을 빼앗을지 모르는 안드로이드일 수 있고, 이지도어에게는 스페셜은 인간 이하의 존재라고 TV에서 끊임없이 떠들어 대는 끔찍한 부스터와 같은 인물일 수도 있다. 9.11 테러를 경험한 미국인들에게는 중동의 테러리스트일 수도 있고, 무한경쟁의 신화 속에서 사는 사람들에게는 자기 옆의 동료일 수도 있다.

적들의 실체는 수시로 변화하며 사라졌다 재등장하기도 하고, 또 어제의 적이 오늘의 은인이 되기도 한다. 절대적인 적은 없다. 다만 그들이 적이라고 믿는 나의 믿음이 그들을 적으로 만든다. 이 장면을 통해 작가가 전달하는 메시지는 적은 외부에 실제로 존재하는 것이 아니라 나의 마음이 그때그때의 잇속과 감정에 따라 만들어내는 것이라는 사실이다. 즉 모든 적들은 실체가 아니라 나의 마음속에 존재하는 환영들이다. 그러나 환영이라고 해서 이런 적들이 실질적인 피해를 내게 입히지 못하는 건 아니다. 맥베스Macbeth를 괴롭히던 유령이나 단검의 환영처럼 내가 그것들을 실체로 보는 한 그것들은 실제로 힘을 발휘하며, 공감박스 속의 가상현실의 여행자들 역시 적들이 던진 돌에 맞아 피를 흘리거나, 죽을 수도 있다. 자기가 만들고 자기를 죽음에 이르게 만드는 가상의 적들. 이렇듯 적과 싸우며 산을 오르는 머서와 그의 추종자들의 행위는 스스로 지어내고, 스스로 속박되는 마음의 드라마를 재현한다.

부스터는 이런 머서의 모습을 조롱하면서 독설을 퍼붓는다. "이봐, 뭣 때문에 인생을 그렇게 힘들게 사는 거지? 날아오는 돌 따위는 없어. 버드와이저나 두 병 들고 가볍게 올라가라고."(74) 그의 쇼에는 '번쩍이는 머리카락과 치아, 그리고 지치지 않는 원기'(74)에 넘치는 미녀들이 등장해 온갖 쾌락과 웃음을 쏟아낸다. 사람들보다 더 생기 넘치고, 더 아름답고 더 찬란한 안드로이드들로 구성된 부스터 쇼는 원본을 능가하는 찬란한 이미지들로 가득한 하이퍼리얼리티의 전형이다. 부스터는 틈만 나면 머서를 조롱하더니, 철저한 조사를 했다고 말하면서 드디어 머서의 정체를 폭로하기에 이른다. 그가 조사한 바에 따르면 머서는 알 재리Al Jarry라는 은퇴한 할리우드의 단역배우이며, 술주정뱅이고, 그가 오르는 산은 조잡한 영화세트에 불과하며, 그가 맞는 돌 또한 플라스틱에 지나지 않는다는 것이다. 생명을 향한 고난에 찬 여정 자체가 꾸며낸 이야기에 불과하며, 머서리즘Mercerism 전체가 하나의 거대한 사기에 지나지 않는다는 것이다. 그러면서 그는 인간의 특징인 교감의 능력이 만일 히틀러와 같은 인물을 추종하는 식으로 발휘되면 인류 전체가 파멸에 빠질 수 있다고 조롱 섞인 경고를 한다.

소설에서 부스터의 폭로는 프리스가 거미의 다리를 자르는 사건과 동시에 진행된다. 이지도어는 더 이상 머서를 믿을 수도 없고, 프리스를 사랑할 수도 없으며, 모든 것이 퇴락하고 서서히 붕괴되는 그의 아파트에서 애써 살고 싶은 마음도 없어진다. 부스터의 폭로는 꿈꾸는 능력과 교감의 소멸, 인간성의 패배를 알리고, 그 대신 눈에 보이는 세계만을 유일한 현실로 받아들이는 안드로이드의 승리를 대변하는 사건이다. 이런 과정은 삶의 세계에서 죽음의 세계로 추락한 이지도어를 통해 상징적으로 재연된다. 그는 죽은 동물들의 시체가 뒹굴고, 간신히 숨결이 붙어있는 당나귀의 눈을 파란 깃털의 까마귀가 쪼아 먹기도 하는 곳, 모든 것이 정지된 상태로 침묵만이 감도는 죽음의 세계로 추락해서 머서를 애타게 찾는다. 이윽고 인자한 모습의 노인인 머서가 나타난다. 그는 이지도어에게 부스터의 조사는 진지했으며, 그의 말이 모두 사실이라고 말해준다. 그러면서 머서는 중요한 메시지를 남긴다. 자기가 사기꾼임이 밝혀져도 사람들이 자기를 찾는 한 융합은 계속되리라고. 안드로이드들은 왜 인간들이 부스터의 폭로에도 불구하고 계속해서 공감박스를 통해 정신적으로 교감하고, 죽음을 무릅쓰면서 산을 오르는지 의아해할 것이고, 그들은 인간들의 행동을 앞으로도 전혀 이해하지 못할 것이라고. "부스터 일당의 눈에는 나는 알 재리라는 은퇴한 단역 배우지... 그러나 그들의 폭로에도 불구하고 변하는 것은 아무 것도 없어. 그건 네가 여전히 여기에 있고, 나도 여전히 여기에 있기 때문이지."(214)

머서가 산을 오를 때 그에게 돌을 던지는 가상의 적들처럼, 부스터의 폭로는 구원의 메신저인 머서 역시 각자의 내면에 존재함을 보여준다. 머서는 주정뱅이이고, 메시야이고, 환상속의 인물이다. 부스터와 그의 추종자들이 보기에 머서는 사기꾼에 불과하지만 머서의 말을 믿고 따르는 사람들에게는 영혼의 구원자가 된다. 적에 대한 믿음이 적을 만들고, 머서에 대한 믿음이 머서를 구원자로 만든다. 설령 똑같은 풍경이라 하더라도 그것을 보는 사람의 숫자만큼 다양한 내면의 풍경이 생겨나듯이, 실제로 머서는 한 명이지만 우주에 존재하는 사람들의 숫자만큼 수많은 머서가 존재한다. 결국 사람들은 자기가 꿈꾸는 만큼, 혹은 생각하는 만큼만 현실을 받아들이기 마련이다. 안드로이드들은 머서에게서 그들이 보고 싶은 만큼 보고, 느끼고 싶은 만큼 느끼며, 믿고 싶은 만큼 믿는다. 구원자로서 머서는 이지도어의 외부가 아니라 그의 내면에 존재하며, 이 순간 이지도어가 어떤 머서를 선택하느냐 만이 중요하다. 이지도어는 말한다. "다른 건 다 괜찮은데 술 마시는 부분에서는 좀 그랬어요. 너무 천박하잖아요."(215) 그 말에 대해 머서는 이렇게 대답한다. "그건 네가 너무 도덕적이라서 그래. 난 그런 사람이 아니야.

나는 아무 것도 판단도 하지 않아. 심지어 내 자신까지도."(215) 머서는 이지도어에게 스스로 정해놓은 고정관념이나 선악의 기준들을 벗어날 것을 당부한다.

부스터의 폭로는 인간들을 혼란에 빠뜨리고 파멸시키려는 목적이 있지만, 그는 나름대로는 진지하다. 머서의 지적대로 안드로이드는 철저히 사실성의 세계에 갇혀 있는, 꿈꾸지 못하는 존재이기 때문이다. 교감과 상상의 능력이 없는 안드로이드에게 머서와 인간들의 정신적인 합일은 사기일 수밖에 없다. 부스터에게는 번쩍이는 이미지와 환상들로 이뤄진 가상현실만이 진짜보다 더 진짜 같은 실제이며, 공감이나 합일이란 자기도취와 환상에 지나지 않는다. 소설 속의 세계에서 아이란과 데커드는 안드로이드에서 이지도어에 이르는 영혼의 스펙트럼의 중간 어딘가에 위치한다. 감정조절장치나 전기 양처럼 과학기술이 제공하는 편리함과 가상현실에 안주하면서도 불만을 느끼는 그들에게는 머서와의 융합도 마치 기성종교나 부흥회에서의 심리적인 흥분처럼 일회적인 위안거리일 확률이 높다. 머서와의 융합이 어느 정도 현실을 변화시키는 힘이 되기는 할 터이고 또 천박한 부스터 쇼와 달리 팽팽한 정신적 긴장감을 줄지 몰라도, 일정 수준에 다다르면 그것은 또 다른 고통과 불안, 두려움을 안겨줄 것이다. 사람들은 머서를 그들이 믿고 싶은 만큼만 믿고, 현실은 각자가 변화시키고 싶은 만큼만 변화된다. 머서는 그들의 욕망과 믿음을 그대로 반사하는 거울일 뿐이다.

머서를 향한 이지도어의 절대적인 믿음은 그의 영혼이 진보하는데 긍정적이며 창조적인 역할을 한다. 그러나 이지도어가 가짜 동물과 진짜 동물을 구분 못하는 부분, 그리고 머서의 정체를 사기꾼에서부터 구도자에 이르기까지 열어놓은 부분은 이지도어의 믿음의 본질을 분명히 성찰해보라는 작가의 배려이다. 이지도어는 죽음의 세계에서 거미를 한 마리 본다. 그것은 프리스가 죽인 거미일 수도 있고 아닐 수도 있다. 어쨌든 그는 머서의 도움으로 죽음에서 살아난 거미를 들고 현실 세계로 돌아와서 그의 아파트 덤불 속에 놓아준다. 부스터의 폭로에도 불구하고 그는 머서에 대한 믿음을 버리지 않으며, 죽음에서 삶으로 나아가는 머서의 가르침이 현실에서 이뤄지는 광경을 목격한다. 살아난 거미는 그의 믿음에 대한 상징으로서, 그의 믿음은 현실의 시련을 통과한 것이다. 거미를 놓아줄 때 그는 안드로이드들을 잡으러 온 데커드를 만난다. 그들의 잔인함에 배신감을 느낀 이지도어는 그에게 안드로이드들이 숨은 곳을 알려준다. 그럼에도 프리스를 향한 그의 사랑은 변함없다. 데커드가 프리스를 죽이는 광경을 보고 그는 울부짖는다. 안드로이드 일당을 다 죽인 후에 혼자 남은 이지도어를 보고 데커드는 자기의 아파트에서 함께 살자고 권유한다. 그런 데커드의 권유를 뿌리치고, 그는 데커드에게서 멀리 떨어진 곳, 다른 사람들이 사는 도시로 가겠다고 말한다. 고대의 성자의 이름을 지닌 이지도어는 이제 홀로 살기를 멈추고 사람들 가운데로 향한다.

감정조절장치나 공감박스가 만들어 낸 가상현실은 순전히 SF적인 공상은 아니다. 소설 속의 세계는 사이버공간의 체험이 현실 곳곳에 침투하고, 이미지의 대량 생산과 소비가 이뤄지는 현대 사회의 일상과도 아주 적절하게 맞아 떨어진다. 우리의 욕망이나 감정은 과학의 발전과 더불어 창조되는 가상의 세계들, 예를 들면 사이버문화와 게임들, 자연 상태의 맛을 재현한 인공 식품들, 대중문화가 생산하는 이미지들, 두려움이나 공포를 효과적으로 소비할 수 있게끔 만들어진 서바이벌 게임들과 같은 것들에서 보다 쉽고 안전하게 충족된다. 나의 마음대로 현실을 환상처럼, 환상을 실제처럼 운용할 수 있다면 낙관론자들의 주장대로 하이퍼리얼리티는 무한한 가능성의 세계일 것이다. 심지어 부스터가 제공하는 환락의 세계마저도 물질세계의 허상을 배우는 수단이 될 수 있을 것이다. 이미지들로부터 충만한 행복을 누릴 수 있다면 무엇 때문에 애써서 물질을 얻으려고 하겠는가.

그러나 현실의 검증을 거치지 않은 믿음과 자신감은 파괴적 환상이 된다. 우리는 머서와 부스터가 제공하는 가상현실의 주인공이 될 수도 있지만, 그와 반대로 공감박스에서는 적들이 던진 돌에 의해서, 그리고 부스터의 쇼에서는 화려하고 감각적인 영상들에 압도되어 정신을 잃을 수도 있다. 이지도어의 사례만을 들어서 '모든 것은 나의 내 안에서 비롯된다.'는 말을 정당화한다면 그야말로 주관주의 오류에 빠지는 것일 터이다. 부스터의 폭로는 밖으로부터의 구원은 없다는 메시지를 전달한다. 즉 머서 그 자체가 곧 구원은 아니라는 것이다. 객관적으로 볼 때 머서는 불변의 실체이자 절대자는 아니기 때문이다. 공감박스라든가 심리적인 합일에 관한 이야기들은 절대자에 대한 믿음을 통해 인간이 일정한 단계까지 정신적으로 진화할 수 있음을 보인다. 이지도어는 오직 믿음만을 통해서 상당한 경지의 깨달음에 이른다. 그러나 때론 믿음마저도 환상일 수 있고, 온전히 자기를 대면하기 위해서는 궁극적으로는 구원자로서의 머서에 대한 환상마저도 버려야할지 모른다. 부처를 만나면 부처를 죽이고, 조사를 만나면 조사를 죽이라는 성현들의 가르침도 자칫 찬란한 가상현실 속에서 자기를 잃을 것을 경계하라는 뜻이리라.

구원은 없다

다시 앞의 이야기로 돌아가 보자. 브라이언트의 독촉 전화를 받고 마지막 사냥을 위해 집을 나서다가 데커드는 공감박스 안에서 머서와의 합일 상태에 빠져있는 아이란을 본다. 그는 생각한다. '비록 머서가 힘겹게 산을 오르며 돌을 맞는 과정을 끊임없이 되풀이할지라도 나보다는 낫다. **머서는 자기의 정체성**identity**을 해치는 일은 하지 않아도 되니까 말이다.**'(178, 강조는 필자의 것임) 소설이 처음 시작할 때도 그랬고, 브라이언트의 지시를 받고 안드로이드 사냥을 나서는 지금도 그는 객관적으로는 '현상금 사냥꾼'이다. 데커드 자신은 그것을 부정하고 싶어도 그의 아내나 브라이언트, 그리고 그를 알아온 모든 사람들도 전에도 그를 그렇게 불렀고, 지금도 그러하며, 앞으로도 큰 변화가 없는 한 그렇게 부를 것이다. 루프트의 죽음과 레시의 냉혹함을 보면서 그는 사냥꾼으로서의 자기의 정체성에 대해 회의하고, 현재의 자기의 모습에 대해 심각하게 고뇌한다. 그러나 데커드가 말하는 정체성은 과연 무엇인가? 우리가 흔히 정체성이라는 말을 사용하지만, 과연 정체성이라는 것이 있기나 한 것일까. 사람은 늘 변화하기 마련이며, 끊임없는 사색과 행동은 우리를 매순간 변화시키는데 과연 어떤 것이 정해져 있고, 어떤 것이 파괴된다는 것일까? 어쨌든 데커드는 안드로이드 사냥으로 인해 자기의 정체성이 훼손된다고 생각하며, 그런 생각 때문에 괴로워한다. 절망에 빠졌던 이지도어가 그랬듯이 데커드 역시 머서와 만나기 위해 황홀경에 빠져있는 아내를 공감박스에서 살며시 끌어내고 대신 자기가 그 자리에 선다.

잡초가 우거진 풍경이 그 앞에 펼쳐졌다. 폐허. 공기 중에는 역겨운 꽃향기가 풍겼다. 사막이고, 비 한 방울 내리지 않았다.

지치고 고통에 절은 눈에 슬픈 빛을 담은 한 남자가 그 앞에 서있었다. "머서" 릭이 말했다. "나는 네 친구다." 노인이 말했다. "그러나 너는 마치 내가 없는 듯이 계속 나아가야만 한다. 무슨 말인지 알겠는가?" 그는 빈손을 벌렸다.

"아니요," 릭이 말했다. "모르겠어요. 저를 도와주세요."

"나 자신도 구원할 수 없는데 어떻게 너를 구원하겠는가?" "알지 못하겠나? **구원이란 없다네**."

"그럼 이게 다 무슨 필요가 있습니까?" 릭이 물었다. "당신은 무엇 때문에 있나요?"

"자네에게 보여주기 위해서라네", 윌버 머서가 말했다. "자네가 혼자가 아니라는 것을. 나는 여기 그대와 함께 있고 또 언제까지나 그럴 것일세. **가서 그대의 일을 하게, 설령 그것이 틀리다고 생각되더라도**."

"왜죠?" 릭이 말했다. "왜 내가 그걸 해야만 합니까? 내 일을 관두고 이민을 갈 거에요."

노인이 말했다. "너는 어디를 가든 간에 틀린 일을 하게 될 수밖에 없을 것이다. **네 정체성을 훼손하도록 요구받는 것, 그것이 삶의 근본적인 조건이라네**. 살아있는 모든 것은 언젠가는 그렇게 해야만 해. 그것은 궁극적인 그림자, 피조물들의 패배지. 그것은 우주 도처에서 계속되는 저주, 모든 삶을 좀먹는 저주야."

"그게 내게 해주실 말씀 전부인가요?"

바위가 그를 향해 날아왔다. 그는 얼른 고개를 숙였고 바위는 그의 귀를 스치고 지나갔다.(178-179. **강조는 필자의 것임**)

비록 데커드가 새로운 '나'를 꿈꾼다고 하더라도 그것은 아직 실현되지 않은 자아이며, 현실이 아닌 그의 생각에서 존재하는 허상일 뿐이다. 사냥꾼 노릇을 그만 두고 보험 외판원을 하든가, 아니면 다른 행성으로 이민을 가겠다는 건 그의 생각일 뿐이며, 실제 행동에서는 안드로이드를 죽이러 나가는 참이다. 살인과는 무관한 모습을 꿈꾸면서 이 순간도 살인을 한다면 그는 현재의 '나'도, 그가 꿈꾸는 '나'도 만날 날이 없다. 생각과 행동의 괴리를 못 보는 한 그는 살인자로서의 '나'를 인정하지 못할 것이고, 그가 꿈꾸는 미래의 '나'역시 영원히 현재가 될 수 없는 미래로만 존재한다. 내면에 살인의 의도가 있는 한 그는 안드로이드를 살해할 상황과 끊임없이 만나며, 또 앞으로도 그럴 것이다.

그의 마음에서 살의가 말끔히 사라지는 순간 설령 안드로이드를 만난다 해도 그것은 데커드에게 아무런 영향도 미치지 못하는 가상현실에 지나지 않게 될 것이다. 가상현실은 나의 프로그램이 그것에 반응할 때만 현실로 전환된다. 데커드가 자기의 현실에 고민하는 이유는 아직도 그의 마음에 살의가 있기 때문이다. 하지만 데커드는 이런 사실을 인정하지 않는다. 그는 막상 안드로이드를 처단하는 상황과 대면해서도 자기는 살인에서 손을 뗀 사람인데 왜 끊임없이 이런 상황을 만날까하고 괴로워한다. 머서는 데커드에게 "틀린 일이라고 생각될 지라도 너의 일을 하라."고 하지만 이 말을 안드로이드를 살해하라는 의미로 해석해서는 안 될 것이다. 머서는 어떤 지시도 하지 않는다. 머서는 데커드가 원하는 도움이나 구원을 거절하고, 대신 자기 식의 도움과 구원의 길을 제시한다. 머서는 데커드에게 좀 더 그의 내면으로 내려가 그 밑바닥에 도사리고 있는 자기의 적나라한 실체를 직면하라고 가르친다.

공감박스에서 나와서 그는 샌프란시스코를 향하고, 그 곳의 한 호텔에 묵는다. 자기가 처단해야할 인조인간들의 목록을 보면서 그는 최신형 안드로이드 검사용 기계의 성능테스트에서 알게 된 레이첼을 떠올린다. 그녀는 안드로이드이면서도 최대 안드로이드 생산업체인 로젠Rosen을 위해 일하며, 그 때문에 보통의 안드로이드들과는 차별화되어, 일정한 자유를 보장받고 있다. 그녀는 프리스와 자기가 똑같은 모델로 출시되었기 때문에 외모도 똑같고, 따라서 프리스가 거리를 활보하며 돌아다닌다면 자기가 그녀로 오인 받아 사살될 수도 있다는 이유에서, 만일 데커드가 나머지 일당을 죽일 의사가 있다면 적극 협력하겠다고 말한 바 있다. 아무래도 혼자서 세 명을 처치하기는 무리라고 생각해서 그는 레이첼에게 연락하고, 그녀는 그가 묵고 있는 호텔로 온다. 그리고 루프트에게서 싹트기 시작한 안드로이드를 향한 그의 연민은 레이첼과의 사랑으로 발전한다.

앞서 데커드는 레시에게 안드로이드에게 느끼는 애정 때문에 고민한 적이 있었다고 고백했고, 그 때 레시는 자기 역시 그런 적이 있었다고 말하면서 해결책을 일러주었다. 안드로이드와 동침을 한 후 죽이라는 것이다. 데커드는 마음을 정리하기 위해 자기도 똑같은 방법을 시도하기로 결심하고 레이첼과 하룻밤을 보낸다. 그러나 레시의 경우와 달리 그는 정말 레이첼을 사랑하고 있음을 확인한다. 그는 만일 레이첼이 사람이었다면 그녀와 결혼했을지도 모른다고 생각한다. 그런데 그런 그의 모습을 보면서 의기양양해진 레이첼은 뜻밖의 말을 한다. 자기는 레시를 포함해서 벌써 아홉 번이나 이런 일을 했고, 그 결과 레시 만을 제외하고는 모두가 안드로이드 죽이는 일에서 손을 뗐으며, 앞으로 당신도 그럴 것이라고 말한다. 그녀는 인간은 감정을 느낄 수 있는 존재라는 사실을 이용해서 그들이 느끼는 사랑을 통해 적어도 안드로이드 사냥에서는 그들을 무력하게 만들었던 것이다. 그 순간 데커드는 엄청난 배신감에 사로잡히며 안드로이드를 향한 레시의 증오를 이해한다. 분노에 차서 그는 레이첼을 죽이려다 마음을 바꿔 살려주었지만,

다시는 안드로이드를 죽이지 못할 거라는 그녀의 장담에도 불구하고 탈출한 나머지 안드로이드들의 위치를 추적하여 이지도어의 아파트로 향한다.

탈출한 안드로이드들 중에서 그에게 가장 위협적이었던 건 탈출 지도자로서 영리하고 강인하며 거친 로이 배티가 아니라 레이첼과 같은 생산라인에서 제조된 프리스였다. 밖에서 잠복해 있다가 그를 급습한 프리스의 모습에 순간적으로 데커드는 온 몸이 굳는 듯한 경험을 한다. 그녀는 또 하나의 레이첼이었던 것이다. 그에게 그녀는 프리스이자 레이첼이었고, 그녀를 죽이는 건 단순히 안드로이드 살해가 아니라 그의 내면에서 싹트는 사랑이나 연민을 비롯한 모든 인간적인 감정들을 뿌리째 뽑는 행위와 다름없는 것이었다. 그러나 내면의 동요에도 불구하고 그는 프리스를 사살한다. 일단 프리스를 죽이자 나머지는 어려울 것도 없었다. 아파트 안으로 들어간 그는 이지도어로 위장해 문을 열게 한 다음 로이의 아내를 죽이고, 그 광경을 보며 울부짖는 탈출 지도자 로이도 사살한다. 그러면서 그는 자기혐오에 싸여 냉소적으로 말한다. '오케이, 너는 그녀를 사랑한거야, 나는 레이첼을, 그리고 스페셜은 또 다른 레이첼을.'(223) 그의 자조와 냉소는 여기서 그치지 않는다. 그는 모처럼 '목돈'을 벌었으며, '이제 다 죽였으니 집으로, 아내 아이란과 염소 곁으로'(224) 돌아가자고 스스로에게 말한다. 그는 비로소 '저승사자'(225)로서의 자기의 실체를 똑똑히 본다. 최고의 사냥꾼이자 가장 비열하고 냉혹한 인간을 말이다.

집에 돌아오자 그는 그 사이에 레이첼이 염소를 죽인 것을 알게 된다. 그를 안드로이드 사냥으로 내몰았으며, 그의 삶의 의미이자 그가 아내보다 더 소중하게 여기던 염소. 아내는 어떤 젊은 여자가 자기 눈앞에서 일부러 보란 듯이 염소를 지붕 가장자리로 끌고 가서 떨어뜨렸다고 말해준다. 레이첼은 그에게 바로 자기가 염소를 죽였음을 똑똑히 보여주고 싶었던 거였다. 한 때 그가 의미를 두었던 모든 것은 사라지고, 그에게는 최고의 사냥꾼이라는 타이틀만 남았다. 그러나 일을 다 끝낸 지금 그에게는 모든 것이 낯설다. 자기가 한 행동, 그를 둘러싼 현실, 그리고 자기 자신조차도. 이제 그가 돌아갈 곳은 없다. 비로소 그는 자기의 전 존재를 건 물음을 던질 시점에 이른 것이다. 그는 집을 나와서 모든 것이 다 죽어버린 북쪽 사막으로 날아간다. 유독한 냄새를 풍기는 바람이 부는 고독하고 낯선 땅에서 그는 자신에게 질문을 던지며 산을 오른다. 그런 그의 모습은 공감박스 안에서 그가 봤던 머서와 닮았다.

열기. 이제 사방은 열기로 달아올랐다. 분명 시간이 흐른 것이다. 그는 배가 고팠다. 얼마나 오래 굶었는지 기억도 나지 않았다. 배고픔과 열기가 뒤섞여서 패배를 떠올리게 하는 쓰디쓴 맛을 자아냈다. 그래, 그는 생각했다. 바로 그거야. 나는 분명치 않은 방식으로 패배한거야. 안드로이드들을 죽였기 때문에? 레이첼이 내 염소를 죽여서? 그는 알 수 없었다. 지친 다리를 애써 끌고 가는데, 흐릿하고 환각과 같은 장막이 그의 마음에 아른거렸다.... 여기에 그 누가 있어서 그, 혹은 다른 누구의 굴욕도 기록하지는 않을 것이며, 또 최후의 용기나 자긍심을 과시한다 한들 그것을 목격할 자도 없었다...

그 순간 첫 번째 바위가 날아와서 그의 서혜부를 강타했다. 그건 고무나 말랑말랑한 플라스틱이 아니었다. 고통이, 절대적인 고독과 고통에 대한 최초의 자각이 위장되지 않은 실제의 모습으로 그를 관통했다. 그는 멈췄다. 그러자 눈에 보이지는 않지만 저항할 수 없는 진짜 막대기가 그를 몰아댔다. 그는 다시 산을 오르기 시작했다. 그는 생각했다. 마치 돌처럼 굴러 올라가는 거지. 아무 의지도 없이. 이건 돌이나 하는 거야. 아무런 뜻도 없이 말이야.

"머서" 헐떡이며 그가 말했다. 그리고는 멈춰서 잠시 서있었다. 그의 앞에 어렴풋이 한 형체가 움직이지 않고 있었다. "윌버 머서, 당신인가요?"갑소사, 내 그림자잖아. 여기서 벗어나야해, 이 산을 내려 가야해!(230-231)

머서는 구원은 없다고 말했다. 그 전에는 공감박스의 가상현실 속에서 이뤄지던 구도의 체험이 이제 현실에서 실전이 될 것이다. 마치 이지도어가 머서와 프리스에 대한 환상이 깨어지면서 죽음의 세계로 떨어졌듯이, 데커드 역시 그가 구축한 가상현실에 균열이 생기면서 자기혐오와 부정으로 떨어진다. 비로소 그는 머서이든 혹은 동물이든 혹은 그 어떤 것에도 의지하지 않고 '나'라는 존재에 대해 계속 물어나간다. 머서와 융합된 상태가 아니라 홀로 그의 물음을 계속한다는 건 그에게 큰 두려움을 안겨준다. 홀로 자기의 내면으로 내려가면서 진실한 자기 자신에 도달하기 위해 만나야 할 수많은 자기들. 그리고 그 자기들이 만들어냈던 수많은 적들. 그러나 첫 번째 돌을 맞고 그는 아픔과 두려움에서 본능적으로 몸을 움츠리면서 차 안으로 얼른 돌아온다.

공감박스 안의 가상현실은 이제 그를 둘러싼 생생한 현실이 되고,

사막의 한 가운데서 적들은 그를 공격한다. 날아온 돌에 강타당할 때 느끼는 고통은 별 차이가 없지만 지금 이 순간 그의 적들은 공감박스와의 접속을 끊는 순간 사라지는 종류의 것들이 아니다. 이제 그는 적당히 고통 받고, 적당한 선에서 안전한 현실로 돌아오는 것이 아니라 그야말로 자기의 생명과 전 존재를 내던져 적들과 대면해야 하는 상황에 처한다. 공감박스가 아니라 태양빛이 작열하고 죽음의 냄새가 감도는 오레곤 사막에서 데커드와 머서가 하나로 융합되는 장면을 통해서 작가는 공감박스가 만들어내는 가상현실과 우리가 눈으로 보고 귀로 듣는 세계, 즉 우리가 진짜 세계라고 알고 있는 것 사이의 경계를 허물어 버린다. 물리적인 세계이든, 상상 속의 현실이든, 기계가 만들어낸 가상현실이든 그 모든 것이 거대한 하나의 환상이 되어 버린다. 유일하게 실제라고 할 만한 것은 그 모든 것을 의식하는 데커드 자신 뿐이다. 추론하건데, 만일 데커드가 이 점을 실감했다면 그는 존재의 새로운 차원을 목격했을 것이다.

그러나 작가는 어설픈 정신주의를 경계한다. 곧 이어 두꺼비를 둘러싸고 벌어지는 에피소드들이 이를 말해준다. 차안에서 아내에게 전화를 걸려고 전화기를 잡은 순간 그는 사막의 돌멩이들 사이에 회색빛 먼지를 뒤집어쓰고 마치 죽은 듯이 웅크리고 앉아 있는 두꺼비를 발견한다. 모든 생명체가 죽어버린 땅에 이미 멸종된 두꺼비가 살아있다니! 그는 순간 자기가 방사능 때문에 스페셜이 되어버렸나 보다고 생각한다. 그러다 서서히 그의 마음에 엄청난 희열이 솟구치기 시작한다. 그는 자기가 머서의 눈으로, 즉 새로워진 눈으로 죽어버린 땅에서 숨어있는 생명을 찾아낼 능력을 얻었다고 생각한다. 마치 이지도어가 사랑과 희망을 버리지 않음으로써 죽은 거미가 되살아나는 체험을 했듯이 데커드 역시 에피파니를 체험한다. 어린 시절로 돌아간 듯이 그는 삶의 활력에 넘친다. 기쁨에 가득 차 집으로 온 그가 두꺼비를 아내에게 보여주지만, 그의 아내는 허무하게도 그것의 배꼽에 내장된 콘트롤 박스를 발견하고 그것이 기계임을 알려준다. 그와 더불어 생명력과 환희에 가득찼던 그의 우주도 무력하게 붕괴한다. 데커드는 피로감이 몰려오면서 잠이 든다. 이 장면은 방사능의 위험을 알면서도 죽음의 땅을 찾은 것은 그 자신이었으니까, 죽음과의 일전에서 그가 사막에서 쪼인 강렬한 방사능으로 인해 스페셜로 변하기 시작했다는 암시로 해석될 수도 있다. 그는 삶의 심연을 들여다보느니 차라리 눈을 감기로 선택 했는지도 모르겠다.

소설은 남편과 전기 두꺼비를 보살피는 아이란의 모습으로 끝난다. 남편이 갑작스레 집을 떠난 후 그녀는 감정조절장치가 주는 위안도 외면한 채 그를 애타게 기다렸다. 잠든 데커드의 모습을 보며 그녀는 평화를 느낀다. 그들은 다시 일상으로 돌아온 것이다. 적당한 사랑과 적당한 배려. 그녀는 두꺼비를 위해 상점에 전화를 걸어 색색의 자갈이 깔리고 유기체 덩어리와 모래가 있는 인공 물웅덩이와 붕붕대며 날아다니는 인공 파리들을 주문한다. 비록 가짜를 진짜처럼 보이기 위한 수많은 장치들이지만 아이란은 두꺼비를 정성껏 보살필 작정인 듯하다. 과연 그녀의 사랑이 얼마나 지속될지는 의문으로 남지만, 어쨌든 그녀는 펜필드 감정조절장치가 제공하는 가상현실을 외면하고 남편을 향한 배려를 보인다. 두꺼비가 가짜임을 알게 된 순간 데커드는 어둠의 세계로 빠져든다. 환상이 깨어지는 순간 그는 진실의 무게를 견디지 못한다. 죽음과도 깊은 그의 잠 속에는 또 어떤 꿈들이 펼쳐질 것인가?

삶의 리얼리티를 향하여

일반적으로 현실과 가상현실을 나누는 경계는 분명하다. 잠이 들면 꾸는 꿈과 연극과 영화에서 재현되는 세계, TV와 대중매체에서 생산되는 이미지들, 사이버 공간 속의 아바타는 가상현실이다. 반면에 깨어있는 나, 관객으로서의 나, 그리고 컴퓨터 앞에 앉아 마우스를 클릭 하는 나는 현실이다. 가상현실이 현실에 미치는 영향은 늘 사람들의 주요한 관심사였다. 가장 오래된 가상현실의 하나인 연극만 보더라도 무대위에 재현되는 세계를 보면서 관객의 내면에 일어나는 변화와 그 사회적인 파장을 두고 많은 연구들을 해왔다. 그 중에서도 '불신의 자발적인 중지willing suspension of disbelief'[22] 는 가상현실에 몰입하기 위해서 요구되는 특별한 태도로 간주되어왔다. 그것은 무대위에 재현되는 소박하고

22 코울리지Samuel Taylor Coleridge가 처음 사용한 용어. 무대 위의 세계가 허구라는 불신을 버리고, 마치 현실의 사건처럼 받아들일 수 있는 능력을 뜻한다.

조야한 사실들에 현실의 잣대를 들이대지 말고, 자기 나름대로의 상상력의 빛을 더해 볼 것을 요구한다.

과학의 발달과 더불어 가상현실과 현실의 경계는 점점 모호해진다. 영상매체의 발달과 더불어 인간의 정신은 '불신의 자발적 중지'와 같은 수고를 할 필요가 훨씬 덜어졌다. 영화에서 펼쳐지는 가상현실의 세계가 점점 현실과 비슷해질수록 사람들은 보다 쉽게 그 안으로 빠져들었고, 가상과 실제의 경계는 그 전 시대보다 쉽게 무너졌다. 시뮬레이션이라든가 사이버공간이 등장하면서 환상과 현실은 정교하게 얽혀 들어가며, 인간은 그의 분신을 가상현실로 들여보내서 실제와 똑같은 체험을 한다. 마치 감정조절장치가 쏘는 전파에 의해 감정이 조절되는 소설 속의 세계처럼 조만간 가상현실은 우리 정신세계를 조작하는 방식으로 그 위력을 발휘하게 될 지도 모르겠다. 실제를 능가하는 이미지들의 위력. 과거 TV의 등장을 두고 그러했듯이 가상현실이 현실을 압도하는 현재의 상황을 두고 대부분의 사람들은 환호와 우려의 극단적인 반응을 보인다. 그러나 이런 현상은 그 자체로는 나쁜 것도, 또 좋은 것도 아니다. 작가는 안드로이드, 공감박스, 가짜 동물과 감정 조절장치를 한 편에, 그리고 그것들과의 관계를 통해서 다양한 수준의 변화를 겪는 인간들을 다른 한 편에 위치시켜서, 환상과 주체의 관계를 다각도에서 조명한다. 상황은 똑같이 주어졌지만 거기서 어떤 삶을 살아가는가, 그 선택은 각자의 몫이다. 그는 가상현실에 익사할 수도 있고, 아니면 환상 속을 뚫고 나와 확장된 인식과 더불어 새로워진 자신을 만날 수도 있다.

극장정신Theatrum Mundi이라는 말이 있다. 인생은 무대이고, 인간은 그 무대위의 단역배우에 지나지 않는다는 뜻인데, 고대의 현자들은 이런 말로써 우리의 삶도 무대위의 연극과 다를 바 없는 환상이니, 그것을 관조할 지혜를 얻을 것을 이미 당부하였다. 고대의 지혜는 현대의 기술력을 통해 힘을 얻는다. 예를 들어 현대를 사는 사람들은 사이버공간의 아바타를 통해 가상현실의 삶을 만끽한다. 가상현실 속에서 억압된 욕망과 감정은 자유롭게 분출되며 현실 속의 나에게 숨겨져 있던 무수한 나 자신들을 만나게 된다. 나의 분신을 통해 가상현실 속에서 나의 욕구를 충족시키지만, 그것을 지켜보는 현실의 내가 있다는 점에서 이런 가상현실의 체험을 소설 속의 데커드나 아이란이 기계를 통해 경험하는 내용과 일정한 차이가 있다. 가상현실 속의 나의 분신과 그자를 밖에서 조종하는 내 자신을 관조할 수 있다면 우리는 그런 체험을 통해 삶을 연극으로 비유했던 선인들의 지혜를 체득할 수 있을 터이다.

작가는 소설에서 '나'라는 존재이든, 내 밖의 세계이든 그 어느 것도 우리가 생각하는 만큼 확실하지는 않다고 말한다. 우리가 보는 현실이 모두 환상에 지나지 않을 경우 삶의 리얼리티는 무엇일까? 소설에서 데커드가 이에 대한 답을 얻지 못한 건 그다지 중요한 문제가 아니다. 데커드는 다음날 아침 눈을 뜨고 하기 싫은 일로 다시 복귀할지도 모르지만, 독자들은 그의 비극을 실감하기 때문이다.[23] 왜 사는가?

---

23 Neil Easterbrook, Dianoia/Paranoia: Dick's Double "Impostor", *Philip K. Dick: Contemporary Critical Interpretations*, Ed. Samuel J. Umland, (Westport, Connecticut, London: Greenwood Press, 1995), 29쪽.

바로 이런 의문을 갖는 것 자체가 가상현실에서 깨어나는 시작이다. 깨어있는 의식을 최대한 밀고 나가서 죽음의 영토를 삶의 영역으로 편입시켰던 죽음의 여행자 타나토노트Thanatonaut처럼, 가상현실이 증대되는 현대에 이르러 극사실의 환상에 휘말리지 않고 깨어있는 의식을 유지하는 연습을 하는 것. 이런 과정을 통해서 우리는 조금씩 삶의 리얼리티를 알아갈 수 있지 않을까. 그렇다면 데카드가 멈춘 지점이 바로 우리의 출발점이 되는 셈이다. 우리의 여정이 순조롭다면 우리는 환상과 이미지들의 바다에 익사하는 대신, 그 위를 자유롭게 유영하는 가상현실의 여행자가 될 수 있을 것이다.

2_레플리컨트replicant를 통해 인간을 본다

『블레이드 러너』 Bladerunner

칼날 위를 달리는 자, 블레이드러너

「블레이드 러너」[24]는 필립 K. 딕Philip K. Dick의 소설 『안드로이드는 전기 양을 꿈꾸는가?Do Androids Dream of Electric Sheep?』를 1982년 영국의 리들리 스콧Ridley Scott 감독이 영화화한 것이다.[25] 영화는 처음 상영되었을 때는 별로 주목을 받지 못했지만 시간이 흐르면서 점차 포스트모더니즘 영화의 효시로 간주되면서, 영상미학이나 그 안에 담긴 철학적 주제들로 인해 소수의 사람들로부터 열광적인 찬사를 받기 시작했다. 최근에야 할리우드에서 앞 다퉈 그의 작품을 영화화하지만[26] 딕은 전통적으로 비주류 문학으로 간주되어온 SF 소설 작가였기 때문에 인지도가 낮았다. 그렇기 때문에 사람들은 『안드로이드는 전기 양을 꿈꾸는가?』의 작가로서보다는 「블레이드 러너」의 원작자로서 그를 떠올리며, 소설의 내용도 대체로 영화와 같으리라고 짐작한다.

'칼날 위를 달리는 자'라는 말 그대로 영화는 삶과 죽음, 환상과 현실, 인간과 비인간의 경계에 선 사법경찰 데커드Deckard를 그 중심에 위치시킨다. 소설에서 보였던 '나'에 대한 탐색은 영화에도 그대로 계승되지만, 구도의 메신저인 머서Mercer와 쇼 엔터테이너 부스터Buster

---

24 앨런 E. 노스Alan E. Nourse의 SF 소설 「블레이드 러너The Bladerunner」(1974)에서 따온 제목임.

25 1992년 내용을 달리해서 감독 판 Director's Cut이 출시되었다. 이 글은 감독 판에 대한 분석이다. 블레이드 러너Bladerunner, 1982년, 감독 리들리 스콧, 출연 해리슨 포드, 룻거 하우어, 숀 영.

26 이외에도 영화화된 딕의 소설로는 「도매가로 기억을 팝니다We can remember it for you wholesale」(토탈 리콜, 1900), 「사기꾼 로봇Impostor」(임포스터, 2002), 「마이너리티 리포트Minority Report」(마이너리티 리포트, 2002), 「페이첵Paycheck」(페이첵, 2003), 「세컨드 버라이어티Second Variety」(스크리머즈, 1995)가 있다. 괄호 안은 영화 제목과 출시된 년도임.

의 대립, 여러 과학적 장치들과 그것들이 만들어내는 가상현실들, 살아있는 동물을 둘러싼 탐욕, 진짜 양이 상징하는 삶의 리얼리티에 대한 갈구들은 과감히 생략된다. 대신 내러티브narrative보다는 비쥬얼visual에 중점을 두고, 당대의 관심사를 엄청난 파급력으로 전달할 수 있다는 영화 장르의 특성상, 인간과 인조인간인 레플리컨트Replicant의 갈등은 과학기술이 정점에 달한 사회에 대한 비판과 더불어 입체적으로 재현된다. 복제 동물이 만들어지고[27], 유전자 조작[28]을 통해 새로운 생물체들이 속속 창조되는 시대에 이르러 레플리컨트는 더 이상 인간 아닌 인간에 대한 문학적 은유에 그치는 것이 아니라, 멀지 않은 미래에 실현될 수 있는 과학적 사실이 된다.

영화에서 레플리컨트(소설에서는 안드로이드Android)도 인간 못지않게 존재에 대한 고뇌에 시달리며, 인간과 레플리컨트는 서로를 비추는 거울로 작용한다. 유전공학적 설계에 의해 성인의 상태로 탄생된 이들의 수명은 4년이다. 노예이자 소모품으로 태어난 이들은 자신들의 비극적인

27 동물복제에 관한 실험은 수정란의 생식세포를 이용해서 1970년대부터 본격적으로 착수되었고, 70년대에는 쥐와 양, 80년대에는 복제 소를 만들어서 가시적인 성과를 거두기 시작했다. 생명체인 수정란을 실험에 이용함으로써 야기되는 윤리도덕적인 문제들은 1997년 영국 로슬린 연구소의 이안 윌멋Ian Wilmut 박사가 생식세포 대신에 이미 성장한 체세포를 이용해서 복제 양 돌리Dolly를 탄생시키면서 새로운 차원에 접어들었다.

28 프랜시스 후쿠야마Francis Fukuyama 교수는 인간을 유전학적으로 디자인 하는 것은 심각한 정치적, 사회적, 도덕적 위험을 초래할 것이라고 지적한 바 있으며, 많은 생명공학 전공자들은 인간복제보다 유전자 조작이 더 심각한 문제를 야기할 것이라고 경고한다. 같은 종(種) 사이의, 혹은 동식물 간의 경계를 넘는 유전자 조작은 이미 공공연히 행해져 왔지만, 지난 5월 미국 농무부가 인간의 유전자를 지닌 식물의 재배를 법적으로 허용한 사례(http://news.chosun.com/site/data/html_dir/2007/12/20/122000179.html)는 생명공학의 발달에 따른 윤리적이며 법적인 차원이 시급히 보강되어야 할 필요를 새삼 느끼게 만든다. 진지한 성찰과 병행되지 않는 과학기술의 발전은 영화에서 생명공학자 타이렐의 거대한 "안경"으로 상징되듯이, 근시안적인 안목에서 인류에게 큰 폐해를 끼칠 수도 있기 때문이다.

숙명에 반기를 들고, 행성 식민지에서 지구로 탈출한다. 탈출한 레프리컨트는 블레이드 러너에 의해 제거된다. 이들이 숨어든 2019년의 LA는 완전한 삶을 꿈꿨던 인간들의 욕망이 탄생시킨 디스토피아이며, 그 중에서도 레플리컨트는 메트로폴리스를 건설한 인간들의 욕망의 결정체이다. 영화는 정치, 사회와 경제의 단면들을 현실적인 맥락에서 조명하면서, 쫓고 쫓기는 인간과 레플리컨트의 추격전을 통해 존재의 의미를 탐색한다.

정복된 자연으로서의 메트로폴리스

영화가 시작되자 검은 하늘을 배경으로 끝없이 펼쳐진 거대한 도시가 그 위용을 드러내고, 곳곳에서 시뻘건 불기둥이 하늘을 향해 치솟아 오르며, 이따금 허공을 가로질러 비행물체들이 엄청난 속도로 그 모습을 드러냈다 사라진다.[29] 비록 시간상으로는 미래지만 획일화된 공장 건물들과 자욱한 스모그, 그리고 화염을 통해 연상되는 건 18, 19세기 산업혁명에서 출발해서 이제 그 종착지에 다다른 산업사회의 모습이다. 강렬하게 타오르는 불꽃과 순식간에 허공을 가르는 스피너들은 산업사회의 미덕이었던 "힘과 속도"[30] 가 아직도 위용을 떨치고 있음을 보여준다.

---

29 미래 도시의 모습은 프리츠 랑Fritz Lang의 「메트로폴리스Metropolis」(1926)에서 많은 영향을 받았다고 함. http://en.wikiipedia.org/wiki/Blade_Runner에서 재인용.

공장에서 내뿜는 불기둥이 웅변하듯이 대지 곳곳을 파헤쳐서 석탄과 석유, 천연가스들을 손에 넣고 그것을 소위 진보의 원동력으로 삼았던 "불의 시대"[31] 는 아직 끝나지 않았다. 이미 화석연료들은 고갈되었어도 어머니 대지로부터 갈취한 것들을 다시 자연을 정복하는 힘으로 변환시키는 인간의 욕망은 마지막 거센 숨결을 몰아쉬고 있다.

2019년 11월의 로스엔젤레스. 묵시론적인 현실의 객관적 상관물이다.

어둠 속에 화염이 명멸하는 거대한 산업지대가 암울하면서도 장엄하게 펼쳐지는 중간 중간에 이것을 주시하는 한 눈동자가 화면을 가득 채운다. 거대한 눈의 홍채에도 붉은 불기둥이 반사된다. 전체주의적인 권력은 빅 브라더Big Brother[32]의 은밀한 시선으로 사회 전체를 엄격히

30 제레미 리프킨, 『바이오테크 시대』, 전영택, 전병기 옮김. (민음사, 1999), 26쪽.

31 위의 책, 30쪽.

32 영국 작가 조지 오웰George Orwell의 소설 『1984』에 등장하는 절대 권력자. 스콧 감독은 인터뷰에서 만일 타이렐이 살았더라면 빅 브라더와 같은 인물이 되었으리라고 말한다. Paul M. Sammon, Future Noir: The Making of Blade Runer.

감시하고 통제한다. 이 시대의 권력은 더 이상 전문적인 정치가집단이나 경제 관료에게 있지 않다. 그것은 정보와 지식, 그리고 자본을 보유한 과학자에게로 이동했으며, 과학 기술의 소유와 운용이 사회 전체를 움직이는 실질적인 힘이 된다. 과학기술과 자본이 결탁할 때 절대 권력이 탄생하며, 천재 과학자 타이렐Tyrell은 미래 사회의 신으로 군림한다. 푸른 광선을 하늘로 내쏘는 거대한 타이렐의 성채는 스스로 신이 된 타이렐을 상징한다.

검은 하늘을 배경으로 위용을 뽐내는 타이렐의 건물.
과학기술과 자본의 배타적이고 독점적인 지배를 상징한다.

생명 창조의 열쇠를 손에 쥔 유전공학자로서 타이렐은 생명체의 제작을 분담하는 현대의 사제들을 거느리고 생명 창조의 과정을 지휘한다. 세트 제작자 스나이더Snyder는 나찌의 건축가 알베르트 스피어Albert Speer의 건축물에 착안해서 타이렐 건물을 제작했다고 하는데[33], 그 건물은 또 수많은 목숨을 태양신에게 제물로 바쳤던 마야인의 신전을 놀라울 만큼 닮았다.

타이렐의 성채는 공고하며, 거기에 출입하기 위해서는 엄격한 절차를 거쳐야 한다. 그것은 자기폐쇄적인 절대 권력을 상징한다. 반면 차이나타운의 거리는 백인, 흑인, 아시아의 온갖 인종들이 오가며, 그들이 내뱉는 일본어, 중국어, 한국어, 아랍어, 영어로 시끄럽다. 산업사회의 종말과 바야흐로 도래하기 시작하는 새로운 질서는 소수의 지배자와 특권층인 과학 기술자를 무지한 대중으로부터 격리시킨다. 영화에 재현되는 미래의 메트로폴리스는 데오도르 레빗Theodore Levitt 교수가 '세계화'라는 말로 예언했던 현실,[34] 즉 경제와 문화를 위시한 모든 삶의 범주에서 국가와 인종, 그리고 계급의 경계가 사라진 공간을 재현한다. 시끌벅적한 소리로 손님을 부르고, 붐비는 인파 속을 어깨를 부딪치며 바삐 지나가고 우산을 쓴 채로 무리지어 이동하는 사람들, 그리고 약탈을 일삼으며 도시 주변을 배회하는 부랑자와 육체적으로 기형인 사람들, 이들 모두는 극소수에게 자본과 기술이 집중됨에 따라 주변부로 밀려날 수밖에 없는 이 시대의 대중들의 모습이다. 세계화와 더불어 양극화는 심화된다.

비록 레플리컨트의 유전자를 설계하는 세바스찬J. F. Sebastian이나 눈알을 제작하는 츄Chew가 전문적인 기술과 능력을 보유했을지라도 이들은 어디까지나 타이렐의 하청을 받아서 레플리컨트의 부품을 생산

---

33 Nicolas Rapold, "Aren't We All Just Replicants on the Inside?" The New York Sun. 2007-10-04.

34 1983년 레빗Levitt 교수는 <하버드 비즈니스 리뷰Harvard Business Review> 기고문에서, '앞으로 지역 소비자의 기호에 맞게 제품을 생산, 공급하는 다국적 기업multinational 시대는 가고, 생산 분배 마케팅 등에서 규모의 경제economics of scale를 실현한 글로벌 기업들이 활약하는 세상이 올 것'이라고 예측했다.

차이나타운을 오가는 사람들. 타이렐과 이들과 레플리컨트를 나누는 경계는 무엇인가.

하는 단순 노동자에 지나지 않는다. 거대도시가 연출한 풍경의 한 끝에는 절대 권력의 상징인 타이렐의 성채가 있다. 그리고 다른 한 끝에는 알게 모르게 권력의 지배를 받으며 거대 도시를 움직이는 부품으로 전락한 사람들의 공간인 차이나타운이 있다. 그 주변을 세바스찬이나 츄와 같은 지식인 노동자들, 장사와 허드렛일을 하는 아시안, 아랍인들, 그리고 소외자들과 범법자들이 배회한다.

메트로폴리스에는 의미 있는 인간관계나 공동체적인 삶은 존재하지 않으며, 사람들은 제각각 고립되어 있다. 타이렐은 그의 성채에, 츄는 냉동 창고에, 세바스찬은 텅 빈 아파트에서 자기만의 세계에 빠져있다. 스시 장사를 하는 일본 노인, 데커드가 가져온 뱀 비늘을 감별하는 캄보디아 노파, 가짜 뱀 제작자인 아랍인 압둘 벤 하산Abul Ben-Hassan, 그리고 차이나타운의 거리에서 어깨를 부딪치며 스쳐가는 익명의 사람들은 모두가 혼자다. 도시의 거주민들과 부랑자들을 감시하는 경찰들 역시 인간적인 관계로 맺어진 동료들이 아니다. 브라이언트는 레플리컨트 처치를 거부하는 데커드를 협박해서 임무에 다시 복귀하게 만들고, 비밀경찰 개프Gaff를 고용해서 그를 감시한다. 대지의 자식들로서 자연에 느꼈던 감사함이나 혈연 공동체의 의식은 이미 산업화의 과정에서 실종된 지 오래되었고, 영화 속의 도시에 서있는 과거의 기억이 서린 건물들, 화려한 광고판들은 오가는 사람들의 초라한 행색과 미묘한 대조를 이루며, 관계의 단절과 인간 소외를 표상한다.

미래 사회를 배경으로 하지만 영화에 미래의 공간만 펼쳐지는 것은 아니다. 영화는 역사와 더불어 변화되는 삶의 조건, 경제 질서와 계급의 재편들을 겹겹이 펼쳐 보인다. 영화 속의 LA에는 산업사회의 결과물도 있고, 세계화의 결과로 개편된 경제 질서의 흔적도 있다. 산업사회를 상징하는 공장지대는 전자를, 글로벌기업들의 번쩍이는 광고판과 소란스러우면서도 음울한 차이나타운은 후자를 표상한다.

거대한 광고판으로 뒤덮인 하늘.
글로벌 기업들이 경제력을 장악한 LA는
국가와 인종의 경계가 허물어진 가까운 미래를 상징한다.

타이렐의 성채는 이 모든 과정의 종착점에 존재한다. 이렇게 본다면 LA는 수 백 년에 걸친 인류의 경제 활동의 진행 과정을 압축시켜 놓은 공간이다. 시공간을 초월한 이러한 혼성모방이 비단 경제적이며 사회적인 변화에 따른 겉모습만을 재현한 것은 아니다. 인간관계에서도 동일한 현상이 감지된다. 미래 사회의 치안은 브라이언트Bryant와 개프 같은 인물들이 담당한다. 그런데 이들이 피의자를 취조하는 장면에서는 서구 열강의 제국주의적인 침탈을 기억나게 하는 부분도 있고, 혹은 유색인종에 대한 차별도 엿볼 수 있다.

블레이드 러너인 데이브 홀든Dave Holden은 타이렐의 위임을 받아 그의 회사에 위장 취업한 직원들을 조사한다. 몇 백 층에 달하는 타이렐의 성채는 첨단과학과 건축미의 최고봉을 이루지만 정작 홀든의 취조실은 미래의 취조실을 연상할 수 있는 차가운 금속성의 느낌은 전혀 풍기지 않는다. 홀든의 깔끔하게 빗어 넘긴 머리와 단정한 양복은 식민지 개척시대의 관리를 연상시킨다. 레플리컨트를 적발하는 최첨단 테스트 기계도 얼핏 보면 195,60년대의 타이프라이터라든가 아니면 사진기라든가, 하여튼 복고풍의 분위기를 자아낸다. 천정에서는 천천히 선풍기가 돌아가고, 내심 죽음의 공포를 느끼고 있는 레온은 바짝 긴장해 있다. 반면 홀든은 다소 신경질적이지만 대체로 여유만만하다. 그는 레온을 응시하면서 사무적인 어조로 테스트에 나와 있는 항목 하나 하나를 질문한다. 한편으로는 죽음의 공포 때문에, 다른 한 편으로는 지구에서의 삶의 기억이 없기 때문에 레온은 허둥대면서 말을 이어간다. 레플리컨트와

2019년의 경찰은 과거 식민지시대의 원주민 노동자 혹은 노예들과 백인 관리의 관계와 크게 변하지 않았다는 느낌을 준다. 이 장면은 서구 열강이 제 3세계 국가들을 점령하던 당시, 국가들 간의 경계와 인종과 계급 차별이 공고했던 시절의 지배와 피지배의 관계를 연상케 한다. 또 다른 예도 있다. 비밀경찰인 개프를 따라 데커드가 들어선 경찰서 건물은 실제로 LA 중심가에 있는 유서 깊은 유니온 역사Union Station이다. 그 안에 데커드의 과거의 상관인 브라이언트의 사무실이 있는데, 그의 복장 역시 식민지 개척시대의 서구 관리의 복장과 유사하다. 그가 레플리컨트를 지칭할 때 무심히 내뱉는 "살덩어리skin-job"라는 말은 백인들이 흑인들을 검둥이라고 불렀듯이, 인간으로서의 우월감과 레플리칸트에 대한 경멸을 함축한다.

사회의 양극화와 더불어 감시체제 또한 양극화된다. 감시는 치밀한 전방위체제로 가동되며, 비밀경찰들의 스피너는 수 백 층으로 이뤄진 고층 건물들 사이를 비행하면서 근거리에서 광선을 쏴대며, 수시로 수상쩍게 보이는 사람과 차량들을 검문한다. 반면 감시의 네트워크가 미치지 않는 곳은 그야말로 무법천지이다. 도시의 어둡고 질척거리는 골목을 휩쓸고 다니는 누추하고 왜소한 도둑들은 거리에 휘날리는 쓰레기와 하나도 다를 바 없는 존재들이다. 그들은 법의 감시망에서조차도 외면된 존재들, 말 그대로 존재성이 사라진 쓰레기인 것이다. 레플리컨트를 추격하는 데커드는 개프의 감시를 받으며, 개프가 수시로 접는 종이인형들은 데커드의 일거수일투족이 감시되고 있음을 암시한다.

영화에서 개프는 실제 인간이라기보다는 상황에 대해 종합적인 코멘트를 하는 상징적인 인물로 그려진다. 개프가 접는 종이 동물이나 종이 인간은 데커드의 의식을 드러낼 뿐 아니라, 영화의 장면이 전달하려는 메시지를 함축적으로 표현한다. 브라이언트를 처음 만났을 때 블레이드 러너의 임무를 거절하는 데커드를 보면서 개프는 겁쟁이를 뜻하는 닭을 접고, 데커드가 레온의 아파트를 뒤지는 동안 그는 발기된 남자 인형을 접어서 탁자 위에 놓는다. 레온과 또 다른 레플리컨트인 조라Zhora는 서로 사랑하는 사이인데, 이들 레플리컨트들도 인간처럼 남녀의 사랑을 느낄 수 있다는 메시지도 되겠고 혹은 앞으로 전개될 데커드와 레이첼Rachel의 애정을 예고하는 부분일 수도 있다.

영화의 마지막에서 데커드와 레이첼이 감시망을 피해 서둘러 아파트를 나갈 때 그녀의 구두에 스쳐서 바닥에 세워져 있던 종이 유니콘이 쓰러진다. 유니콘은 개프가 데커드에게, 혹은 감독이 관객들에게 보내는 메시지이다. 전설상의 동물인 유니콘은 데커드가 꿈속에서 본 것으로서, 그의 내면의 의식마저도 감시로부터 자유롭지 못함을 시사한다. 그렇다면 레플리컨트를 추적하는 데커드 역시 레플리컨트인가하는 의문이 생긴다. 스콧 감독은 영화가 만들어지고 수년 후에 있었던 인터뷰에서 데커드 역시 기억이 이식된 레플리컨트였다고 밝힘으로서, 데커드의 정체성을 두고 벌어진 오랜 논란에 종지부를 찍었다.[35] 개프의 감시

---

35 http://en.wikiipedia.org/wiki/Blade_Runner

방식은 홀든의 취조 방식과 다르며, 기술의 발전에 따른 정보망은 감시와 통제를 보다 용이하게 한다. 오늘날 신분증이나 각종 신용카드, 심지어 신체에까지 이식된 바코드는 사회 구성원의 동선을 실시간으로 파악할 수 있게 해준다. 현재에도 이미 전체주의적인 감시체제를 가능하게 할 토대는 이미 구축되었다고 볼 수 있겠는데, 미래의 LA는 이런 가능성이 현실이 된 도시의 숨 막히는 현실을 실감나게 재현한다.

메트로폴리스에는 이처럼 다양한 시대, 다양한 역사적 공간, 다양한 현실이 혼재한다. 과거의 유니온 기차역은 미래의 타이렐의 본사 건물과 공존하고, 미래의 타이렐 건물은 또 오래 전의 마야의 신전의 모방이다. 사람들이 우산을 쓰고 철벅거리며 지나다니는 차이나타운 위로 글로벌 기업의 존재를 알리는 거대하고 찬란한 광고판의 번쩍인다. 과거와 현재와 미래의 시대적 특성들이 공존할 뿐 아니라, 현실과 환상 역시 뒤얽혀서 존재한다. 마치 그 안에 인류 진화의 전체 역사를 간직한 인간의 DNA처럼, 감독 역시 거대도시를 통해서 인류의 과거와 미래의 상관관계를 읽어내려고 했는지도 모르겠다. 영화를 구상하면서 스콧 감독은 그 배경을 '40년 전의 필름 느와르 풍으로, 40년 후의 사회'[36]를 재현하고자 했다고 말한다. 그의 생각을 세심하고도 충실하게 반영한 결과 영화는 시간상으로나 공간상으로 그 어느 곳에도 존재하지 않지만, 동시에 '메트로폴리스'하면 떠올리게 되는 풍경과 그것에 깃든 도시적

---

36 Aren't we all just Replicants on the Inside? Oct. 2, 2007 - The New York Sun

감수성을 섬세하게 포착해 낸 공간을 탄생시켰다. 영화의 LA는 세계 곳곳에 존재하는 대도시의 특성들을 사실적으로 조합한 곳이기도 하면서, 또 인류의 역사와 현대인의 내면의 풍경이 투사된 심리적인 공간이기도 하다. 사물들의 경계가 모호해지는 음영의 처리와 무표정한 인간들을 통해서 영화는 모든 도시에 존재하는 도시적 특성과 느낌, 그러나 그런 것들이 조합된 결과 그 어떤 곳에도 실제로 존재하지는 않는 거대도시를 만들었다. 할리우드의 상업주의에 대해 부정적인 입장을 감추지 않았던 작가조차 특수 효과 팀이 만들어낸 영상들을 보고 자기가 마음에서 꿈꿨던 세계를 고스란히 스크린에 옮겼으며, 영화와 소설이 상호작용을 하면서 서로의 의미를 심화시킬 수 있으리라고 찬사를 아끼지 않았다고 한다.[37]

영화에서 재현된 거대한 미래의 도시는 SF적인 상상의 공간인 동시에 당대 사회를 향한 비판과 전망을 자유롭게 쏟아내기 위한 전략적인 장치도 된다. 그의 영상미학 속에는 시의 적절한 메시지들이 자리한다. 한 때 인간의 영광을 증명했던 '천사의 도시' LA는 개발과 발전의 명목하에 무책임하게 파괴된 자연과, 그 결과 죽음을 목전에 둔 지구를 상징한다. 그러나 사람들은 죽어가는 지구로부터 어떤 깨달음도 얻지 못한 채, 더 이상 효용가치가 없는 땅을 버리고 외계off-world를 개척하는 새로운 프로젝트에 도전한다. 신대륙의 개척과 식민지 점령을 주도했던

37 필립 K. 딕의 마지막 인터뷰Philip K. Dick's Final Interview, 1982. 6 [source: Rod Serling's The Twilight Zone Magazine, Vol.2, No. 3, June 1982, pp. 47-52] 딕은 영화가 상영되기 직전 심장마비로 사망했다.

지배와 정복의 신화는 아직도 그 위력을 발휘하면서, 예나 지금이나 현실을 외면하거나 혹은 현실의 어려움을 묵묵히 견디게 하는 강력한 꿈으로 작용한다. 광고판들이 번쩍이는 LA의 하늘을 천천히 떠돌며 외계 행성으로의 이주를 권하는 비행선의 풍경은 몽환적이다.

외계 식민지로의 이주를 선전하는 비행선. 레플리컨트는 이주자들에게 주는 선물이다.

과거 구대륙의 사람들을 끌어들였던 아메리칸 드림이 이번에는 우주 공간에 새로운 유토피아를 제시하는 행성 식민지 프로젝트로 이름을 바꾼 채 사람들을 유혹한다. 레플리컨트는 행성으로 떠나는 이주자들에게 정부에서 주는 인센티브이다. 그것은 이주자들에게는 미지의 세계에 대한 불안을 달래주고, 새롭게 시작되는 삶에 대한 기대를 크게 해주는 역할을 하면서, 동시에 인조인간을 생산하는 업체에도 절대적인 이득을 안겨준다. 행성에서 노역이나 전투를 담당할 인조인간의 제작은 이주 프로젝트의 핵심 사업이며, 고도의 기술과 엄청난 자본을 요구한다. 타이렐이 경영하는 회사가 이 사업을 주도하는데, 그는 비밀리에 인조인간을 계속 발전시켜서, 드디어 그들이 외모에서든 지적인 면에서든, 인간과 구분이 되지 않을 단계로까지 진화시켰다. 과학기술과 자본의 결합은 과학의 비밀주의를 심화시켰고, 그 결과 인간이 만든 인조인간이 인간들의 삶을 위협할 지경에 이른다. 기술과 제작과 판매를 총괄하는 자는 타이렐이며 나머지 과학자들은 고급 기술자나 단순노동자로 전락하는데, 타이렐에 소속되어 인조인간 제작에 참여하는 세바스찬이라든가 츄가 그런 예이다. 영화의 장면들에서 미뤄보건대 레플리컨트는 철저한 보안과 분업 하에 생산된다.

탈출한 레플리컨트의 지도자 로이 배티Roy Baty가 타이렐과 접촉할 방법을 묻자 츄는 '나는 아무 것도 모른다.'라고 대답한다. 생명의 창조라는 고도로 전문적인 작업에 참여하지만 정확한 내용은 모른다는 것이 이 시대 과학자들의 현주소이다. 유전자 설계를 하는 세바스찬은 눈만 제작하는 츄보다는 낫다고 하겠다. 그러나 단순노동이든 고급노동이든 이들 과학자들은 분업화된 생산라인에서 각자의 연구와 제작만을 담당할 뿐이다. 일을 하면서 자기가 무슨 일을 하는지 모르는 건 산업혁명 이후 본격화된 분업화된 공정의 부산물이다. 분업화로 인한 자기 소외는 많이 지적되어 왔으며, 노동을 하는 주체의 입장에서는 자기의 노동이 아무런 창조적인 의미도 없이 오로지 돈을 벌 수 있는 수단으로 보기 때문에 정신적인 피로감도 심각하다. 그러나 무엇보다도 큰 문제는 자기가 하는 일을 전체적으로 조망할 시야를 잃게 된다는 사실이다. 영화에서 계속 등장하는 눈의 이미지는 산업화와 과학의 비밀주의로

이어지는 과정에서 더욱 심화되는 인간의 무명無明에 대한 경고이다.

음울한 거대 도시 속에서 사람들은 무슨 일들을 하는 것일까. 초록빛의 자연은 단 한 조각도 남김없이 정복되고 탈취되었으며, 모든 자원은 고갈되었다. 자연을 정복하여 거대한 도시를 일궈냈던 '힘과 속도와 효율성'의 신화가 더 이상 그 힘을 발휘할 영역은 없는 듯이 보인다. 그러나 대상은 사라졌어도 오랜 세월을 연습해온 마음의 습성은 사라지지 않는다. 그렇다면 자연을 잃은 인간, 고립된 개체로서 존재하는 인간의 시선이 향할 곳은 어디일까? 그들은 가상의 현실에서 그 답을 찾는다. 음울한 도시에서 서서히 인간의 생명을 갉아먹는 스모그와 산성비에서 벗어나는 길은 두 가지가 있다. 하나는 지구를 대신할 가상의 세계를 지구 위에 창조하는 것이고, 다른 하나는 지구를 떠나 우주 행성으로 나가는 것이다.

과학기술을 총 동원해서 미래의 주민들은 그들의 꿈을 실현시킨다. 그들은 현실보다 더 진짜 같은 현실을 만들고, 인간보다 더 인간다운 인간을 만든다. LA의 하늘을 뒤덮은 광고판은 차이나타운을 오가는 대중들의 의식을 사로잡는 꿈의 세계이고, 타이렐이 제작한 인조인간은 가상현실을 가능하게 만든 기술력의 총화로서, 꿈의 절정에 위치한다. 인조인간은 그것의 창조주인 인간에게 자부심을 안겨주는 동시에 위협을 가한다. 육체적으로나 지능 면에서 바야흐로 인간을 능가할 단계에 있는 레플리컨트는 신인류의 탄생이 임박했음을 알리는 표식일지 모른다. 그러나 안락한 현실과 완벽한 인간이 과연 '힘과 속도와 효율성'만으로 정의되는 것일까. 영화에서 유독 시선을 끄는 건 레플리컨트인 로이의 강인한 육체나 그로부터 뻗어나오는 힘, 레이첼의 아름다움 뿐만은 아니다. 인간의 숨결이 사라진 과학, 문화, 진보의 흔적을 우리는 차이나 타운의 쇼윈도에 진열된 생명 없는 마네킹들에서 본다. 세바스찬의 집에서 자기를 추적해 온 블레이드 러너의 손길을 피해서 작업실에 늘어선 창백한 마네킹들 사이에 끼어든 순간, 프리스는 그것들과 구분되지 않는다. 비단 기계나 인조인간들뿐만이 아니다. 과학이 뛰어난 인조인간을 만들 정도로 진보했어도 거리를 배회하는 왜소한 부랑자들이나 가난한 사람들의 무리는 변함이 없다. 이 모든 장면들은 우리의 현주소, 그리고 인간 창조의 의미와 그 종착지에 대한 의문들을 던지게 만든다.

기술력으로 탄생된 제 2의 자연과 인간

소외된 자들은 비단 거리를 떠도는 부랑자들만은 아니다. 영화 속의 사람들은 자기 세계에 틀어박혀, 거대한 공간을 떠도는 점들로서 존재한다. 여기에 가족이라든가 친구와 같은 의미 있는 인간관계는 존재하지 않는다. 기술과 정보가 없는 사람은 그 때문에 하층민으로 전락하고, 정보와 기술에 접근 가능한 사람들 역시 그것들로 인해서 고립된 삶을 산다. 발달된 기술력을 통해 사람들은 보다 인간다운 삶이 아니라, 비인간화로 나아가는 길을 선택한다. 그로테스크하면서도 아름다운 타이렐의 거점은 인간이 창조한 가상세계의 결정체로서, 지상에서 수백층을 수직 상승해야만 도달하는 그의 소우주는 그야말로 그를 지상과 우주를 연결하는 중간자적인 존재로 만든다. 그 안에는 태양이 빛나고, 실물과 똑같은 인조 부엉이가 푸른 눈을 번득거리며 초점 없는 시선을 옮긴다. 그리고 또 타이렐의 조카의 기억이 이식된 레플리컨트인 레이첼도 있다. 원하기만 한다면 그는 인간의 기억과 추억을 지닌 기계마저도 만들어낼 수 있는 것이다.

세바스찬이나 츄의 가상세계는 타이렐의 그것만큼 사실적이지도, 화려하지도 않다. 세바스찬[38]은 사람을 떠나 인조인간들과 함께 살고 있다. 그가 만든 인조인간들은 레이첼이나 로이처럼 아름다움과 힘이 극대화된 형태가 아니라, 육체적으로 기형이거나 아니면 왜소하다. 세바스찬이 외출에서 돌아오자 인사를 건네는 난쟁이 독일 병정은 늘 같은 말과 같은 동작을 되풀이한다. 마네킹들도 마찬가지이다. 세바스찬은 미완의 생명체를 친구로 삼아 그 속에서 위안을 얻으면서도 늘 인간에 대한 그리움이 있다. 자기 폐쇄적인 삶을 살아가는 그에게는 삶의 피곤함이 배어있으며, 25세 밖에 되지 않았는데 조로증으로 인해 노화된 그의 피부는 레플리컨트의 4년 밖에 되지 않는 삶을 떠올리게 한다. 또 냉동 창고 안에서 인공 눈알들을 제작하는 중국인 노인 츄에게 그것들은 단순한 부품이 아니다. 그를 찾아온 레온이 눈알들을 함부로

38 원작의 이지도어를 모델로 한 인물.

다루자 츄는 안절부절한다. 츄는 마치 애완동물이나 자식들을 보살피듯이 눈알들에게 말을 걸면서 살아간다. 비록 눈을 제작하기 위해서 라고는 하지만 냉동된 방에서 방한복을 입은 채 실험도구와 눈알 부품으로 둘러싸인 츄의 세계는 세바스찬의 세계보다 한층 더 그로테스크하다.

이런 자폐증적인 삶은 그들을 근시안적인 인물들로 만든다. 레플리컨트, 마네킹, 눈알들과 동거하는 이들의 거주지는 그 나름대로는 안락한 요새인 동시에, 그들의 마음의 성장을 저해하는 감옥도 된다. 오랜 자기유폐의 결과 생명체를 바라보는 이들의 시력은 약화되었다. 각자 분업화된 형태로 레플리컨트의 제작에 관여하면서 이들은 자기가 만드는 레플리컨트가 어떤 존재인지, 자기가 과연 무슨 일을 하고 있는지, 전혀 알지 못하고 또 관심도 없다. 이런 맥락에서 영화에는 '보는 것'의 중요성을 비유하는 눈의 상징들이 종종 나온다. 츄의 연구실에 있는 냉동 눈알들, 세바스찬을 찾아간 로이가 그를 조롱하면서 자기 눈에 갖다 대는 가짜 눈알, 그리고 타이렐의 커다란 안경들은 모두 약화된 영혼의 시력을 상징한다. 비유하자면 이들 기술자들은 각자의 기술력이 빚어낸 가상현실에 빠져 눈 멀기 직전의 존재들이지만, 그들이 만들어낸 인조인간 로이는 그들의 밀폐된 공간을 차례로 방문하면서 삶의 가능성을 모색한다. 로이는 자기는 어떤 유전적인 구조로 되어 있는지, 제작된 날짜는 언제인지, 생명이 다하는 날이 언제인지를 알고자 한다.

그러나 로이는 이들에게서 자기가 원하는 답을 결코 들을 수 없다. 그가 정말로 원했던 답은 이런 기술적인 사항들이 아닌, 그의 존재에 대한 궁극적인 설명이다. 로이는 인간과 다름없는 생명과 영혼을 지닌 존재로서 자기의 정체성을 규명하기 위해 소위 자기의 창조주라고 할 수 있을 이들을 찾은 것이지만, 이들은 로이를 영혼과 인격을 갖춘 독자적인 존재가 아닌 하나의 제품으로만 본다. 타이렐, 세바스찬, 그리고 츄 모두는 로이 속에서 각자가 성취한 기술력의 단계만을 찾아낼 뿐이다. 츄를 찾아와 로이는 레플리컨트의 수명장치를 묻는다. 그러나 츄는 그 말에 대답하는 대신 "너희는 넥서스Nexus지? 네 눈은 내가 만들었어."라는 말을 한다. 거기에다 대고 로이는 "이 눈으로 뭘 봤는지 알아?"하고 되묻는다. 츄에게는 눈 자체가 목적이지만 로이는 눈을 사용하는 주체로서의 자기의 존재성을 일깨운다. 츄가 유전자 설계도에 따라 단순히 눈을 만들어 납품했을 뿐이고, 로이의 탄생에 결정적인 관여를 하지 않았지만, 로이와 레온은 그를 죽인다. 설령 직접적인 책임은 없을지라도 결과에 대한 책임은 어떤 식으로든 져야하는 것이다.

로이가 그 다음으로 찾아가는 곳은 세바스찬의 아파트이며, 그 안에서 로이와 프리스는 실패한 인조인간들로 가득찬 세바스찬의 세계를 본다. 프리스를 내세운 일종의 미인계를 써서 로이는 세바스찬에게 접근한다. 프리스를 보자마자 세바스찬은 애정을 느끼면서 그녀를 자기 집으로 데려간다.

나중에 합류한 로이와 프리스의 포옹을 주시하면서, 그리고 그들에게 협박을 받으면서도 세바스찬은 과학자다운 호기심에서 로이와 프리스로부터 눈을 떼지 못한다. 레플리컨트들이 넥서스 6 이라고 자기들의

자신이 설계한 인조인간들 속에서 사람들과 단절한 채 살아가는 세바스찬.
인간을 그리워하면서도 소외된 삶을 선택한 세바스찬은
그의 실패작인 인조인간들과 닮았다.

정체를 밝히자 세바스찬은 그들이 자기의 유전자 설계에 따라 만들어진 작품임을 알고 기뻐한다. 세바스찬이 흥분하는 걸 보고 로이와 프리스는 냉소적인 시선을 보내며 자신들은 기계가 아니라 인간이라고 대응한다. 세바스찬은 그들의 뛰어난 능력에서 그의 설계도대로 움직이는 기계를 본다. 인간이 아닌 기계, 이것이 세바스찬이 그들에게 부여한 정체성이다. 그런 세바스찬의 견해에 로이와 프리스는 데카르트의 말을 들어 우회적으로 반박한다. '나는 생각한다. 고로 나는 존재한다.I think, therefore I am.' 창조주이면서도 그가 만든 피조물의 실체를 알지 못하는 까닭에 세바스찬 역시 피조물의 손에 살해된다.

드디어 로이는 세바스찬을 대동하고 타이렐의 세계에 성공적으로 입성한다. 로이를 만난 타이렐은 당당하고 침착하다. 마치 조물주가 인간을 창조했듯이, 천재 과학자인 타이렐은 레플리컨트에게 마음과 두뇌를 넣어주었다. 그는 로이의 모습에는 '걸작'이라는 찬사를 보내지만, 생명을 연장시켜달라는 로이의 간청에 대해서는 기술력의 한계를 들어 거절한다. '주어진 시간을 충분히 살라.'는 타이렐의 말에 절망과 배신감을 느껴서 로이는 그를 죽이는데, 최후의 순간까지도 타이렐 역시 레플리컨트에게서 '인간'을 보지 못한다. 타이렐, 세바스찬, 츄. 이들 모두는 창조자로서의 기쁨을 만끽하면서, 그에 따른 책임은 거부한다. 로이 배티는 타이렐의 자부심, 세바스찬의 뛰어난 유전자 설계도, 츄의 정교한 눈알로 존재할 뿐이다. 만일 그들을 찾아온 레플리컨트에게서 인간을 봐낼 수 있었다면 그들은 진정한 창조주가 되었을 지도 모를 일이다.

생명 공학의 일인자인 타이렐은 투철하게 손익 계산에 따라 움직이는 장사꾼이기도 하다. 그에게는 윤리와 책임보다는 자기의 이익이 우선한다. 이런 타이렐의 모습은 새로운 성과물과 정보가 곧 돈으로 연결되기 때문에 보안유지에 철저를 기하는 오늘날 대부분의 생명공학 회사들의 실태와 크게 다르지 않다. 인조인간을 제작하면서 그는 자기의 새로운 시도가 불러올 부정적인 파급효과는 상관하지 않는다. 예를 들자면 그는 자기 조카딸의 기억을 이식한 레플리컨트인 레이첼을 만들고, 아무에게도 그 사실을 알리지 않은 채 데커드에게 검사받게 만든다. 보통 때보다 몇 배의 시간과 노력을 들이고서야 비로소 데커드는 그녀가 인간이 아니라 레플리컨트라는 사실을 알게 된다. 그 광경을 보면서 타이렐은 내심 흐뭇해한다. 그는 인간에 한 걸음 더 다가간 신제품

제작에 성공한 것이기 때문이다.

홍채의 반응을 통해 감정의 유무를 판별하는 검사를 받고 있는 레이첼.
영화에서 빛나는 눈동자는 레플리컨트의 표식이다.

데커드는 '어떻게 자기(레이첼)가 레플리컨트라는 걸 모를 수 있느냐?' 고 그에게 묻는다. 타이렐은 짤막하게 '장사Commerce'라고 대답한다. "그게 우리 타이렐의 목표요. '인간보다 더 인간답게More human than human.' 레이첼은 실험물이요."영화에서는 이 정도에서 그치지만 원작에서 이와 같은 과학자의 탐욕은 지구 전체를 위험에 몰아넣는 사건으로 나온다. 인간의 기억이 이식된 인조인간은 최신 감별 장치마저도 무력화시키며 인조인간들을 사람들 사이에 활보하게끔 만들 수도 있기 때문이다.

그러면 자기만의 가상세계를 창조할 지식도, 돈도, 권력도 없는 사람들은 황량한 현실을 어떻게 살아갈 것인가. 그들은 가상현실의 소비자로 존재한다. 생존을 위해 쉴 새 없이 소리치며 바삐 움직이거나 아니면 어디론가 끊임없이 움직여가는 사람들. 그들을 감싸는 분위기는 음울하다. 그러나 이들의 머리 위에는 남루한 현실과는 전혀 다른 별천지가 펼쳐진다. 카메라가 LA의 하늘을 훑고 지나갈 때 지상에서 솟구치는 거대한 불기둥이 물리적인 힘의 실체를 보인다면, 하늘을 뒤덮는 번쩍이는 네온사인과 거대한 광고판들은 풍요의 환상을 선사한다. 육체의 거친 욕망들을 아름다운 이미지들로 만족시켜주는 광고들. 그 현란한 영상으로 가득 찬 하늘은 비현실적이며 몽환적이다. 개인적으로나 소수 권력층의 이해관계에 의해 전문적으로 조작되는 정보와 상황들은 일반 대중으로는 그 실체를 가리기가 점점 어려워지고, 이런 현상은 거대한 광고판들에서 상징적으로 드러난다. LA는 일본어와 일본인과 일본을 광고하는 선전판으로 가득하다. 상품의 이미지를 홍보하는 광고의 특성상 고도로 발달된 광고기술은 더 이상 소비대중과 본질적인 연관이 없게 되었다. 장 보드리야르Jean Baudrillard가 포스트모던 사회의 한 특징으로 들었듯이 '이미지가 실재를 대체하고 지배하며,'[39] 애초에 상품의 홍보를 위해 출발한 광고는 상품을 광고하는 게 아니라 이제는 그 자체가 상품이 되었다. 번쩍이는 코카콜라의 광고판이나 선정적인 일본 여인의 영상들은 소비사회의 총체적 이미지이며, 환상으로 가득 찬 가상현실의 전형이다.

우주 식민지로 이주하기를 권하는 거대한 비행선의 광고는 가장

---

39 배영달, 『보드리야르와 시뮬라시옹』, (살림, 2005), 107 쪽.

SF 적이면서도 신랄한 사회풍자를 담고 있다. 비행선에 번쩍이는 '외계 Off-World'라는 네온사인은 미국인들을 비롯해서 서구인들의 의식에 수백 년을 자리잡아온 변함없는 꿈이다. 비행선의 광고는 바로 이런 서구인들의 꿈을 상품화한 것이다. 비 내리는 거리를 지나가는 군중들의 물결 위로, 피곤에 지쳐 돌아온 데커드의 아파트 창문을 통해, 혹은 세바스찬의 거대하고 공허한 아파트의 천창 위로 거대한 비행선은 미지의 세계로의 꿈을 일깨우며 천천히 지나간다. 광고선은 거리이건 혹은 은밀한 개인의 공간이건 빛과 소리를 쏘아대며 무차별적으로 공략한다. 행성으로 이주한다면 사람들은 멋진 인조인간들의 주인도 될 수 있을 터이고, 혹은 광고판에서 선전하는 제품을 먹는 순간 광고판의 아름다운 여인은 상품과 더불어 그에게 가까이 다가올 것이다. 대중들은 멋진 인조인간을 노예처럼 부릴 수 있는 주인도 되고, 광고판의 제품을 소비하면서 자기 삶이 업그레이드되는 느낌을 만끽할 수도 있다. 가상현실의 찬란함 속에서 소비되는 이미지들. 대중들의 환상 속에서 가상현실은 실제와 같은 힘을 얻는다.

> 외계 식민지에서의 새로운 삶이 당신을 기다립니다. 기회와 모험이 있는 황금의 땅에서 새롭게 시작하십시오. 새로운 풍토와 오락 시설들... 모두가 무료입니다. 새로운 인조인간을 당신의 하인으로, 지치지 않는 일꾼으로 부리십시오. 당신만의 특별한 주문 제작형 유전공학적 인조 인간 레플리컨트입니다. 자, 미국인 여러분, 저 우주에서 우리의 팀을 이끌어갑시다.[40]

서부 개척시대 미국인들에게 골드러시의 꿈을 일깨웠던 '가자, 서부로 Go, West!' 의 구호는 서부 열강이 아시아와 남아메리카, 그리고 아프리카의 식민지 개척에 열을 올리던 제국주의 시대에는 '가자, 미지의 세계로!' 였을 터이며, 지구 전체가 죽음의 땅으로 변한 지금 이들은 '가자, 외계로!Go, Off-World'를 외치고 있다. 꿈은 현실의 대체물이다. 서서히 죽어가는 지구라는 현실은 우주 식민지에 대한 꿈으로 대체된다. 온난화나 대기오염, 에너지원이 급속히 고갈되어 영화 속의 미래에서처럼 지구가 죽음의 땅이 된다면 과연 우리가 우주의 어느 행성으로 이주할 수 있겠는가. 외계로 언급되는 미래의 식민지는 과연 어디일까. 영화에서 그건 '여기가 아닌 곳'이라는 소극적인 정의로만 규정될 뿐이다. 스콧 감독은 데커드가 꾸는 유니콘의 꿈에서 정작 본인이 강조하고 싶었던 부분은 초록의 숲이라는 말을 한 적이 있다. 영화에서처럼 지구에서도 초록의 땅이 사라질 위기에 처했을 때 지구인들은 과연 어디로 갈 수 있을까. 그 위기는 임박했는데 유토피아의 환상은 쉽사리 사라지지 않는다.

행성 식민지의 꿈, 광고판, 그리고 레플리컨트는 현실을 복제한 가상현실인 동시에 자체의 생명력을 갖고 또 다른 이미지들을 확대 재생산하며, 사람들은 그런 이미지들을 소비한다. 그 중에서도 레플리컨트는 가상현실의 정점에 위치하는, 극사실성의 이미지이다. 인조인간을 점점 더

---

40 http://scribble.com/uwi/br/br-script.html

정교하게, 인간처럼 만든 이유는 보다 나은 제품을 원하는 사람들의 욕구를 충족시키기 위해서였다. 시장의 논리에 따라 계속해서 신제품이 개발되었으며, 레플리컨트의 기능도 획기적으로 진화되었다. 레플리컨트를 처음 만들 때의 목적을 끝까지 잊지 않았다면 아마 사람들은 일정 수준에서 진화를 정지시켰을지도 모른다. 그러나 인간의 본능이 과연 그것을 허락했을까? 기술의 절제된 사용은 아직도 요원한 얘기가 아닐까 싶다. 어쨌든 수요와 공급의 원칙에 따라 인조인간을 만들어서 제공한 결과, 이들은 그들의 주인을 죽이거나 집단적으로 반항하고, 지구로 탈출해서 인간들의 안전을 위협하기에 이른다. 소비자는 계속 뛰어난 제품을 원하며, 타이렐은 장사꾼의 습성대로 이익만을 뒤쫓는다. 생산자와 소비자의 욕망이 맞물려 탄생된 결과물이 넥서스 6 라는 최신 모델이다. 영화는 레플리컨트의 운명과 실존적 물음을 통해 바로 인간 자신의 현 위치를 조명한다.

인간에 의한 생명 창조의 신기원이 곧 열릴 것이라는 예감에서인가, 영화에서는 창조주와 피조물에 대한 성서적, 신화적이며 문학적인 비유들이 곳곳에 나온다. 영화 속의 LA는 한 때 천사의 도시였으나 지금은 그 속의 거주민들이 꾸는 거대한 악몽을 암시하는 몽환적인 분위기이다. 늘 밤을 연상시키는 컴컴한 어둠에 휩싸인 배경도 이런 느낌을 뒷받침한다. 로이는 츄에게 미국의 탄생을 예고한 시를 살짝 변형시켜서, 자신들의 처지와 인간들의 타락을 빗대어 말한다. '불의 천사가 땅에 떨어지매, 괴수의 불로 타오르며, 깊은 천둥이 땅을 울리도다Fiery the angels fell,

Deep thunder roll'd around their shores, Burning with the fires of Orc.'[41] 인간은 인조인간들을 그들의 안락함과 꿈을 실현시키는 과학의 산물 정도로 보지만, 로이는 자기들이 단순히 노동을 담당하는 기계가 아니라 인간과 다를 바 없는 존재임을 상기시킨다. 인간과 레플리컨트는 과연 무엇이 다른가?. 탄생의 과정과 생존의 조건이 다르다는 이유만으로 레플리컨트는 기계의 취급을 받으며, 시간이 되면 자동 폐기되어야 하는가? 성서적이거나 문학적인 비유들을 통해 로이는 인간과 레플리컨트의 관계를 재설정한다.

나를 창조하다 - 기원과 기억의 신화

영화에서 레플리컨트의 지성과 육체적인 능력은 보통 사람들보다 뛰어나고, 기술의 발달과 더불어 그들의 기능도 계속 업그레이드 되어왔다. 이들은 자체적으로 감정을 발전시킬 수 있게 되었는데, 사람들은 일종의 안전장치로써 이들의 수명을 4년으로 제한시켰다. 이를테면 이들은 몸은 건강한 성인이지만, 정신은 뛰어난 지성을 가진 백지상태의 어린이로 태어나서, 4년 동안의 삶을 통해 자의식이 막 싹틀 무렵에

---

41 원작에는 '불의 천사가 하늘로 오르매, 깊은 천둥이 땅을 울리고, 괴수의 불로 장엄히 타오르도다.'로 되어있음.(Fiery the Angels rose, & as they rose deep thunder roll'd/Around their shores: indignant burning with the fires of Orc) (윌리엄 블레이크William Blake, '아메레카America: A Prophecy,' 1793)

죽게끔 프로그램이 된 것이다. 4년 후에는 자동적으로 폐기되도록 예정된 기계들. 인간의 입장에서 볼 때 이들은 탁월한 능력을 지닌 일회용 공산품에 지나지 않는다. 때로 효율성을 높이기 위해 인간의 기억이 이식되기도 한다. 타이렐에서 제작한 레플리컨트는 4년의 기간 동안에 감정이나 의식들을 발전시키는데, 학습기간이 얼마 안 되다 보니 미성숙한 상태에서 감정을 다스리지 못하고 충동적인 행동을 할 경우가 많았다. 그래서 감정조절을 용이하게 할 목적으로 일종의 완충제로써 인간의 기억이 이식되었으며, 그 결과 이들은 자기가 레플리컨트라는 사실을 모르는 채 인간으로 살아가게 된다. 인간은 인조인간의 의식 내면까지도 통제하게 되었으며, 레이첼이 바로 그런 식으로 태어난 타이렐의 최신 모델이다.

기원과 과거, 그것이 레플리컨트와 인간의 근원적인 차이이다. 레플리컨트는 어머니의 자궁이 아니라 공장의 생산라인에서 조립되었고, 프로그램 된 정보들이 과거의 기억처럼 작동하지만 현실에서 축적된 경험은 없다. 탈출한 레플리컨트인 레온은 블레이드 러너인 홀든으로부터 조사를 받는다. 소설에서처럼 영화에서도 조사의 항목들은 주로 동물의 고통을 보고 피조사자가 느끼는 반응을 살필 수 있도록 구성되어 있다. 레플리컨트는 감정이 없다는 전제하에 홍채의 반응을 통해 그들을 색출하는 것이다.

홀든: 당신이 사막을 걷고 있는데 갑자기...

레온: 검사하는거요?

홀든: 그렇소... 사막에서 걷고 있는데 갑자기 눈 앞의 모든 것이... (중략) 당신은 다가가서 자라를 뒤집고,

레온: 질문은 당신이 만든 거요?

홀든: 자라는 뒤집혀져서 뜨거운 태양에 점점 말라가고 버둥댈 뿐 자기 힘으로 다시 뒤집지는 못하지. 당신이 도와줘야 하는데, 당신은 돕질 않소.

레온: 내가 돕지 않다니, 무슨 뜻이죠?

홀든: 당신은 보고만 있다구. 왜지? (레온이 대답을 안 하고 진땀만 흘린다.) 흥분하지 말아요. 나는 주어진 질문을 하고, 단지 반응만 보는 거니까...계속 할까요? (레온, 고개를 끄떡인다.) 그럼 간단하게 좋은 추억에 대해서 말해 봐요. 어머니에 관한 것 같은...

레온: 어머니?

홀든: 그렇소.

레온: 어머니에 대해 얘기해야지.(홀든을 향해서 책상 밑으로 총을 발사한다)

감정적 반응을 탐지하는 질문 외에, 레플리컨트의 정체성을 밝힐 수 있는 수단은 어머니의 존재이다. 어머니라는 단어에 레온은 총을 쏜다. 어머니와 얽힌 추억이 없다는 대답은 곧 그의 죽음을 의미하는 것이므로 레온은 살아남기 위해 홀든을 죽일 수밖에 없다. 객관적으로 어머니의 존재는 그가 인간임을 증명하고, 그의 목숨을 보장하는 일종의 보증서이다. 더 나아가 어머니의 존재는 객관적으로, 그리고 생물학적으로 나의 존재성을 확장시킨다. 나의 어머니, 어머니의 어머니, 그리고 그 어머니의 어머니라는 식으로 나의 존재는 시공을 거슬러 올라가

거의 무한정 확장된다. 인간은 어머니의 자궁에서 나올 때부터 이미 종種 의 역사를 간직한 채 태어난다. 탄생의 순간부터 이미 역사의 네트워크 안에 한 자리를 차지하는 인간들과 반대로 레플리컨트는, 비유하자면, 막막한 공간에 명멸하는 점에 불과하다.

홀든은 어머니와의 추억을 묻고, 레온은 홀든에게 총을 쏜다. 설령 레온이 어머니를 그리워하고, 어머니와의 추억을 꿈꿨다고 한들, 그것이 정말로 어머니라는 존재를 향한 인간적인 동경에서였을까. 어머니가 원래 없는 존재가 어떻게 어머니에 대한 그리움을 품을 수 있는가. 그것은 어머니의 존재 자체를 향한 것이 아니라, 어머니를 통해 태어나는 인간에 대한 선망일 뿐이다. 그것은 인간의 조건에 관한 동경이며, 모든 면에서 인간과 똑같지만 결코 관계와 역사의 그물망에 놓일 수 없는 레플리컨트의 고독감의 산물이다. 과거와 기억에 대한 동경 또한 마찬가지이다. 레플리컨트는 과거가 없다. 그들은 기계장치에서 성인의 몸에 필요한 정보와 기억이 입력된 상태로 태어난다. 탈출한 레플리컨트들 중에서 레온은 '전투용'이고, 조라Zhora는 '암살용', 레온은 '잡역부용'이고 프리스는 '위안부용'이다. 이들의 길지 않은 생은 바로 그들에게 부과된 역할만을 충실히 살다가 죽도록 마련된다.

사람들은 대체로 타자를 그들이 원하는 방식으로, 그들이 원하는 만큼만 보고 이해한다. 레플리컨트를 볼 때도 마찬가지이다. 대부분의 사람들은 인간 사회를 위협할 정도로 진보된 레플리컨트를 독자적으로 생각하고 느낄 수 있는 존재로 인정하지 않는다. 사람들에게 그들은 여전히 기계에 불과하며, 기계는 꿈을 꾸지 못한다. 그렇기 때문에 인간과 인조인간의 경계를 다뤘던 원작 제목은 '안드로이드는(전기 양의) 꿈을 꾸는가?'였다. 레온이 강박적으로 모으는 사진들은 일종의 추억 만들기로서, 4년 밖에 되지 않는 그의 삶을 의식적으로 확장시키려는 행위이다. 과거에 집착하는 건 비단 레온과 같은 레플리컨트의 경우뿐만 아니라 자기 존재의 뿌리에 대한 갈망, 현재에 결핍감을 느끼는 대다수의 사람들도 마찬가지이다. 그런 레온의 상태를 같은 레플리컨트로서 이해하기 때문에 탈출한 레온을 보자 로이 배티는 '네 소중한 사진은 챙겼느냐?'고 묻는다. 레이첼이 소중히 보관하는 사진들 역시 그녀의 추억을 풍요롭게 해주었을 것이다.

보이트 캄프 테스트Voigt-Kampff Test를 받은 후 레이첼은 자신이 레플리컨트일지도 모른다고 의심하기 시작하며, 불안감을 느낀 그녀는 어머니와 찍은 어릴 적 사진들을 들고 데커드를 찾아온다. 사진에 각인된 어머니의 모습과 유년의 기록은 레플리컨트의 생산 공정과 4년의 유효기간을 뛰어넘는 결정적인 증거로서, 그녀가 인간임을 보장한다. 추억은 그녀의 머릿속에 무형의 형태로 들어있지만 사진은 추억에 대한 객관적인 증거가 된다. 그러므로 그녀는 자기가 인간일수 밖에 없다고 생각한다. 그러나 데커드는 그녀가 레플리컨트라는 더 분명한 증거를 댄다. 그는 레이첼의 머리 속에 들어있는 기억, 즉 그녀만 알고 있는 오빠와의 추억을 상세히 말한다. 그렇다면 그 기억은 레이첼의 것만은 아니다. 데커드는 그녀에게 그것은 바로 타이렐의 조카딸의 기억이라고 말해준다. 그 사실을 알게 된 순간 추억은 내장된 정보에 불과해진다. 그것은 레플리컨트를 효율적으로 작동시키기 위한 데이터베이스에 불과하고, 레이첼이 그 사실을 안 순간 추억은 허구가 된다. 과거의 순간들은 결코 정해진 사실들이 아니며, 현재 그것을 바라보며 회상하는 나의 시선에 의해 의미를 달리한다. 과거가 현재를 규정하기도 하지만 또 과거는 현재에 의해 매순간 새롭게 태어나기도 하는 것이다. 레이첼이 자기를 인간으로 알고 있을 적에 과거와 추억들은 실제로 존재하는 사건들이자 기억이었지만, 자기가 레플리컨트라는 사실을 안 순간 사진들은 휴지 조각에 불과하다. 어머니와의 추억도 마찬가지이다. 그녀의 기억 속에서 절대적인 실체였던 어머니, 그녀와 얽힌 과거의 기억들은 허상이 되어버린다. 그녀는 자기가 그토록 소중하게 여겼던 사진들을 아파트 바닥에 팽겨친 채 데커드의 아파트에서 도망치듯이 빠져나간다.

어머니의 존재와 사진에 대한 강박증은 존재의 의미를 찾으려고 애쓰는 레플리컨트들의 결핍감을 반영한다. 그러나 이런 결핍감이 어찌 레플리컨트들만의 문제이겠는가. 영화의 마지막에 죽어가는 로이를 보면서 데커드는 모든 인간들 또한 로이와 같은 의문을 품고 살리라고 말한다. '그가 오로지 원했던 답은 우리 모두가 원하는 답과 같다. 나는 어디서 왔는가? 어디로 가는가? 내게는 얼마의 시간이 있는가?'[42] 레플리컨트는 그들 존재의 기원으로 어머니를 갈망한다. 물론 이 말은

42 http://scribble.com/uwi/br/br-script.html

생물학적인 어머니가 아니라 '어머니'로서 상징되는 모든 것들을 포함하고 있다. 어머니는 인간의 정체성을 보장하는 가장 근원적인 존재이고, 기계에서 태어난 레플리컨트들은 어머니에 대한 꿈이 환상인 줄 알면서도 집착한다.

하지만 영화에서 전개되는 내용을 보면 어머니에게서 태어났다고 해서 다 인간임을 보장받지는 않는다. 인간의 근원과 과거가 생물학적으로 현재의 나의 정체성을 일정부분 설명해줄 수는 있어도, 다른 차원에서 보면 그것도 또한 환상에 불과하다. 영화는 단지 어머니와 과거를 지니고 있다는 이유만으로 인간이 레플리컨트와 구분되는 것은 아님을 역설한다. 어머니에게서 태어난 인간들도 어머니가 없기는 마찬가지이다. 그들에게 생물학적 어머니는 있을지라도 '모성'과 동일시될 어머니는 없다. 이런 맥락에서 영화에 어머니가 단 한 명도 등장하지 않는다는 사실은 주목할 필요가 있다.[43] 어머니가 없는 대신 영화는 생명체의 탄생을 홀로 주관하는 '아버지'들만 등장할 뿐이다. 레플리컨트의 뇌와 마음을 설계하는 타이렐, 유전자 설계를 담당하는 세바스찬, 눈을 만드는 츄. 영화 속의 아버지들은 남성적인 원칙을 대변하는 인물들이며, 이런 설정은 산업혁명을 가능하게 했던 지배와 정복의 신화가 미래의 유전공학에까지도 이어지고 있음을 암시한다.

프란시스 베이컨Francis Bacon이 자연을 짜내고, 성형하고, 모양 지음으

43 여성의 부재와 자연의 회복을 에코페미니즘의 관점에서 분석할 글로는 메리 젠킨스Mary Jenkins의 "The Dystopian World of Blade Runner: An Ecofeminist Perspective" Trumpeter 14, 2008-01-25. 참조.

로써 가능한 한 인간이 모든 것을 성취할 수 있도록 인간의 지배 영역을 확대하도록 촉구한 이래,[44] 이런 남성적인 가치관은 지난 몇 백 년 동안 물질적인 면에서 괄목할 만한 결과물을 만들어내며, 그 힘을 입증했다. 사람들은 '어머니 자연'으로 집약될 수 있는 여성성과 모성을 외면했고, 그 결과 파괴된 자연의 모습은 앞서도 설명한 바 있다. 미래의 도시에 어머니, 모성과 여성성은 자취를 감춘다. 온전한 고등 생명체를 탄생시키는 데는 양성이 모두 필요하다는 자연계의 불변의 법칙마저도 생명공학의 성과로 인해 그 절대적인 의미를 상실한다. 레플리컨트는 어머니 없이 아버지로부터 생명을 받는 단성생식의 결과물로서, 거대 도시와 더불어 남성적인 것의 승리를 표상한다. 그 결과 여성적인 것이 사라진 세계는 황폐하며 그 안에서는 죽음의 숨결만이 느껴진다.

어머니가 사라진 세계에서 인간은 레플리컨트보다 더 고립되고 소외된 상태로 살아간다. 레온과 조라, 혹은 로이와 프리스처럼 레플리컨트들은 서로 사랑하고 배려하지만 타이렐이나 세바스찬, 츄나 데커드는 홀로 살아간다. 사람들은 정보의 네트워크와 기술력을 그들의 고독을 공고히 하는 방식으로 사용한다. 타이렐은 자기의 침실에서 주식을 매매하고, 세바스찬은 인형들을 만들어 위안을 삼는다. 그 중에서도 데커드는 남성성으로 대변되는 폭력과 지배의 모습을 적나라하게 드러내는 인물로 초반에 등장한다. 이미 블레이드 러너에서 은퇴한 데커드는

44 제레미 리프킨. 『바이오테크 시대』, 310 쪽.

예전의 직장 상사 브라이언트의 협박을 받고 하는 수 없이 레플리컨트 '제거retire'에 나선다. 소설에서 그려진 대로 그는 살인을 직업으로 삼는 데 환멸을 느꼈을 테고, 영화에서는 이미 그가 은퇴한데서부터 출발한다. 그러나 스콧 감독은 사람은 과거의 습관으로부터 쉽게 자유로워질 수 없는 존재임을 말한다. 데커드가 블레이드 러너로서의 일을 혐오한다고 말하지만 실제 인조인간들을 죽일 때 그는 능숙하고 냉혹한 살인자로 행동한다. 데커드는 레온의 아파트에서 그의 연인이었던 조라의 흔적을 발견하고 그녀를 찾아 나선다.

자기의 정체가 발각당한 것을 직감한 조라는 필사적으로 도망치고, 데커드는 그녀를 집요하게 추격한다. 결국 그녀는 데커드의 총을 맞고 사방에 피를 뿌리며 비참하게 죽어간다. 그녀를 등 뒤에서 조준하는 데커드, 계속되는 몇 발의 총성, 그녀의 몸을 관통하는 총알과 산산이 부서지는 쇼윈도의 유리창. 구슬픈 멜로디가 흐르는 가운데 간간이 터지는 총성, 느린 화면으로 천천히 이어지는 조라의 죽음의 장면을 통해 스콧 감독은 안티히어로anti-hero 로서의 데커드, 인조인간을 앞에서 쏘든, 등 뒤에서 쏘든, 전혀 개의치 않는 비정한 인간[45]을 보여주려 했다고 연출 의도를 밝힌 바 있다.

감독의 의도는 데커드와 레이첼이 사랑을 나누는 장면에도 이어진다. 레이첼은 거리에서 레온의 총이 데커드의 이마를 겨누고 있는 장면을

45 Paul M. Sammon, Future Noir: The Making of Blade Runer. London: Orion Media, pp. xvi-xviii. 참조.

우연히 목격하고, 레온을 사살해서 데커드를 구한다. 후에 레이첼을 다시 만나서 그녀에 대한 사랑을 표현하는 순간에도 그는 시종일관 위압적인 태도로 레이첼을 압박한다. 마지막에 프리스를 죽이는 장면에서 냉혹한 지배자로서의 그의 면모는 다소 희석되지만, 그 분위기가 완전히 사라지는 건 아니다.

데커드의 추적을 피해 인형으로 위장한 프리스의 눈에 응결된 공포.
쫓기는 자의 삶이 어떤 것인가를 함축적으로 전달한다.

데커드의 총을 맞고 프리스는 퍼덕이다가 죽어간다. 그녀의 창백한 가슴에서 붉은 피가 번져 나온다. 그녀의 살갗 밑으로는 인간과 다름없는 피가 흐르고 있는 것이다. 데커드와의 결전이 있기에 앞서, 데커드의 포위망이 좁혀오자 프리스는 세바스찬의 작업실에 가득 찬 마네킹들 사이로 몸을 숨긴다. 창백하게 굳어있는 프리스는 그녀를 둘러싼 마네킹들과 구분되지 않는다. 레플리컨트는 인간과 마네킹의 중간쯤 되는 존재일까? 어떤 사람들은 레플리컨트에게서 마네킹을 보고, 또 어떤 사람들은 피와 살의 인간을 볼 것이다. 레플리컨트들을 대할 때 데커드의 행동에는 암암리에 생명에 대한 경시와 더불어 끓어오르는 욕망이나 폭력성, 그러면서도 그것들을 절제된 상태로 유지시키는 킬러의 냉혹함이 있다. 이런 것들은 대체로 남성성의 등가물로 형상화된다.

영화에서 '어머니'는 인간으로 태어났음을 보장할 뿐 아니라 남성적인 특질에 대비되는 여성성을 상징한다. 어머니의 존재는 데커드나 레이첼이 간직한 사진에서처럼 과거의 기억으로만 존재한다. 데커드는 자기가 레플리컨트임을 알게 된 레이첼이 울면서 버리고 간 사진을 유심히 바라본다. 사진 안에는 어머니와 소녀가 층계참에 환한 미소를 띠며 앉아있다. 그것을 볼 때마다 레이첼의 마음에 행복을 불러일으켰을 사진. 그러나 그의 말 한마디로 하찮은 쓰레기로 변한 것. 사진 자체는 변한 것이 없다. 그렇다면 무엇이 레이첼의 마음을 행복에서 절망으로 변하게 만들었을까? 데커드가 보고 있는 동안 순간적으로 사진속의 풍경들이 흔들린다. 나뭇잎의 그늘이 찰랑대고 어머니와 딸의 미소가 물결처럼 번진다. 사진은 과거의 한 순간 기록이지만, 동시에 보는 자의 느낌 속에서 언제나 되살아난다. 이 장면을 데커드의 내면에서 여성적인 것이 살아나는 순간, 즉 사라져버린 푸른 숲에 대한 동경, 타인에 대한 애정과 연민이 되살아나는 순간으로 봐도 무방할 것이다. 조라의 행적을 뒤쫓아 선술집에 가서 앉아 있다가 그는 문득 레이첼이 남기고 간 사진을 다시 꺼낸 다음 그녀에게 연락을 하기도 한다.

영화에서는 존재의 의미를 제공하는 여러 인물들의 여러 사진들이

나온다. 추억을 모으려는 레온의 사진, 피아노 앞에 진열된 데커드의 사진들, 한 때 소중했으나 자기의 정체를 알자 쓰레기로 변하는 레이첼의 사진들. 사진속의 인물들과 광경들은 나의 현재를 설명해주고 추억을 풍요롭게 해주기에 소중하다. 그런데 잊혀진 과거를 되찾고자 할 때나 아니면 과거의 기억에 집착할 때는 하나의 전제가 있다. 과거가 현재의 나를 설명해주리라는 믿음 말이다. 그러나 과거의 '나'는 단일한 존재가 아니다. 거기에는 무수한 '나'가 존재한다. 흔히 '나'라고 알고 있는 존재는 '심리적 연속성'[46]을 통해 존재하는 허상에 불과하다. 어제의 나와 오늘의 나가 다른데, 과거의 수많은 '나'들 중에서 어떤 것을 선택하는가? 그 선택이 바로 현재의 '나'를 설명한다. 레이첼의 경우에서 보이듯이 과거의 기억에 근거한 '나'는 허상에 불과하다.

레이첼을 향한 사랑은 데커드의 내면에 숨어있던, 자연에 대한 동경과 흐름을 같이 한다.[47] 데커드의 아파트에 있는 피아노 앞에는 여러 인물들이 찍힌 사진들이 있다. 잠시 피아노의 건반에 얼굴을 눕힌 그의 상념 속으로 푸른 숲이 떠오르고, 유니콘이 힘차게 질주한다. 데커드의 상념에 떠오르는 숲은 산성비 때문에 초목이 사라져 버리고, 남은 것이라곤 공장의 매연과 견고한 광물질의 건물들로 구성된 영화 속의 세계에서 유일하게 등장하는 초록의 공간이다.

---

46 마크 롤렌즈, 조동섭, 한선희 외 옮김. 『SF 철학』(서울: 북새통, 2005), 128쪽.

47 스콧 감독은 유니콘의 장면이 냉혹한 데커드의 내면 깊이 자리했던 상념을 상징하면서 동시에 레이첼에 대한 죄책감과 연결이 된다고 설명한다. 위의 책 참조.

데커드의 꿈. 초록빛 숲은 생명을, 유니콘은 희망을 상징한다.

여기서 초록은 기계적인 것에 대비되어 유기적으로 생장하는 생명을 상징하면서 동시에 정복과 지배처럼 남성적인 것들과 대비되는 여성적인 삶의 원칙을 의미한다고 볼 수 있다. 레이첼에 대한 사랑은 모든 것이 잿빛과 어둠으로 변한 세상에서 발견하는 초록의 세상, 혹은 초록의 세상을 가꿀 힘의 원천이다. 대본 작업에 들어갈 때 작가는 인간과 레플리컨트의 대결, 그리고 데커드와 레이첼의 애정 관계만은 그대로 둘 것을 요구했다고 한다. 원작 소설에서의 냉혹한 기계 인간 레이첼과 달리 영화 속의 레이첼은 인간성과 자연의 생명력을 회복시키는 상징적인 존재로 등장한다.

데커드가 추억하는 어머니와의 과거, 그리고 그가 꾸는 유니콘의 꿈은 환상이며 허상일지 모른다. 그러나 어머니로부터 태어나서 유년의 기억을 지닌 인간들도 환상 속에서 살기는 마찬가지이다. 비록 꿈은 과거이며 환상이며 허상일 지라도 그것을 믿고 의지하며 새로운 세계로 나아가는 발판으로 삼을 때 꿈은 현재이며 실제이며 실상이 된다. 결국 문제는 꿈 자체가 아니라, 그 꿈을 꾸는 주체이다. 그러기에 옛 선인들도 말씀하시지 않았던가. 네 과거를 알고 싶은가, 현재를 보라. 네 미래를 알고 싶은가, 현재를 보라고 말이다. 더 이상 과거나 미래로 눈을 돌리는 것이 아니라 현재를 충만하게 살아가는 법을 익히는 것이 진정한 인간의 길임을 영화는 암시한다.

메멘토 모리Memento Mori, 죽음을 기억하라.

레플리컨트들은 죽음에 쫓기는 자들이다. 4년이란 시간은 삶의 의미를 깨닫기에는 너무 짧은 시간처럼 보이고, 서서히 습득해가는 감정들의 본질을 막 알게 될 무렵에 그들의 신진대사는 정지하게 된다. 만약 운명처럼 주어진 노예의 삶을 벗어나 자유롭게 살고자 한다면 그들은 블레이드 러너의 추격을 각오해야 한다. 그들의 원형이라고 할 인간의 최대 수명이 대략 7,80년이니 그에 비해 4년만을 살아야 하는 레플리컨트들은 수명에 있어서도 상대적 박탈감을 느끼지 않을 수 없다. 로이 일행이 반란을 일으키고 지구로 찾아온 가장 큰 목적은 그들의 창조주라고 할 과학자들을 찾아 목숨을 연장시키기 위해서이다. 그들의 의식을 온통 차지하는 건 언제 닥칠지 모를 죽음이다. 로이가 처음 등장하는 장면을 보자면 그의 손부터 클로즈 업 된다. 서서히 손가락을 오므리면서 그는 말한다. '시간은 충분할 거야.' 손은 그의 육체를 흐르는 생명의 기운을 상징한다. 나중에 세바스찬의 아파트에서 데커드와 추격전을 벌일 때도 같은 장면이 등장한다. 생명의 기운이 빠져나가면서 점점 오그라드는 손. '안돼!' 하고 외치면서 그는 바닥의 나무 조각에 박힌 못을 뽑아서 천천히 그의 손바닥 한가운데로 꽂아 넣는다. 죽어가는 자기의 육체에 고통스런 자극을 주어서 마지막 남은 생명의 불꽃을 이끌어내려는 것이다.

로이는 츄를 만나자 마자 레플리컨트의 수명 장치를 묻고, 데커드를 공격한 레온 역시 그에게 남은 시간과 죽음에 쫓기는 자신들의 처지를 말한다.

레 온: 내가 몇 살이지?

데커드: 몰라.

레 온: 2017년 4월 10일이 내 생일인데 얼마나 살지?

데커드: 4년.

레 온: 너 보다는 오래 살 걸. 죽는 게 두렵지, 안 그래? 속수무책으로 죽을 날만 기다리는 건 비참한 노릇이지.

데커드: 그래.

레 온: 정신 차려. 이제 죽을 시간이야.(레온이 데커드의 눈을 찌르려는 찰나, 총알이 그의 이마를 뚫고 지나간다.)

레온에게서 데커드의 목숨을 구해준 뒤에 레이첼은 혹시 타이렐에게서 자기의 기록을 봤냐고 묻는다. 데커드가 보지 못했다고 말하자 레이첼은 말한다. "당신도 당해봤어요, 데커드?" 4년의 정해진 시간은 그들의 뒤를 쫓는 블레이드 러너와 더불어, 시시각각 다가오는 죽음의 공포를 말해준다. 어머니와 과거가 없다는 사실 못지않게 정해진 죽음의 시간 또한 인조인간을 인간과 다른 심리적 공간에 위치시킨다. 인조인간들은 과연 인간들도 자신들이 겪는 죽음의 공포를 알고 있는지 궁금해 하면서, 그들에게도 똑같은 공포를 유발시키고자 한다. 그렇기 때문에 레온은 데커드를 죽이기에 앞서 정신을 차리라고, 그래서 죽음의 공포를 똑똑히 직면하라고 말하며, 타이렐을 찾은 로이 역시 기술적인 해결책 이외에 레플리컨트의 존재 조건에 대한 이해와 공감을 요구하는 것이다.

> 타이렐: 이제야 나를 찾아왔군.
> 로 이: 창조주를 만나기란 쉽지 않죠.
> 타이렐: 뭣 때문에 왔나?
> 로 이: 만든 물건을 고쳐 달라구요.
> 타이렐: 수리해 달라고?
> 로 이: 수리? 더 근원적인 문제요.
> 타이렐: 뭐지? 뭐가 문제야?
> 로 이: 죽음.
> 타이렐: 죽음? 그건 나로서도 어쩔 수 없어.
> 로 이: 더 살게 해줘요... 제발,
> 타이렐: 네 목숨은 만들 때 이미 결정된 거고, 바꿀 순 없어... (중략)
> 현재로서는... 네가 만들 수 있는 최고야.

로 이: 수명이 너무 짧아요.

타이렐: 밝게 타는 불은 오래 타지 못하는 법인데, 너는 너무나도 밝게 타올랐어. 너는 돌아온 탕자야. 난 네가 자랑스럽다.

로 이: 난 나쁜 짓을 많이 했어요.

타이렐: 놀라운 일도 많이 했지. 주어진 시간을 충실히 살면 돼.

로 이: 당신은 충실히 살았겠죠?(서서히 타이렐의 눈을 찔러서 죽인다)

기술적인 한계로 인해 생명 연장의 꿈은 이뤄지지 못한다. 타이렐은 가능한 모든 시도를 해봤지만 실패했다고 말한다. 그렇다면 창조주로서 피조물에 대한 책임은 어떻게 지겠는가. 로이는 그에게 죽음이라는 대가를 치루게 한다. 타이렐의 비극은 타자의 고통에 공감할 능력이 고갈되었다는 점이다. 그는 죽음의 공포에 질려있는 로이에게 매순간 삶을 충실하게 살라는 자기기만적인 답변을 한다. 영화의 원작에서 인간과 기계를 구분하는 건 다름 아닌 교감의 능력이었으며, 이런 면에서 타이렐은 인간이라기보다는 차가운 기술력의 현신과 같은 존재이다. 타이렐의 답은 모범 답안이지만, 답의 옳고 그름은 답 자체에 있지 않고 그것을 말하는 사람의 마음에 달려있다는 사실을 타이렐은 모른다. 사람들 모두가 타이렐처럼 자기기만에 빠져있는 가운데서는 타이렐의 위선과 지식이 힘을 발휘했겠지만, 로이는 그런 허위의식을 넘어서는 답을 원한다. 그는 절박하기 때문이다. 하지만 타이렐은 자신의 과실을 인정하지도 않고, 로이에 대한 동정을 보이지도 않는다. 그는 자아의 벽을 허물지도 못하고, 타자의 고통도 이해하지 못하는 것이다.

영화에서 타이렐과 로이는 마치 빅터 프랑켄슈타인과 그가 만든 괴물처럼 서로의 도펠갱어Doppelgänger로 등장한다. 물리적으로 이들은 하나는 인간이고 다른 하나는 인조인간이지만, 형이상학적인 의미에서는 둘 모두 인간과 인조인간의 경계에 서있다. 타이렐은 기계화된 인간이고, 로이는 인간화된 기계이기 때문이다. 지배하는 자의 오만은 자유와 행복을 향한 갈망이 인간의 본질적인 특성임을 망각했다. 그 자신이 심어준 지적인 능력을 토양으로 인조 인간은 어느덧 입력된 프로그램에 따라 행동하는 기계에서 벗어나 자기들의 존재 조건을 성찰할 수 있는 지적인 생물체로 진화되었다. 레플리컨트들은 그들이 처한 상황을 되돌아보고, 거기에 불만을 품으며, 그들에게 입력된 정보, 그들의 체험을 벗어난 새로운 공간을 꿈꾸는, '인간적인 존재'로 재탄생한다. 타이렐의 크고 두꺼운 안경은 많은 사람들이 지적했듯이 그의 근시안적인 안목과 가치관을 상징한다. 로이가 그의 눈을 찌를 때 안경이 벗겨지면서, 이윽고 캄캄한 어둠이 타이렐을 감싼다. 지혜와 사랑이 수반되지 않은 지식은 컴컴한 어둠, 즉 무명에 불과하다.

사람들은 몇 가지 환상을 갖고 사는데, 이런 환상에 깊이 빠져 있을수록 인생은 자신이 의도한 방향과 어긋나게 진행된다. 예를 들자면 절대적이며 변하지 않는 내가 있다는 자아에 대한 환상, 존재하는 모든 것들 중에서 인간인 내가 으뜸이라는 생각, 필멸의 존재이면서도 죽음을 가까이 느끼지 못하는 태도들이 그것들이다. 타이렐은 이 모든 환상들에 싸인 채 죽어간다. 그는 눈앞에 자기의 기술력의 한계로 고통 받는

타이렐의 눈을 찔러 살해하는 레플리컨트 로이 배티.
타이렐의 크고 두꺼운 안경은 그의 지성과 무명(無明)을 동시에 상징한다.

존재를 보면서도, 최고의 인조인간을 창조한 천재 과학자라는 자기 환상을 끝까지 고수한다. 자기에 대한 환상은 곧 상대에 대한 무지로 이어진다. 로이가 분노로 타오를 때도 그는 로이를 기계에 불과한 존재, 무력한 피조물로만 본다. 인간과 기계를 구분 짓는 건 이러한 환상들에서 벗어날 수 있는가, 혹은 그렇지 못한가에 달려 있다. 환상들을 벗어나면 보다 높은 존재의 차원으로 이동하지만 환상에 사로잡힌 한 파우스트처럼 세상의 모든 지식을 섭렵해도 그는 깜깜한 어리석음의 감옥에 갇힌 무력한 존재에 불과하다. 타이렐은 로이의 임박한 죽음 앞에서 냉담하지만, 로이는 죽어가면서 데커드를 살려준다. 타이렐이 끝까지 인간의 우위를 고수하며, 인간과 기계의 간극을 좁히지 못하는 대신, 로이는 마지막 순간에 인간을 넘어서는 행동을 보인다. 인조인간이 어머니로부터 나온 인간보다 더 나은 경우도 종종 있는 법이다.

레온이 거리에서 데커드에게 총을 겨누면서 경고했듯이, 누가 먼저 죽을지는 모를 일이다. 츄와 세바스찬, 그리고 타이렐은 4년의 수명을 지닌 레플리컨트보다 더 빨리 죽음을 맞는다. 이들이 레플리컨트 만큼 살아있는 시간에 연연하지 않은 이유는 아이러니하게도 80년이라는 산술적인 시간 때문이다. 아직도 죽음이 멀리 있다는 생각은 인간이 수명에 대해 갖는 환상이며, 바로 그런 환상 때문에 인간은 주어진 시간을 충실하게 살지 못한다. 수명에 대한 환상 속에서 우리 모두는 커피 스푼으로 인생을 재며, '언제라도 시간은 있으리라'고 독백하는 프루프록Prufrock[48]이 된다. 그렇다고 해서 늘 죽음에 쫓기며 살아가는 레플리컨트들이 삶의 실체에 더 접근한 것은 아니다. 죽음을 의식하지 못하는 것이 환상이듯이, 엄밀히 말하자면 죽음에 대한 공포 역시 환상에 속한다. 레플리컨트처럼 추격을 당하는 입장에서는 안정된 마음을 유지하기는 힘들겠지만, 죽음은 아직 일어나지 않은 미래의 사건이며, 그 일로 인해 마음에 일어나는 공포는 마음의 신기루와 같기 때문이다.

타이렐을 죽이고 다시 세바스찬의 아파트에 돌아온 로이는 프리스의 죽음을 목격한다. 동료들이 다 죽고, 홀로 남은 자의 절망과 분노에서 로이는 데커드와 최후의 결전을 벌인다. 그는 데커드를 단번에 죽이는 대신 평생 자신들을 뒤따라 다녔던, 쫓기는 자의 엄청난 공포를 맛보게 한다. 마치 먹잇감을 갖고 노는 사냥꾼처럼 그는 데커드를 몰아대면서 "쉽게 포기하면 죽여 버린다. 살아있어야 재미있잖아."하고 말한다.

---

48 T. S. 엘리엇T. S. Eliot, "J. 알프레드 프루프록의 연가The Love Song of J. Alfred Prufrock" 중의 한 구절.

평생 죽음의 공포 속에서 쫓기며 살았던 자의 분노는 잔인하고 악마적인 쾌감으로 그 실체를 드러낸다. 데커드는 간신히 초고층 건물의 돌출된 모서리에 매달리고, 그 모습을 보며 로이는 말한다. “공포 속에서 사는 기분이 어때, 그게 노예의 기분이야.”

드디어 로이에게 최후의 순간이 다가오고, 죽음을 앞에 두고 그는 한순간 짧지 않았던 그의 4년의 삶을 회상한다. 주목할 만한 점은 사진에 집착하는 다른 레플리컨트들과 달리 그는 실제의 체험을 말한다는 사실이다. 그는 과거의 사진들에 얽힌 기억을 반추하면서 헛된 상념에 또 다른 상념을 보태지 않는다. “나는 당신네 인간이 믿지 못할 것을 보아왔어. 오리온 좌의 옆에서 불타던 전함, 탠하우저 게이트 근방에서 어둠 속을 가로지르는 C-빔의 불빛도 보았어. 이 모든 순간들은 때가 되면 사라지겠지, 빗속의 눈물처럼. 죽어야 할 시간이야.” 인간의 손에 의해 탄생되었지만 로이의 체험은 인간의 그것을 능가한다. 죽어가면서 그는 데커드를 구해준다. 극장 판에서는 이 장면을 두고 데커드의 독백이 이어진다. ‘그가 왜 내 목숨을 구해주었는지는 모른다. 아마 마지막 순간에 이르러 그 어느 때보다 삶을 사랑했기 때문이었는지 모르겠다. 단지 그의 삶이 아니라 모두의 삶, 나의 삶을.’

어두운 하늘을 가로질러 비둘기가 날아가고, 로이의 마지막은 비장하면서도 평화롭다. 영화는 인간과 레플리컨트를 나누는 기준을 하나씩 허무는 식으로 진행되었고, 로이가 데커드를 살려주는 장면에서 그 경계는 완전히 무너진다. 객관적으로 그 둘을 나누는 기준이었던 어머니의

로이 배티는 죽음을 통해 삶의 진정한 의미를 알게 된 것일까.

존재, 과거, 그리고 몇 십 년의 수명도 절대적인 기준이 되지는 못한다. 정신적인 면에서 볼 때도 마찬가지이다. 객관적으로든 정신적인 면에서든 인간과 레플리컨트를 나누는 분명한 기준은 존재하지 않는다. 로이는 타이렐에게 죽음을 벗어날 길을 묻는다. '순간을 충실히 살라.'는 타이렐의 답을 듣고 로이는 그를 죽여 버렸지만, 사실 그것 이외에 정답은 없어 보인다. 시간의 길고 짧음은 절대적으로 정해져 있는 게 아니라 자신이 그 시간들을 어떻게 살아내는가에 달려 있고, 또 순간은 무한히 확장된다는 사실을 실감할 때 사람은 정말로 시간에서 자유로워지는 게 아닐까. 그리고 그런 시간 개념 속에서만이 언젠가는 찾아올 죽음으로부터도 해방되는 게 아닐까. 영화에서 보자면, 내가 누구인지 분명히 알고 있다고 생각하는 순간에 자기기만과 무지는 가장 크다. 그리고 설령 살아있다 하더라도 자기 기만과 무지에 사로 잡힌 순간은 죽음과 같은 암흑의 순간이 된다.

내가 누구인지 말할 수 있는 자는 누구인가

순간을 어떻게 하면 충실히 살 수 있을까? 사실 타이렐에서 츄에 이르기 까지, 그리고 로이에서 레온, 조라, 프리스에 이르기 까지, 인간이든 레플리컨트이든 모든 존재들은 나름대로는 매순간 충실히 살고자 노력한다. 영화의 초반부에 데커드는 타이렐 사에서 제조한 신제품 테스트를 위해 타이렐을 찾아온다. 그런 데커드를 레이첼이 마중 나온다. 그녀는 자기가 레플리컨트라고는 전혀 생각하지 못하지만 영화 전체에서 그녀가 가장 기계적으로 느껴지는 건 바로 이 장면이다. 무표정한 얼굴, 데커드의 질문에 대한 간결하고도 감정이 배재된 답, 로봇을 연상시키는 기계적이고 딱딱한 걸음걸이와 복장, 헤어스타일. 그녀는 인간적인 특질이 배제된 상태를 온 몸으로 표현토록 연출되었다.

레이첼: 저는 레이첼이에요.

데커드: 데커드요.

레이첼: 우리 제품에 무슨 문제가 있나요?

데커드: 복제인간들은 다른 기계들과 다를 바 없소. 유용하거나 위험하겠지. 유용하다면 별 문제는 없지만...

레이첼: 한 가지 물어봐도 되겠어요?

데커드: 그러시요.

레이첼: 실수로 인간을 제거한 적이 있나요?

데커드: 없소.

레이첼: 복제인간으로 오인하고 제거한 적은요?

데커드: 테스트라도 하는 거요?

레이첼: 어떤 방법으로 구별하죠?

'인간'인 상태에서 그녀는 '기계'로 말하고 행동한다. 반면 자기가 인간의 기억이 이식된 인조인간임을 알게 된 후에 그녀에게서는 따뜻한 기운이 배어나오는데, 머리를 풀어 내리고 피아노를 치는 장면은 이런 내면의 변화를 반영한다. 자기의 정체를 알게 된 후에 그녀는 인간적인 존재가 되고, 사랑을 알게 된다.

데커드는 뛰어난 블레이드 러너로서, 그리고 레이첼은 타이렐 회장의 조카로서 서로를 대면한다. 표면적으로 데커드는 아무런 거리낌 없이 레플리컨트를 기계로 보면서, 필요하다면 언제라도 그것들을 폐기해야 하는 자신의 역할을 적극적으로 받아들이고 있는 듯이 보인다. 인간을 레플리컨트로 오인하고 제거해본 적이 있느냐는 레이첼의 물음은 진화된 레플리컨트는 인간으로 위장하고 살아갈 가능성도 있음을 상기시킨다. 레이첼 자신이 인간인 줄 아는 레플리컨트라는 점에서 이 장면은 상당히 아이러니 하다. 데커드는 그런 착오를 저지른 적이 없다고 짤막하게 대답하지만, 그 역시 인간을 인조인간으로 오인하고 제거할 가능성 때문에 내심 불안해한다.

인간인 척 하는 레플리컨트를 제거하는 과정에서 진짜 인간이 제거될 수도 있다는 사실은 인조인간을 제작하는 기술력이 엄청나게 발달되었음을 뜻한다. 이처럼 기술력이 발달된 현실에서 인간과 인조인간 모두가 똑같이 위험에 처할 수 있는 것이다. 영화의 마지막에서 밝혀지듯이 데커드와 레이첼은 모두 인간의 기억이 이식된 레플리컨트이다. 이들은 인간과 인조인간의 경계에 서있는 존재들로서, 인간 존재의 불확실성을 일깨우고자 하는 영화의 주제를 전달한다. 레이첼은 중간에 자기가 사람이 아니라는 사실을 알게 되지만 데커드는 자기의 정체를 끝까지 모른다. 영화는 결국 자기를 인간으로 알고 있는 레플리컨트가 인간의 지시를 따라 동료 레플리컨트를 제거하는 스토리로 요약된다. 그건 데커드의 의도와는 전혀 다른 방식으로 작동하는 또 다른 현실이다. 레이첼은 데커드에게 '당신도 이 테스트를 받은 적이 있냐?'고 묻는다. 레이첼의 질문은 자기의 정체에 대해 추호의 의심도 없는 데커드에게 던지는 일종의 화두이다. 당신은 레플리컨트가 아니라고 확신하는가? 조작된 현실 속에서, 그것이 조작되었다는 것 자체를 모를 때 어떻게 진정한 삶이 가능한가. 그 모든 것을 벗어나서 진정한 나를 만날 길은 있을까? 영화에서 데커드에게 던지는 화두는 곧 현실을 사는 우리에게로 이접된다.

소설에서 평범한 중년의 아저씨로 나오는 데커드와 달리 영화 속의 데커드는 그야말로 '음울한 도시의 사냥꾼'이다. 블레이드 러너라는 직업은 양면적인 가치를 지닌다. 한편으로는 반사회적인 레플리컨트를 처단하여 치안을 유지하는데 기여하지만, 다른 한편으로는 살인 행위이기도 하다. 이런 자의식으로 인해 그는 냉소적이 되는데, 그래도 그는 일에서 손을 뗄 수 없다. 조직이 계속 그를 원하기 때문이다. 데커드는 레플리컨트를 처단하라는 브라이언트의 제의를 일단 거절한다. 그런 데커드를 브라이언트는 '경찰 일을 하지 않으면, 별 볼 일 없는 놈이 되는 거지.'라고 협박한다. 일을 맡든가, 아니면 부랑자로 전락하든가. 데커드의 선택은 둘 중의 하나이다. 조직에 얽매이고, 조직이 그에게 부여한 역할로 존재의 의미가 결정된다면 인간 또한 레플리컨트와 다를 바 없다. 조직에서 볼 때 그는 거대한 체제의 하나의 부품에 지나지 않으며, 용도를 충족시키지 못할 때는 별 볼일 없는 존재로 폐기되어야 할 운명이다. 평생 조직에 순응하고, 욕망과 감정의 프로그램대로 살다가 때가 되어 죽는다면 우리의 삶이 레플리컨트의 삶과 무엇이 다를까?

로이가 죽은 후 개프를 만난 데커드는 모든 게 끝났다고 말한다. 그러자 개프는 "그녀가 죽게 되서 안됐네, 그러나 누군들 그렇지 않겠는가?"라는 알쏭달쏭한 말을 남기고 사라진다. 레이첼의 죽음을 암시하는 듯한 말에 불안해진 데커드는 서둘러 레이첼이 머물고 있는 그의 아파트로 돌아온다. 다행히 그녀는 잠들어 있었고, 데커드는 황급히 그녀를 데리고 아파트를 떠난다. 문을 닫으려고 하는 순간 그는 종이로 접은 유니콘을 발견한다. 앞서도 말했듯이 유니콘은 데커드 역시 레플리컨트라는 사실을 암시한다. 데커드의 꿈이 이식된 것이 아닌 한, 거기에 등장한 유니콘을 개프가 알 길은 없기 때문이다. 영화의 마지막에서 이러한 충격적인 반전은 눈앞의 분명한 현실, 손으로 만지고 느낄 수 있는 '나'는 전부 환상에 불과할 지도 모르는 메시지를 전달하면서 현실을 완전히 새로운 각도에서 보게 한다.

기계에서 생산되었고 4년의 수명만 허락받았으며, 인간의 노예로 살아야 할 운명을 지닌 인조인간들은 인간의 삶을 열망한다. 노예라는 위치, 4년 후의 죽음을 떠올릴 때 '나'의 존재에 대한 의문과 더불어 자유와 삶에 대한 열망은 강렬해진다. 또 인간의 기억이 이식된 데커드나 레이첼 같은 레플리컨트도 있다. 레이첼의 경우 그녀의 존재에 관한 물음은 자기가 인조인간임을 알게 된 순간부터 본 궤도에 오른다. 로이가 데커드를 구해주는 장면, 그리고 데커드와 레이첼이 사랑을 알게 되는 장면들을 통해서 영화는 각자에게 주어진 한계를 뛰어넘을 가능성을 보여준다. 영화에서 존재와 삶에 대한 근원적인 물음을 던지는 건 인간이 아니라 레플리컨트이다. 자기에 대해 잘 알고 있다고 생각하는 한, 그리고 죽음은 아직도 먼 사건이라고 생각하는 한, 참 자기를 향한 여정은 시작되지 않는다.

존재에 대한 물음이 인간을 진정한 인간으로 만든다. 인간다운 삶이란 '나'라는 존재에 대한 분명한 물음과 해답이 없이는 가능하지 않기 때문이다. 어찌 보면 쉽고, 또 어찌 보면 어려운 이 일을 행하지 못할 때 아무리 열심히 산다고 해도 결국은 타이렐도, 그리고 평범한 대중들도 별 차이 없이 무명無明속의 삶을 마감하게 된다. 순간을 충실히 산다는 건 자기 성찰과 직결된다. 과학 기술에서 촉발된 영화 속의 인간과 인조인간의 관계는 과학을 넘어선 사유의 영역에서 존재의 의미를 생각하게끔 한다. 냉혹한 기계 같은 인간. 그리고 그 반대편에 서있는 인간보다 더 인간적인 인조인간. 나는 과연 어느 쪽일까. 내가 누구인지 말할 수 있는 자는 누구일까?

3_과학과 환상의 대화

『프랑켄슈타인』 Frankenstein : A Modern Prometheus

프랑켄슈타인의 후예들

19세기 초, 불란서 혁명이라는 거대한 사회적, 정치적 격동의 여진이 아직도 유럽의 자유로운 영혼들을 사로잡고 있을 무렵에 인류의 지성은 또 다른 미지의 영역으로 눈길을 돌리고 있었다. 그 영역은 오랫동안 이성의 어두운 그림자로만 여겨져 왔던 무의식에 대한 관심과 당시에 태동하던 근대과학의 정신이었다. 첨단 과학과 무의식적 환상이라는, 얼핏 보기에 상충되는 듯한 두 영역이 결합되어 빚어낼 인류의 장대한 여정은 19세에 불과한 한 영국 여성에 의해 시작되었다. 그녀의 이름은 메리 울스턴크래프트 셸리Mary Wollstonecraft Shelley였고, 이후 수많은 아류와 변종을 만들어 내면서 SF의 효시가 된 작품의 제목은 『프랑켄슈타인: 현대의 프로메테우스』였다. 소설의 서문에서 그녀는 한 밤중에 마음속에 떠올랐던 다음과 같은 생생한 영상이 소설을 착상하게 된 계기였다고 회고한다.

> 눈은 감았지만 날카로운 마음의 눈으로 나는 부정한 기술을 터득한 과학자의 창백한 모습을 보았다. 그는 자신이 조합한 물체 옆에 무릎을 꿇고 앉아 있었다. 쭉 뻗은 채 누워 있다가 어떤 강력한 동력의 작용에 힘입어 살아있다는 신호를 보여 주며 불안정하고 느린 동작으로 움직이는 한 남자의 무시무시한 환영이 보였다. 그것은 너무 끔찍할 것이다. 세상을 창조한 조물주의 엄청난 작업을 흉내 내려는 인간 노력의 결과가 너무나 흉측할 것이기 때문이다. 과학자는 자신의 성공에 오히려 질겁할 것이다. 그는

공포에 떨며 자신이 만들어 낸 흉측한 작품으로부터 도망칠 것이다.[49]

그로부터 200 여년이 지난 21세기 초, 바야흐로 생명공학의 시대가 활짝 열렸다. 막 소녀를 벗어난 한 여성의 환상은 현대 과학의 기술력을 통해 사실로 입증될 문턱에 서있으며, 그녀의 소설은 인간의 심성과 미래의 상황에 대한 예언자적인 비전을 담은 것으로 인정받기에 이르렀다. 생명공학의 미래는 '파우스트의 거래'[50]에 비유되거니와, 유전자 조작과 세포 복제에 의한 생명의 변형과 창조가 과연 인류에게 혁명인지, 아니면 재앙인지에 대한 논란이 끊이지 않은 가운데서도 과학자들은 지난 몇 십 년 동안 이 분야에서 눈부신 발전을 거듭했다. 생태계와 인간의 건강에 어떤 부작용이 초래되는지 아직 그 실체가 명확히 규명되지 않은 프랑켄푸드Frankenfood 라는 유전자 조작 식품이 대형 마트와 우리의 식탁을 꾸준히 점령해 오고 있으며, 1952년 미국의 카네기 연구소의 개구리 복제에서 시작된 동물 복제는 1997년 영국의 이안 윌멋Ian Wilmut박사가 최초의 체세포 복제 동물인 돌리Dolly를 탄생시키면서 획기적인 전기를 맞게 된다. 이제 남은 것은 인간 복제뿐인데, 윤리적인 문제와 그 사회적인 파장을 고려해서 관계자 대부분이 유보적인 태도를 취하기는 하지만, 『리메이킹 에덴Remaking Eden』의 저자인 리 실버Lee Silver는 하와이 대학에서 쥐 복제가 성공했다는 소식을 듣고 '복제 인간은

---

49 메리 셸리, 『프랑켄슈타인』, 이미선 옮김, (황금가지, 2004). 35쪽. 이하 텍스트의 인용은 이 책에 따름.

50 제레미 리프킨, 『바이오테크 시대』, 13쪽.

틀림없이 나타나게 될 것'이라며 '언제, 어디서냐 하는 문제만 남았다'고 단언했다고 한다.[51] 단순한 공상과학의 이야기가 아니라 기술적으로도 인간 복제의 시대는 눈앞에 와 있는 것이다.

『프랑켄슈타인』은 생명창조의 열쇠를 손에 쥐고 있는 과학자가 그에 합당한 자기성찰과 책임감이 결여될 경우, 기술력과 정비례하는 엄청난 파괴력으로 인류를 휩쓸게 될 비극적인 재앙을 탁월하게 예언한다. 아마 미래의 수많은 프랑켄슈타인의 후예들도 그들의 피조물을 바라보면서 똑같은 두려움과 절망에 싸여, 똑같은 탄식의 말을 내뱉을지 모른다. '아름다운 모습을 창조하기 위해 재료들을 고르고 또 골랐건만, 누가 이 모습을 아름답다고 하겠는가?' 그러나 고통스럽기는 그들의 피조물도 마찬가지이다. 피조물의 고통에 눈을 뜨지 못하는 한 신이 되고 싶은 존재들의 비극은 확대재생산 될 수밖에 없을 것이다. 제우스의 불을 훔쳐서 인간에게 가져다주었던 신화 속의 거인 프로메테우스도, 문학적 상상력 속에서 태어난 프랑켄슈타인도, 오늘날 실험실에서 생명 복제에 매진하는 과학자들도 모두가 주어진 한계를 뛰어넘어 신의 질서를 엿보고자 한다. 기술이 발전함에 따라 신화는 문학이 되고, 문학은 현실이 되지만, 그 밑을 흐르는 욕망과 파괴의 드라마는 변하지 않았고, 앞으로도 그럴지 모르겠다. 인문학이 주목해야 할 부분은 바로 여기가 아닐까. 생명창조의 드라마를 비극에서 신곡Divine Comedy으로 바꾸는 열쇠를

51 조홍섭, 『프랑켄슈타인인가 멋진 신세계인가』, (한겨레신문사, 1999), 244쪽에서 재인용

찾는 것 말이다.

생명의 연금술사

『프랑켄슈타인』은 인간 창조에 관한 이야기이다. 인간을 창조한다든가 영생을 향한 열망은 인류의 출현과 더불어 한시도 사라지지 않은 인간의 꿈이었으나, 동시에 그만큼 신에 대한 모독이자 이성적인 사람이라면 결코 진지하게 받아들이지 않을, 허망하고 부질없는 도전으로 간주된 것도 흔치 않았다. 소설의 부제는 신으로부터 생명의 불꽃을 훔친 타이탄을 빗댄, '현대의 프로메테우스'이다. 인간의 창조와 영생은 비단 신화나 종교의 세계에 국한된 상상만은 아니다. 동양의 진시황은 불로장생의 약을 구하기 위해 실제로 선남선녀를 동쪽으로 보냈으며, 중세의 연금술사들은 현자의 돌과 불사의 영약을 얻고자 했다. 이런 꿈에 대한 처벌은 가혹했다. 프로메테우스는 차가운 암벽에 쇠사슬로 묶여서 독수리에게 간을 쪼이는 벌을 받았고, 불로초를 향한 진시황의 열망은 폭군의 탐욕이 드디어 이성의 한계를 넘은 사례로 인구에 회자되며, 중세의 연금술사들은 그들의 빛나는 업적에도 불구하고 어두운 골방에 파묻혀 악마와 거래하는 신비주의자 정도로 여겨졌다.

메리 셸리의 『프랑켄슈타인』도 이런 정서를 다분히 반영한다. 소설은 화산이 대폭발을 일으켜 그 화산재가 유럽 전역을 덮었기 때문에 유래

없이 추웠던 1816년 여름, 메리와 그의 남편이자 유명한 낭만주의 시인이며 사상가였던 퍼시 B. 셸리Percy B. Shelley, 그리고 또 다른 낭만주의 시인인 바이런Byron이 제네바 호수 근처에서 지내면서 우연히 입수하게 된 몇 권의 공포 소설에서 발단되었다. 소설의 내용들은 신랑이 신부를 품에 안았는데 그녀가 어느덧 유령으로 변해 있다던가 아니면 조상의 유령이 때가 되면 막 청춘기로 접어드는 자손들에게 죽음의 키스를 해서 저승세계로 데려간다든가 하는, 그야말로 심심풀이로 읽는 허무맹랑한 이야기들이었다. 그러던 어느 날 바이런이 '각자 유령이야기를 한편씩 써보자.'고 제안을 했고, 이들 세 명 외에 바이런의 주치의였던 폴리도리Polidori까지 가세해서 이야기를 쓰기 시작했다. 바이런과 셸리는 중도에 포기했지만, 메리와 폴리도리는 각각 『프랑켄슈타인』과 『뱀파이어』Vampire를 쓰는데 성공했다.

물론 메리가 쉽게 책을 쓴 것은 아니었다. 그녀는 정말로 무서운 유령 이야기를 쓰고 싶었지만 좀처럼 아이디어가 떠오르지 않아서 고민했다. 그녀의 말을 빌자면 '우리의 본성에 대한 신비스러운 두려움에 대해 알려주고, 소름 끼치는 공포를 일깨워 줄 이야기,' '두려워서 주변을 둘러보게 하고 피를 굳게 하며 심장 박동을 빠르게 하는 이야기'(33) 정도는 돼야 했다. 궁리에 궁리를 거듭하던 메리가 소설을 착상하게 된 계기는 초자연적인 신비가 감도는 중세의 성, 폐허 위를 배회하는 유령들, 인간 내면에 존재하지만 이성의 접근을 거부하는 무의식과 광기처럼, 당시 유행하던 고딕 소설에서 힌트를 얻어서가 아니었다.

아이러니하게도 그녀는 당대에 획기적인 발전으로 평가되던 과학적 연구에서 그녀의 공포 소설의 소재를 발견했다. 신화에서든 역사에서든 생명창조의 꿈을 꾸는 자에게는 늘 죽음보다 더 비참한 벌이 내려졌다. 따라서 그 꿈에 불탔던 젊은 과학자의 인생역정은 그녀가 간절히 원했던 끔찍한 공포를 만들어내기에 가장 적합한 소재였을 것이다.

바이런과 퍼시 셸리는 '생명의 원리의 본질이 무엇이며, 그것을 발견하고 전달할 가능성이 과연 있을까.'(34)라는 주제로 대화를 하면서, 당시 다윈 박사가 전기 충격을 가해서 무생물에 생명을 부여한 실험을 언급했다. 메리는 그 얘기를 들으면서 생명이 그런 식으로 탄생하지는 않을 테지만, 어쩌면 시체가 다시 살아날 수 있을지는 모른다고 생각한다. '생명체의 구성 요소들을 만들고 조합한 다음 생명의 온기를 불어넣는 일은 가능하지 않을까?'(35) 이런 생각은 그녀의 뇌리를 떠나지 않았고 그날 잠자리에 들어서도 그녀는 잠을 이룰 수 없었다. 오랫동안 그녀의 마음속에 축적되었던 유령 이야기에 대한 생각들이 드디어 상상력의 불꽃에 의해 점화된 것이었다. 잠이 달아나서 말끔해진 정신으로 그녀는 괴물이 서서히 깨어나는 광경, 그 끔찍한 모습 때문에 공포에 질려서 도망치는 과학자의 모습을 환상 속에서 본다. 드디어 소름 끼치는 공포를 일깨우는 그녀의 이야기가 시작된 것이다.

그녀는 인간 창조의 모티프를 오로지 유령이 출몰하는 고딕적 분위기를 통해서만 구체화시킬 수 있었다. 근대 과학의 세례를 받은 그녀의 상상력은 주술이나 불사약을 통해서 생명을 얻는다는 식의 이야기를 쓸 수는 없었지만, 그렇다고 해서 과학기술이 시체에 생명을 불어넣는다는 것도 현실적이지는 않았다. 과학은 오로지 환상의 영역에서만 그 힘을 발휘할 수 있었다. 그러나 과거의 상상이, 특히 황당무계한 상상일수록, 나중에 결과물만을 놓고 보자면 첨단기술의 작동원리와 극히 유사한 사례가 종종 있는데, 메리 셸리의 경우가 바로 그러했다. 생명체의 구성요소를 만들고 조합한다는 그녀의 상상은 21세기 유전공학과 생명공학분야에서 대대적으로 진행되는 인간 게놈 프로젝트Human Genome Project[52]와 크게 다르지 않다. 현대의 과학자들은 인체를 구성하는 유전자의 설계도를 해독하고자 하며, 그 일차 작업은 몇 년 전에 완료된 것으로 발표되었다. 밝혀진 유전자 구조에 따라 이제 그 기능을 하나씩 알아내는 포스트-게놈 작업이 남아있으며, 그야말로 인류는 소우주의 탐사에서 첫 발을 내딛은 것에 불과하지만, 어쨌든 새로운 시대의 막은 열린 것이다.

19세기의 한 젊은 과학자 빅터 프랑켄슈타인이 시체의 조각들을 모아서 생명체를 탄생시킨다는 발상과 오늘날 생명공학자들이 행하는 동종, 혹은 이종 간의 유전자 조작은 기술적인 측면에서는 아무런 연관성이 없다 하더라도 그 결과 면에서는 시사하는 바가 크다. 두 경우 모두 처음의 의도와 출발지는 분명하다고 하더라도 언제, 어느 때, 어떤 식으로 결과물이 나올지는 명확하게 알 수는 없기 때문이다. 인류의 신기원을

52 인간은 46개의 염색체로 이뤄졌으며, 이 염색체 전체에 제공되어 있는 정보를 게놈Genome이라고 부른다. 2003 클린턴 대통령은 1990년부터 시작된 인간 게놈 프로젝트를 완성했다고 발표했다. 이 프로젝트는 흔히 1960년대의 우주탐사를 목적으로 했던 아폴로 프로젝트에 비교된다. 인체를 소우주(microcosm)이라고 부르므로, 인간게놈프로젝트 또한 인류가 착수한 또 하나의 우주탐사라고 하겠다.

이룩하겠다는 빅터의 열정과 그가 엄선한 재료들에는 별 문제가 없어 보였다. 그러나 결과는 참혹했다. 아무리 아름다울지라도 이질적인 조각들이 꿰어 맞춰진 결과 생겨난 것은 괴물이라는 말로 표현될 수밖에 없는 추악한 모습이었으며, 그로부터 생겨난 비극은 거센 소용돌이가 되어서 빅터와 괴물, 그 주변의 모든 사람들을 죽음으로 빨아들인다.

인간 창조에 관한 메리 셸리의 관심은 소설에서 빅터가 학문적으로 매료된 코넬리우스 아그리파Cornelius Agrippa[53]나 파라켈수스Paracelcus[54] 혹은 마그누스Magnus와 같은 중세의 자연 철학자이자 연금술사들을 통해 역사적이고 과학적인 사실로 연결된다. 자연 현상을 꿰뚫는 법칙성을 찾아내려는 이들 과학자들의 시도는 고대 그리스에서는 철학과, 중세에는 신학과 결부되어 있었고, 이들의 연구는 자연히 물질계 뿐 아니라 정신의 영역에 대한 성찰로 연결되었다. 중세의 뛰어난 과학자들은 연금술사이기도 했다. 그러나 연금술의 궁극적인 목적은 우리가 흔히 생각하듯이 물질을 변형시켜 금을 만들어내는 것이 아니라, 자연의 법칙을 해독해서 그것을 통제하는 것이었다. 이들은 이런 작용을 가능케 하는 현자의 돌이라든가 영생의 약들을 찾고자 했다. 특히 파라켈수스같은 과학자는 여성의 육체를 빌지 않고도 하나의 인간이 탄생하는 일도 가능하다고 주장했으며, 실제로 작은 인간인 호문클루스Homunculus를 창조했다는 얘기도 전해진다. 그러므로 이들의 학문에 심취하면서 빅터

53 1486-1535. 독일의 마법사, 점성술사, 연금술사.

54 1493-1541. 스위스의 연금술사, 의사, 점성술사. 화학자.

가 인간을 창조하겠다는 야심을 품는 것은 극히 개연성이 있는 설정이라고 하겠다.

메리 셸리는 소설에 개진되는 의견이 반드시 그녀 자신의 견해와 일치하지는 않는다는 단서를 붙이고 있지만, 빅터가 유학했던 잉골스타트Ingolstadt 대학의 크렘페Krempe교수와 발트만Waldman 교수는 중세의 연금술과 그 이후에 보다 정교하고 세분화된 화학을 바라보는 당대의 관점을 요약한다. 크렘페 교수는 이들 자연과학자들의 사상과 연구를 허무맹랑한 공상으로 치부하며, 이제 계몽된 과학의 시대에 이들은 발붙일 곳이 없다고 단언한다. 크렘페 교수는 이성이나 합리주의와 더불어 태동하던 계몽주의 가치관을 대변하는 인물로 볼 수 있는데, 그를 혐오하는 빅터의 태도에는 '자연을 '짜내고', '성형하고' '모양 지음'으로써 가능한 한 인간이 모든 것을 성취할 수 있도록 인간의 지배 영역을 확대할 것을 촉구'[55]하는 당대 과학관에 대한 작가의 비판이 녹아있다. 메리 셸리는 자연을 정복의 대상으로만 보는 이들 과학자들에게 우려와 두려움이 담긴 시선을 보낸다. 베이컨Francis Bacon이나 데카르트Renet Decartes의 시대가 도래 하면서 과학적으로 입증될 수 없는 중세의 과학들은 신비주의로 치부되었다. 그러나 빅터가 감화를 받았던 발트만 교수는 진보된 과학을 권장하면서도 과거 과학자들의 열정과 탐구의 성과에 호의적인 태도를 보여서, 잠시 억눌렸던 빅터의 야심을 일깨운다.

55 제레미 리프킨. 310

그는 중세의 과학자들의 연구가 허황되어 보이는 것은 상대적으로 그들의 꿈과 야망이 너무 컸기 때문이며, 실제로 그들의 연구가 헛된 것만은 아니었음을 역설한다. 발트만 교수는 말한다.

> 그들은 금속이 변할 수 없으며, 불로장수의 영약이란 망상에 지나지 않는다는 것을 알고 있습니다. 그러나 흙장난이나 하도록 만들어진 것처럼 보이는 손과, 현미경이나 도가니 위를 자세히 들여다보도록 만들어진 것처럼 보이는 눈을 가진 이 철학자들이 기적을 행했습니다. 그들은 자연의 후미진 곳을 꿰뚫고 들어가서 자연이 그 은밀한 곳에서 어떻게 작용하는지 보여줍니다. 그들은 하늘 위에도 올라갔고 혈액이 어떻게 순환하는지 발견했으며 우리가 숨 쉬는 공기의 본질을 발견했습니다. 그들은 새롭고 거의 무한한 힘을 획득했습니다. 그들은 하늘의 천둥을 지배할 수 있고 지진을 모방하며 심지어는 보이지 않는 세계를 그 그림자로 흉내 내기까지 합니다.(88)

소설의 전개상 이런 발트만 교수의 발언은 그 내용의 진위를 떠나서 아주 중요하다. 그것은 빅터의 마음에 지적인 열망의 불꽃을 점화시킨다. 빅터의 영혼은 외친다. '이미 무척 많은 일이 이루어졌다. 그러나 나는 더 많이, 훨씬 더 많이 이루리라! 이미 난 발자국들을 따라가면서 새로운 길을 개척하고 미지의 힘을 탐험하며 세상에 창조의 가장 깊은 신비를 펼쳐 보이리라!'(89) 그는 드디어 화학에서 출발해서 생리학과 해부학을 섭렵하면서 마침내 삶과 죽음의 경계를 무너뜨리게 되는 여정을 출발한다. 그는 중세의 연금술사들의 후예56이면서, DNA를 재조합해서 원하는 생명체를 만들고자 하는 오늘날의 생명의 연금술사들의 선조이다. 과거 연금술사들이 금이라든가 수은 등을 촉매로 물질을 변환시켜서 보다 완전한 물질을 만들고자 했다면 빅터는 시체의 조각들에 숨결을 불어넣어 죽음의 세계로부터 생명을 다시 불러내고자 했다. 그리고 현대의 생명의 연금술사들은 비록 인간 창조의 꿈을 아직 실현하지는 못했지만 다양한 신종 생물들을 만들어 내면서 한걸음씩 그 순간에 접근하고 있다.

백일몽적인 환상에서 인공 자궁에 이르기 까지

빅터가 생명체를 창조하겠다는 계획을 세우면서부터 소설은 고딕 장르의 본령으로 이동한다. 자연과 인간 사회의 질서를 붕괴시킬지도 모를 위험한 실험을 하는 과학자인 빅터 프랑켄슈타인. 그는 사람들의 눈을 피해 은밀한 곳에 그의 작업실을 마련한다. 실험재료들을 구하기 위해 그는 시체 안치소라든가 납골당을 수시로 드나들면서 시체들 사이를 헤집고 다닌다. 이런 광경들에는 필연적으로 생명에 대한 모독과 악마적인 기운들이 감돌지만, 빅터의 마음을 가득 채운 것은 신세계를 여는 창조주로서 미래의 자신에 대한 기대였다. 그의 연구를 다른 사람에

---

56 제레미 리프킨은 현대의 생명공학은 존재의 연금술이라고 말하며, 그런 맥락에서 생명공학을 중세의 연금술Alchemy에 빗대어 발생술 (알게니: algeny)이라고 명명한다. 제레미 리프킨, 『바이오테크 시대』, 74쪽.

게 이야기할 수도 없을뿐더러, 설령 이야기 한다 해도 이해해 줄 사람도 없었다. 자기의 연구를 인류의 발전을 위해 쓰겠다는 일종의 소명의식과 '새로운 종이 그를 그들의 창조자이자 존재의 근원으로 찬양하게 될 것'(97-98) 이라는 자기과시욕이 적당히 뒤섞여서 그는 연구에 매진한다. 광기와 죄의식, 불확실한 결과에 대한 기대와 공포는 그의 마음속에 팽팽한 긴장을 낳는다.

연구를 시작하면서 빅터는 과거의 자신과 완전히 단절한다. 청량한 기운으로 자기의 심성을 맑게 해주었던 몽블랑과 제네바의 자연, 행복한 유년기와 청년기를 더불어 보냈던 가족들, 지적인 논쟁과 열정으로 가득 찼던 대학의 강의실을 떠나서 그는 작업실에 틀어박힌다. 이제 그의 세계를 가득 채우는 건 오로지 그 자신의 수많은 상념들과 감정들뿐이다. 그는 시체들에 둘러싸여 또 다른 자신들과 대화 하면서 고딕 소설의 전형적인 주인공들처럼 점점 악마적인 힘의 포로가 되어간다. 1931년 영국의 제임스 훼일James Whale 감독이 고딕 풍의 분위기를 살려 제작한 영화 「프랑켄슈타인」[57]은 삶과 죽음의 문제를 신과 인간의 관계에 초점을 두고 조명한다. 생명 창조의 권능은 오로지 신에게만 있다는 사회적이며 종교적인 통념을 거부하고, 프랑켄슈타인은 시체들에 생명을 부여함으로써 신의 질서에 도전한다. 신성한 교회의 의식에 따라 막 매장된 시체를 조문객들이 떠나자마자 파헤치고 꺼내서 필요한

57 프랑케슈타인Frankenstein, 1931년, 감독 제임스 훼일, 출연 보리스 칼로프, 콜린 클라이브.

부분을 절단하는 과학자와 그의 조수[58]. 그들의 뒤에는 십자가와 성자의 조각상이 있다. 이런 장치들은 프랑켄슈타인의 행위가 신성 모독임을 상징적으로 전달하며, 같은 영화에서 산기슭에 위치한 프랑켄슈타인의 작업실은 소설 속의 하숙집과는 거리가 멀지만, 그의 연구의 반사회적이고 은밀한 측면, 비밀주의 등등을 상징적으로 재현한다.

종교 의식에 따라 매장된 시체를 파헤치는 프랑켄슈타인과 그의 조수.
제임스 훼일의 <프랑켄슈타인>.

생명의 근원을 조사하기 위해서는 먼저 죽음에 의존해야 한다. 해부학을 공부했지만 이것만으로는 충분하지 않았다. 인간의 육체가 자연적으로 부식하고 부패해가는 과정을 관찰해야만 했다.... 육체는 한 때 아름다움과

58 훼일 감독은 그의 영화에 곱추인 Fritz를 조수로 등장시켜 그로테스크한 분위기를 더한다.

힘이 머물렀다가 벌레들의 먹이가 되고 마는 것이다. 이제 나는 부패의 원인과 과정을 연구하는 것에 몰두해서 밤낮을 지하 납골당과 시체 안치소에서 보내게 되었다. 연약한 인간의 감정들이 견딜 수 없는 모든 대상에 내 관심을 집중했다. 인간의 멋진 형상이 어떻게 붕괴되고 훼손되는지를 보았으며, 활짝 생기 있게 피어 있던 뺨이 어떻게 죽음 때문에 부패하는지를 생생하게 보았다. 경이로운 눈과 뇌를 어떻게 구더기가 차지하는지도 보게 되었다. 생명에서 죽음으로, 그리고 죽음에서 생명으로 변화하는 과정에서 나타나는 인과 관계의 모든 상세한 사항들을 조사하고 분석하면서 잠시 숨을 돌렸다.(94-95)

시체들을 갖고 연구를 하는 과정에서 빅터는 인간의 육체를 보금자리 삼아서 벌어지는 탄생과 죽음, 그리고 또 다른 탄생으로 이어지는 영원히 끝나지 않을 생명의 드라마를 본다. 삶과 죽음, 아름다움과 더러움이 하나이며, 더함도 덜함도 없이 이어지는 드라마. 살아서 아름다웠던 육체는 생명이 끊어지면 부패하면서 벌레들의 밥이 된다. 인간의 관점에서 본다면 삶과 죽음, 그리고 아름다움과 더러움의 기준은 분명하다. 그러나 이런 기준은 인간중심의 관점을 벗어나면 완전히 달라진다. 살아있는 육체는 매순간 죽음을 향해서 나아가므로 삶 속에 죽음이 있다고 하겠으며, 죽어서 부패해가는 육체도 구더기에게는 생명을 이어가게 해주는 소중한 먹이가 되니 죽음 속에 삶이 있는 셈이다. 인간을 벗어난 차원에서 보면 삶이 곧 죽음이고, 죽음이 곧 삶이 되며, 썩어가는 시체 또한 아름답지도, 그렇다고 더럽지도 않다. 인간 이상의 능력을 얻기 위해서는 먼저 인간의 관점을 버려야 할 터이며, 빅터의 영혼은 썩어가는 시체를 보면서 신의 신비를 엿본다. 그는 드디어 '삶과 죽음이 관념 속에 존재하는 경계에 지나지 않음'(97)을 알았다고 말한다. 현상을 면밀히 관찰한 결과 그는 선과 악, 성스러운 것과 저속한 것, 아름다움과 더러움, 그리고 삶과 죽음이란 인간의 유한한 의식이 만들어낸 이분법임을 깨닫는다. 그는 탄생의 신비를 발견했다고 생각하였고, 자기 능력을 입증하기로 결심한다.

새로 얻은 능력에 대해 당연히 놀라움과 기쁨, 황홀함을 느끼지만, 이런 격정들이 가라앉으면서 두려움이 찾아온다. 그는 어떤 조직체부터 그의 능력을 발휘할지를 놓고 망설인다. 단순한 생물체부터 시작할 것인가. 아니면 곧바로 인간부터 시작할 것인가? 그는 인간을 선택한다. 그러나 처음부터 뭔가 불길한 조짐이 보인다. 인간의 육체는 그의 기술력에 합당한 대상이 아니라, 그의 욕망에 따라 선택된 대상이기 때문이다. 그리하여 사람들의 사지를 늘이거나 자르는 식으로 항상 사람들에게 꼭 맞는 침대를 제공했던 그리스 신화에 나오는 악당 프로크루스테스 Procrustes 처럼, 그는 인간을 선택한 후 인간 본연의 모습에 충실한 것이 아니라 자기 기술에 맞도록, 실험대상이 되는 신체를 거대하게 변형시킨다. 그의 기술력이 아직은 정교한 신체부위를 만들 정도는 아니었기 때문에 그는 '키가 8척 (약 2.4미터) 정도 되고 그것에 비례해서 몸집도 큰, 거대한 체격을 가진 존재'(97)를 만들기로 결심한다.

삶과 죽음은 관념에 지나지 않음을 알게 되었다고 자신하는 그에게 더 이상 성스러운 영역은 존재하지 않는다. 아마 그는 성聖과 속俗, 아름다움과 더러움은 밝지 못한 인간의 눈이 정한 경계에 불과하다고 확신했으리라. 그렇기 때문에 그는 '생명 없는 진흙에 생명을 부여하기 위해 살아 있는 동물을 괴롭히고,' '불경스러운 손가락으로 인간 신체의 엄청난 비밀들을 휘저어 놓기'(98-99)도 한다. 소설에서 이처럼 추상적으로 설명되는 부분을 영화적 상상력의 도움을 받아 생생하게 느껴볼 수 있다. 원작을 가장 충실하게 스크린에 재현했다고 평가받는 케네스 브래너Kenneth Branagh 감독의 1994년 작 「메리 셸리의 프랑켄슈타인Mary Shelley's Frankenstein」[59]은 소위 '남권주의적인 과학masculinist science'[60]에 대한 경고와 더불어 과학자의 빗나간 열정과 오만을 잘 보여준다. 영화에서 실험 재료를 모으러 다니는 빅터는 확고한 신념이 얼마나 쉽게 광기로 이동하는지, 그리고 현상의 법칙성을 완전히 이해했다고 자신하는 순간이 실제로는 깜깜한 암흑과도 같은 무지의 극치임을 보여준다. 시체에 도끼를 내리쳐서 다리를 절단하고, 죽은 스승의 머리를 가르고 뇌를 꺼내며, 출산이 임박한 임산부가 고통스럽게 쏟아낸 양수를 양동이에 받아들고 사라지는 빅터는 과학자라기보다는 비밀스럽고도 부정한 일을 도모하는 사람의 분위기를 발산한다. 그의 눈에는 광기가 번득이고, 그의 행동에는 삶과 죽음의 이분법을 넘어선 사람의 평정심보다는 뭔가

---

59 메리 셸리의 프랑켄슈타인Mary Shelley's Frankenstein, 1994년, 감독 케네스 브래너, 출연 로버트 드니로, 케네스 브래너, 헬레나 본햄 카터.

60 Walter James Miller, "The Future of *Frankenstein*" in Mary Shelley, *Frankenstein* (New York: Signet Classics, 1963), vi.

에 쫓기는 사람 특유의 초조와 열기가 감돈다.

스승인 발트만 박사의 두개골을 절개해서 뇌를 꺼내는 빅터.
케네스 브래너의 <메리 셸리의 프랑켄슈타인>.

소설에서도 빅터는 재료를 모으고 연구를 해나가는 과정에서 끔찍한 마음의 고통을 겪기도 하고, 매일 밤 미열에 시달린다. 이는 그의 행동에 대해 내부에서 저항의 목소리가 끊이지 않고 있음을 반증하며, 미처 소화시키지 못한 감정과 생각들이 무의식에 억압된 환영이 되어 나중에 그를 찾아올 것을 예고하는 부분이다. 그러나 그는 자기 내면의 목소리들에 귀를 기울이는 대신 광적인 충동으로 그것들을 잠재우면서 앞으로 나아간다. 한편으로는 자기의 행동이 생명에 대한 모독이자 신에 대한 불경임을 계속 느끼면서도 집요하게 자기의 욕망을 쫓는 것이다. 뭔가 그의 내면에서 이건 옳은 방법이 아니라고 외치는데도 불구하고 생명 창조의 신기원을 이룩하기 위해 그는 시체들 사이를 헤맨다. 그러나 과연 무엇을, 그리고 누구를 위한 생명의 창조인가? 이 부분에 대한 빅터의 성찰을 찾아보기란 힘들다. 신에게 도전하겠다는 순수하지 못한 동기, 살았든 죽었든 인간의 신체를 오로지 그의 욕망을 달성할 재료로만 보는 신성모독의 마음, 그 외에 세세한 부정한 생각들이 어우러져서 빅터는 내리치는 도끼 밑에서 시체의 비명을 들었을지도 모른다.

인간이 파우스트적인 무절제이든 혹은 돈에 대한 욕망에서이든, 자기 만족을 위해서 자연을 파괴시킬 때 비단 자연의 생명체들 뿐 아니라 궁극적으로는 인간 자신들까지도 파괴된다는 경고를 메리 셸리는 그의 소설에서 일관되게 하고 있다. 아울러 그녀는 빅터의 연구가 여자 없이 남자만으로 생명체를 탄생시키고 싶어 했던 남성들의 오랜 열망을 반영하고 있음을 말한다. 작가에 따르면 그는 '자연의 후미진 곳을 꿰뚫고 들어가서 자연이 그 은밀한 곳에서 어떻게 작용하는지'(88)를 알아내고자 한다. 빅터가 생명체를 만든다는 건 이중의 약탈을 전제로 한다. 하나는 탄생과 죽음을 주관했던 자연의 질서를 교란하는 것이고, 다른 하나는 어머니의 육체에서 태아를 떼어내는 것이다. 자연 상태에서 태아는 일정 기간을 어머니의 자궁 속에 있으면서 인류의 오랜 진화 과정을 열 달 동안에 축약시켜서 겪는다. 그러나 이런 엄청난 진화의 속도마저도 과학자들의 손에 의해 기술적으로 조정될 수 있으며, 심지어 자궁 밖에서 잉태에서 탄생에 이르기까지의 과정을 인공적으로 재현할 것을 과학자들을 기대한다.

브래너 감독의 영화에서 빅터의 아버지는 어머니의 자궁을 찢어서 아기를 꺼내며, 그의 아들 빅터는 인공 자궁을 연상케 하는 장치 속에서 피조물에게 생명을 부여한다. 소설에는 없는 장면이지만, 빅터의 어머니는 아들 윌리엄을 낳는 과정에서 어려움에 처한다. 빅터의 아버지는 소설에서처럼 제네바의 행정관이 아니라 의사로 등장하는데, 도저히 정상 분만을 하지 못할 듯하자 그녀는 남편에게 자기의 자궁을 찢고 아기를 꺼내라 말한다. 아버지는 그 말을 따라 아기를 꺼내고, 어머니는 비명을 지르며 죽는다. 피범벅이 된 어머니의 시체와 그 옆에서 역시 피 묻은 손으로 막 끄집어낸 아기를 쳐들고 있는 아버지의 모습은 어머니 자연을 무참히 헤집고 파괴하면서 진보를 이룩해 온 인류의 작업에 대한 상징이자 비판이다.

어머니의 자궁을 찢고 생명을 꺼내는 아버지.
<메리 셸리의 프랑켄슈타인>

이 장면은 상당히 충격적이며, 비평가에 따라서는 오랜 동안 인류를

지배해온 가부장적인 이데올로기를 단적으로 드러낸다고 해석할 수도 있다. 남자에게서 남자로 이어지는 가계와 종의 번식을 위해 스스로 절대적인 희생을 자청했던 여성들. 때로 여성들의 이런 자발적인 희생은 '모성의 신화'라는 이름 하에 비판되기도 했다.

물리적인 폭력을 가해서 생명을 쟁취하던 아버지의 시대가 지나 그 아들인 빅터의 시대에 이르면 가부장적인 이데올로기는 더 이상 그렇게 파괴적인 형태로 재현되지는 않는다. 대신 그것은 애초부터 어머니와 태아를 분리시키는 방식으로 이뤄진다. 빅터는 더 이상 자연을 파괴하는 것이 아니라 자연을 재창조한다. 아버지가 아들을 얻기 위해 여성의 자궁을 파괴시킬 수밖에 없었다면, 아들인 빅터는 인공 자궁을 만들어서 그의 아들을 얻고자 한다. 기술력을 통해 여성의 고유한 권한이었던 수태와 출산의 기능이 인간의 육체 밖으로 이동한다는 것은 인류의 역사에서 남자와 여자, 그리고 부모와 자식이 전혀 다른 관계에 놓이게 됨을 예고하는 사건이다. 빅터가 만든 인공 자궁은 기술적인 면에서 보면 원시적이지만 세부적인 내용을 살펴보면 상당히 구체적이다. 생명체의 탄생을 위해 마련된 원통형의 물체는 여자의 양수로 가득 차 있고, 아직 생명이 깃들지 않은 무감각한 피조물의 주위를 마치 정자를 연상시키는 모습으로 전기뱀장어들이 불꽃을 일으키며 공격한다. 아직 태어나지 않은 아들의 몸에 생명을 불어 넣는 건 전적으로 아버지의 몫이다. 탄생의 과정을 주관하는 아버지 과학자의 절대 권력은 실험관 위에 서있는 빅터의 모습으로 상징된다.

여성의 자궁을 연상시키는 탄생장치와 그 위에 서 있는 빅터.
<메리 셸리의 프랑케슈타인>.

브래너 감독이 재현한 인공 자궁은 몇 십 년 전부터 활발히 진행되어온 과학적 연구들에 대해 시사하는 바가 있다. 과학자나 의학자들은 태아나 산모 모두의 건강을 위해 인공 자궁의 필요성을 역설해 왔다. 1974년에 조지프 플레쳐Joseph Fletcher 교수는 '자궁은 어둡고 위험한 장소이며 해로운 환경을 가지고 있다. 아직 출생하지 않은 아기는 가능한 감시, 보호할 수 있는 장소에 있게 해야 한다.'[61] 고 주장한 바 있으며, 이후 과학자들은 아이가 자궁 내에 머무는 기간을 단축시키거나, 출생 전에 아이를 자궁 밖에서 생존하도록 액체를 채운 무균 인공 자궁을 진지하게 제안한 적도 있다.[62] 소설에서 빅터가 괴물을 창조하는 장면은 브래너 감독의 영화에서 현대의 과학과 연결지어서 좀 더 사실적으로 재현되었

61 제레미 리프킨, 『바이오테크 시대』, 68쪽에서 재인용.
62 위의 책, 71쪽에서 재인용.

으며, 인공 자궁을 둘러 싼 영화 속의 상상은 이제는 현실이 되었다. 상당수의 과학자들이 멀지 않은 미래에 인공 자궁 내에서 인간 복제물이 성장할 수 있으리라고 기대한다.[63] 여자를 사랑하지 않고도 아이를 갖겠다는 남자들의 백일몽적인 환상이 드디어 실현을 앞두고 있는 것이다. 만일 인공자궁이 현실화되어서 굳이 여성의 육체를 빌지 않고도 아기가 탄생될 수 있다면 그건 빅터와 같은 남성들의 오랜 열망이 성취되는 것일까, 아니면 생명마저도 주문 제작되는 시대를 예고하는 사건일까? 그리고 여성의 입장에서 그건 원죄로부터의 해방일까, 아니면 모성의 상실을 가져오게 될 것인가? 한 번 생각해볼 만한 일이다.

어쨌든 인공 자궁에 관한 연구들은 일관되게 생명 탄생의 과정을 모태와 분리시키는 데 주력한다. 이들 과학자들은 한 때 탄생의 신비로 간주되어 왔던 수태에서 출산에 이르는 과정을 완전히 기술의 통제하에 두고자 하며, 이렇듯 기술력에 의해 탄생되는 생명체는 더 이상 '모성'이 아니라 '과학자의 권력'과 연결된다.

> 새로운 종이 나를 자신의 창조자이자 존재의 근원으로 찬양할 것이다. 행복하고 뛰어난 여러 자연물들이 내 덕에 존재하게 될 것이다. 나만큼 완전하게 자식에게 감사를 요구할 자격을 갖춘 아버지는 아마 이 세상에 존재하지 않을 것이다.(97-98)

---

63 위의 책, 71쪽.

이러한 빅터의 말은 부권의 속성을 설명한다. 괴물은 어머니 없이 오로지 아버지만으로 태어난 존재이다. 빅터의 파우스트적인 열망은 드디어 자연의 질서를 넘어서 생명을 탄생시켰으며, 이 말은 여성의 출산 능력마저도 강탈한 남성중심주의적인 가치관의 선언으로 해석되어 왔다.

그러나 현대에 이르러 빅터의 선언은 생명의 잉태와 출산을 둘러싼 남자와 여자의 갈등에서 남성들의 승리를 대변한다기보다는 새로운 형태의 탄생과 새로운 형태의 부권, 혹은 모권을 예고하는 사건으로 간주될 것이다. 생물학적으로 여성의 육체를 벗어나서 이뤄지는 일체의 탄생들을 '인공 자궁'에서의 탄생으로 비유할 때 생명체를 대하는 태도나 부모와 자식간의 관계는 근본적으로 변화된다. 임신에서 출산에 이르기까지의 모든 과정을 관찰하고 통제할 수 있다면 인간의 욕망은 당연히 최상의 아이를 원하는 방향으로 흘러갈 것이다. 리 실버 교수는 『리메이킹 에덴』에서 인공적인 출산이 보편화될 때 유전적으로 보다 나은 아이를 갖기 위해 부모들은 시간과 돈을 아끼지 않을 것이며, 그 결과 인류는 더 이상 교배가 불가능한 두개의 전혀 다른 종으로 분리될지도 모른다는 미래 세계의 시나리오를 제시한다.[64] 매스컴에서도 주문 제작형 아기가 조만간 탄생되리라고 예측하는데, 이렇게 되면 드디어 생명에도 빈부의 격차가 존재하는 시대가 도래 하는 것이다.

---

64 리 실버, 『리메이킹 에덴』, 318쪽.

이 모두는 어쩌면 불확실한 미래를 두고 일어나는 황당한 공상일 수도 있고, 아니면 우리의 예상을 뒤엎고 더 빠른 시일 내에 현실이 될지도 모른다. 어느 경우든 확실한 사실은 과학의 손길이 점점 '자연의 은밀한 부분'까지 파고든다는 것이다. 기술력은 미세한 세포의 내부 구조를 넘어서 유전자의 설계도까지도 손에 넣었다. 생명의 탄생은 점점 제품의 생산과 유사해진다. 생산 못지않게 폐기도 간단해질 때 생명에 대한 경외심과 사랑은 과연 얼마나 보존될 수 있을까. 정작 중요한 문제는 세세한 기술적인 사항들이 아니라 생명을 향한 우리의 자세일 것이며, 생명 창조의 열쇠를 손에 쥔 빅터의 행동과 그로 인해 태어난 괴물의 고통은 바로 이런 맥락에서 진지하게 살펴볼 필요가 있다. 빅터는 생명의 창조라는 목표물을 향해 혼신의 힘을 다해 화살을 쏜다. 그는 자기 연구가 자기와 타인, 그리고 피조물에게까지 절대적인 도움이 되리라고 확신한다. 그러나 생명의 창조는 그의 생각만큼 간단하지 않았으며, 그 결과 벌어지는 상황들에 직면해서 빅터는 자신도 전혀 예상치 못했던 행동들을 하게 된다.

그 첫 번째로 빅터는 자기가 만든 피조물을 본 후 그를 버리고 도망친다. 혼자 남게 된 괴물은 자기의 추악한 외모, 그리고 아버지와 어머니의 부재로부터 그의 비극이 비롯되었다고 말한다. 인공적인 생명 탄생이 일반화되고, 원하는 때에 원하는 유전자를 지닌 아기를 품에 안게 될 시대에 인류도 이런 비정한 과정이 발생할 확률이 높다. 빅터의 무책임한 행동은 괴물의 눈에는 '생명을 갖고 친 장난'[65]에 불과해 보이며, 합당한 보상을 하지 않는 한 그는 빅터와 주변 인물들에게 자기가 겪은 이상으로 고통을 주겠다고 다짐한다. 현대의 과학은 기술적인 면에서는 엄청나게 빠른 속도로 진보하고 있지만 그것이 도달하게 될 지점에 대해서는 그 누구도 분명히 모른다. 바로 그렇기 때문에 우리는 창조주나 부모의 입장에서든, 혹은 탄생되는 생명체의 입장에서든, 그 존재의 의미나 과학 연구의 목적에 대해 심사숙고할 필요가 있다. 자칫 과학 연구들로 인해서 생명 경시 풍조가 가속화되면, 정작 삶에서 지켜야할 중요한 가치들이 훼손될 수 있기 때문이다.

과녁에서 빗나간 화살[66]

마침내 '11월의 어느 음울한 밤'으로 시작되는 소설의 유명한 구절이 나오고, 그 날은 빅터가 생명체를 완성한 날로 기록된다. 죽은 사람들의 조각들은 조합되어 다시 살아났지만 그 모습은 너무나 추악하다. 애초의 그의 의도에서 완전히 빗나간 형상으로 완성된 피조물을 프랑켄슈타인은 '대재앙'이라는 말로 요약한다.

그의 모습을 아름답게 만들기 위해 재료들을 엄선했는데, 누가 이 모습을

65 괴물이 빅터에게 한 말, 메리 셸리, 『프랑켄슈타인』, 165쪽.

66 하마르티아hamartia는 '빗나간 화살'이라는 뜻으로서, 선한 의도와는 달리 파국적인 결말을 가져오는 비극적 오류를 의미한다.

아름답다고 하겠는가? 맙소사! 그의 누런 피부 밑으로는 근육과 그 밑의 혈관들이 다 보일 지경이었고 윤기 나는 검은 머리칼은 길게 늘어져 있었다. 이는 진주처럼 희었다. 그러나 이 멋진 이는 희끗희끗한 암갈색 눈자위와 거의 같은 색깔의 눈물 어린 눈, 주름진 얼굴, 일직선을 이루고 있는 검은 입술과 더 끔찍한 대조를 이룰 뿐이었다.(102-103)

보통의 인간보다 비정상적인 몸체이기는 해도 빅터가 애초에 의도했던 대로 아름답게만 완성되었다면 어쩌면 큰 문제는 없었을지도 모르겠다. 그러나 그의 완성품은 몸체만 비정상적으로 클 뿐 아니라 추악한 외모를 지녔다. 『프랑켄슈타인』은 영화 매체가 출현한 이래 지금까지 가장 많이 영화화된 소설로 유명하다. 전 세계적으로 200 여 편이 넘는 영화들이 제작되었는데, 원래의 줄거리나 등장인물들, 스토리 전개

가장 유명한 괴물의 모습. 보리스 칼로프 분장.

라든가 결말에서 또 이들 영화들만큼 원작을 다양하게 변형시킨 예를 찾기도 힘들 것이다. 「프랑켄슈타인」 영화들의 원조라고 간주될 만한 훼일 감독은 주인공 빅터의 이름을 친구의 이름인 헨리Henry로 바꿔서 헨리 프랑켄슈타인을 주인공으로 한 시리즈를 제작하였고, 우리가 '프랑켄슈타인' 하면 떠올리는, 납작한 머리, 게슴츠레한 눈에 목에 나사가 박힌 괴물도 이 때 출현했다.

빅터의 직업도 과학자에서 성형수술을 하는 의사[67]에 이르기까지 다양하고, 소설에서는 완성 이전에 빅터의 손에 죽어버린 괴물의 아내가 영화에서는 기괴하면서도 아름다운 모습으로 등장하기도 한다. 브래너 감독의 영화에서 로버트 드 니로Robert De Niro의 괴물 분장은 기존의

'짜 맞춰진 조각들'을 강조한 로버트 드 니로의 분장.

---

67 프랑켄슈타인이 여자를 창조하다Frankenstein Created Woman, 1967년, 감독 데렌스 피셔, 출연 파터 키싱, 수잔 덴버그, 흉측한 외모의 여성에게 죽은 연인의 영혼을 이식시키고, 성형수술을 통해 외모를 아름답게 만드는 과정이 나온다.

괴물들과는 상당히 다르다. 감독은 분장사에게 딱 한 가지, '각기 다른 사람들의 신체로 구성된 사람'의 분위기만을 요청했다고 한다.[68]

괴물에 대한 상상은 오랫동안 사람들의 마음을 사로잡아왔다. 빅터가 창조한 괴물이 그로테스크한 신체를 지니지 않았더라면 과연 사람들의 호기심을 그토록 자극했을지는 의문이며, 시각적인 면이 강조되는 영화의 특성상 괴물의 신체적 특징은 영화의 흥행을 보장하는 요소라고 할 수 있다. 미셸 푸코Michel Foucault는 괴물의 특징은 '보여 진다'는데 있다고 지적한다.[69] 주제와 관련해서 괴물의 기괴한 신체는 중요한 역할을 한다. 괴물은 '보여 지고' 사람들은 거기에 반응한다. 그 흉측함에 놀라서 자기의 마음을 미처 수습할 여유도 없이 반사적으로 사람들이 보이는 반응에는 그들의 본능이 적나라하게 드러난다. 괴물에 대한 반응을 통해 알 수 있는 건 인간은 낯선 것을 보면 두려움에 질리고, 마음이 아닌 외모로 상대를 판단한다.[70]는 사실이다. 이 경우 두려움 때문에 하는 행동들은 평소에는 전혀 몰랐던 또 다른 자기의 모습이라고 할 수 있는데, 이를테면 괴물의 기괴한 신체는 그것을 보는 사람들의 마음 속 깊이에 숨어 있는, 그들 자신의 추악한 마음을 이끌어내는 계기가 된다. 괴물의 추악한 신체는 사람들 내면의 악한 마음과 상응한다.

사악한 마음일수록 깊이 숨어있기 때문에 그 마음의 주인조차도

---

68 Caroline Joan Picart. *The Cinematic Rebirths of Frankenstein; Universal, Hammer, and beyond.* (Westport: Praeger Publishers, 2001), 172쪽에서 재인용.

69 크리스 발딕Chris Baldick. "The Politics of Monstrosity." *Contemporary Critical Essays.* Ed. Fred Botting. (London: MacMillan Press, Ltd.,1995), 48쪽에서 재인용.

70 월터 제임스 밀러Walter James Miller, "프랑켄슈타인의 미래The Future of Frankenstein,"

그것의 실체를 모르는 경우가 대부분이며, 그래서 진실은 그 추악함으로 인해 그걸 본 사람을 모두 돌로 만들어 버리는 괴물인 고르곤Gorgon의 얼굴을 닮았다고들 한다. 괴물은 빅터가 상상했던 '행복하고 뛰어난 여러 자연물'과는 거리가 멀다. 그토록 정성껏 모은 재료들로 심혈을 기울여서 만든 그의 아들은 추악한 형상을 하고 있는 것이다. 빅터는 괴물을 본 즉시 도망친다. 자기가 저지른 일의 결과를 보면서 그는 마음의 충격을 감당하지 못한다. 그는 생명체를 창조할 정도의 기술력이 있건만 그 결과를 포용할 마음의 태세는 전혀 갖추지 못했다. 이것이 빅터의 진실이다. 그러나 빅터 만이 이런 반응을 보이는 건 아니다. 빅터에게 버림 받고 괴물은 홀로 낯선 사람들 사이를 여행하면서 여러 고통스런 일들을 겪는데, 그걸 보면 인간이 생각만큼 그렇게 이성적인 존재도 아니고, 극히 충동적이며, 자기중심적이고, 육체를 넘어서 마음을 보는 능력이 거의 없다는 사실을 알 수 있다. 기술력은 진보하는데 인간의 의식은 그것을 따라잡지 못할 때 비극이 일어난다. 괴물은 이를테면 실험실에서 창조되어서 자연 생태계에 방출된 새로운 생명체이다. 그런데 사람들은 자기들과는 다른 생김새, 즉 괴물의 추악한 모습만을 보고 그 마음도 사악하리라고 단정 지으며 괴물을 공격한다.

가장 멋있어 보이는 한 집의 문에 발을 들여놓자마자 아이들이 비명을 질러 댔고, 한 여자는 기절하는 소동이 벌어졌습니다. 온 마을이 벌컥 뒤집혔습니다. 어떤 사람은 도망을 쳤고 어떤 사람은 내게 공격을 가했습니다. 결국 돌과 그 외 다양한 종류의 날아오는 무기들 때문에 심한 상처를 입은

나는 넓은 들로 도망친 다음 겁에 질려서 낮은 헛간에 숨었습니다.(175)

이런 일은 되풀이 된다. 괴물은 단 한 번도 따뜻한 대접을 받지 못한다. 그는 선한 의도로 행동하지만 그에 대한 보답은 늘 살해의 위협이다. 절벽에서 계곡 물에 떨어진 소녀를 구해 주고 보살피는 괴물을 보자 마을의 농부는 다짜고짜 총을 쏜다. 따뜻한 인품을 지녔으며, 가족들끼리 서로 사랑하고 배려한다고 생각되는 사람들도 예외는 아니다. 괴물은 프랑스에서 추방된 드 레이시De Lacy 일가가 살아가는 모습에 매료되어서 그들과 가까워지고 싶어 한다. 괴물은 몸을 숨긴 채 온갖 허드렛일을 대신하면서 그들에게 자기의 정체를 드러낼 시간을 기다린다. 이윽고 때가 되었다고 생각한 괴물은 펠릭스Felix와 그의 여동생, 그리고 그의 아내인 사피Safie가 산책을 떠난 사이에 그들의 눈 먼 아버지에게 모습을 드러낸다. 그가 눈이 멀었기 때문에 자기의 외모가 아니라 마음을 봐줄 것을 기대하면서 그는 눈 먼 노인의 손을 잡고 눈물로 자기의 처지를 하소연한다. 괴물의 전략은 일단 성공한 듯이 보인다. 노인은 괴물의 얼굴을 쓰다듬으며 그 추악함을 알면서도, 그로 인해 괴물이 겪었을 고통을 위로하는 말을 건넨다. 마침 그 때 외출에서 돌아온 펠릭스는 그 광경을 보고 단숨에 달려와 괴물을 아버지에게서 떼어내고, 그를 두들겨 팬다. 괴물의 말처럼 사람들은 '따뜻한 정과 친절한 우정을 보지 못하고 괴물 같은 흉측한 외모만을 본다.'(215)

흥분한 군중에게 쫓기는 괴물.
사람들의 폭력은 괴물의 내면에 자리한 광기를 이끌어낸다.
<메리 셸리의 프랑켄슈타인>.

괴물의 육체는 빅터의 영광과 치욕을 동시에 드러낸다. 그는 뛰어난 지식과 기술을 동원해서 생명체를 창조했지만 그 결과 탄생된 것은 신의 창조물인 아담과는 거리가 멀었다. 괴물은 울부짖는다. "저주받은 창조자여! 당신은 무엇 하려고 당신 자신조차도 역겨워서 등을 돌릴 그런 흉측한 괴물을 만들었습니까?"(215) 그가 내민 호의의 손길이 계속 거절당하자 괴물은 자기도 악마로 변해서 사람들에게 고통을 주리라고 결심한다. 이어지는 괴물의 불행을 전적으로 그를 만들고 버린 빅터나 그에게 돌을 던진 낯선 사람들의 탓으로만 돌릴 수도 없다. 이를테면 그들의 행위는 괴물의 내면에 잠재한 악마성을 발아시키는 토양일 따름이다. 사람들의 폭력과 비이성적인 태도는 괴물 속에 마찬가지로 잠재한 폭력성을 일깨우며, 인간과 괴물이 서로를 파괴하는 비극적인 움직임이 시작된다. SF 철학의 작가 마크 롤랜즈는 말한다.

누군가에 대해 알아내고 싶다면, 진정으로 그 사람을 움직이는 것이 무엇인지 알고 싶다면, '당신이 어떤 사람인지 말해 달라'고 해선 안 된다. 사람들은 스스로 깨닫지도 못한 채 자신에 대해 꾸며대기 마련이므로, 당신은 그에게 '세상에 대해 말해 달라'고 해야 한다. 그가 보고 있는 세상이야말로 그 자신을 반영하는 것이고, 그런 이야기를 통해 진정한 그를 발견할 수 있기 때문이다. 훌륭한 SF 이야기 속에서 괴물과 맞닥뜨리는 순간 우리가 대면하는 것은 바로 우리 자신의 모습이다.[71]

소녀는 괴물 속에서 친구를 본다. 제임스 훼일 감독.

괴물과 인간은 서로를 비추는 거울이다. 괴물은 빅터에게 자기를 창조한 뜻과 그에 대한 책임을 묻지만 죽는 순간까지 빅터는 일관되게

71 마크 롤랜즈, 『SF 철학』, 조동섭, 한선희 외 옮김. (북새통, 2005), 9쪽.

괴물의 존재를 부정한다. 괴물은 그의 의도에서 엄청나게 벗어난 실패작에 불과하다. 창조주로서 빅터가 끝까지 자기를 인정해주지 않고 책임을 지려고 하지 않으므로 괴물의 분노는 더욱 커지며, 무고한 희생자도 늘어난다. 생명 창조를 둘러싼 이런 문학적 성찰로부터 현대의 과학은 어떤 지혜를 얻어낼 수 있을까?

예를 들어 1973년 DNA 재조합 기술이 발견된 이래 과학자들은 다양한 유전자 조작 식품과 생물체를 만들어 왔다. 그 결과 제초제에 내성이 있는 작물, 냉해에 강한 심해어류인 농어의 유전자를 이식한 딸기, 인간의 유전자가 이식된 쥐, 인공 장기를 생산해내는 돼지처럼 식물과 동물의 경계를 무너뜨리는 새로운 종種이 계속 출현했다. 미국의 외교전문지 포린 폴리시Foreign Policy에 따르면 인간유전자를 이식하여 모유 단백질을 생산하도록 유전자 합성된 벼가 "당신이 놓친 올해(2007년)의 10대 뉴스에 선정되기도 했다.[72]

이런 것들은 창조의 혁명일까 아니면 혼란과 파국의 서막일까? 그에 대한 분명한 대답은 아직 모른다. 현대의 생명 공학을 비판적인 시선으로 바라보는 사람들은 세계 각국에서 수집한 유전자 풀에서 임의로 유전자를 조작해서 그럴듯한 결과물을 기대하면서 실험을 한 예는 역사상 그 어느 때도 없다고 지적한다. 이러한 실험들은 자연 전체를 대상으로 삼아 무작위적으로 이뤄진다. 지금도 그렇지만 앞으로는 더욱 더 자연계

72 http://news.chosun.com/site/data/html_dir/2007/12/20.

에는 존재하지 않는 다양한 변종 생물체들이 무분별하게 만들어질 것이며 생명 많은 학자들이 그 자체는 특허권이 부여되거나 판매되는 상품이 될 것이라고 우려한다.

> 우리는 화학자의 시각으로 생물을 보기 시작한다. 유기체나 종은 이제 더 이상 우리의 주의나 관심을 끌지 못한다. 이제 우리는 생물의 설계도를 구성하는 수많은 화학적 유전 정보 요소들에 점점 더 관심을 집중한다. 우리는 바로 그 생물 유기체의 화학적 설계도를 분류, 저장, 조작할 수 있는 새로운 능력을 가지고, 자연계 만물의 질서 체계 속에서 새로운 역할을 떠맡는다. 역사상 처음으로 우리는 생물 그 자체의 설계자가 된다.[73]

빅터의 연구는 오늘날 과학의 이름으로 보다 분명한 목적 하에, 보다 정교하고 체계적이며 대규모로 전개된다. 과학적인 연구가 단지 과학의 분야에만 머물지 않고 정치나 경제, 사회적인 질서들과 복합적으로 맞물린 현대 사회에서 더 이상 가시적인 괴물은 존재하지 않는다. 거대기업은 권력을 통해 그 실체를 사람들에게서 숨기고, 소비자들은 눈앞의 편리와 풍요를 선택하면서 그 위험을 외면하기 때문이다. 소설에서 한 과학자의 무모한 야심은 괴물의 모습으로 나타나고, 그것은 사람들에게 공포를 불러일으키지만 현대의 피조물들은 편리, 이익, 건강과 효율성과 같은 선한 모습으로 사람들에게 다가온다. 변종 생물체들이 생태계로

---

73 제레미 리프킨, 『바이오테크 시대』, 42쪽.

방출될 때의 위험은 늘 경고되고 있지만 그것들이 얼마나 자연의 질서를 위협할지는 아무도 정확하게 알지 못하며, 알게 모르게 소비자의 식탁을 점령한 유전자 조작 식품들이 건강에 얼마나 악영향을 미칠지도 미지수이다. 다국적 기업들이 만든 농약에 내성을 지닌 유전자 조작 씨앗들이 성장기에 독성을 축적하면서 수확된다는 사실은 이미 잘 알려져 있다.

소설에서 빅터는 자기가 설계한 생명체를 실패작으로 간주해서 방치하고, 괴물은 집요하게 그의 창조주를 찾아온다. 괴물은 마치 부메랑처럼 그것을 던진 사람에게 다시 돌아오지만, 그 비행의 궤적에 놓인 모든 사람들 역시 날카로운 칼날에 희생된다. 이 경우 살인의 주체를 과학자라고 할 것인가, 괴물이라고 할 것인가. 아니면 상황에 연루된 모든 사람들이라고 할 것인가. 빅터의 욕망은 괴물을 낳고, 괴물의 존재는 사람들의 마음속에 자리한 무분별한 광기를 일깨우며, 그것은 다시 괴물의 분노를 자극해서 모두를 파멸로 몰아간다. 파괴하는 자와 파괴당하는 자, 선한 자와 악한 자가 따로 존재하는 것이 아니라 저마다 내면에 갖고 있는 파괴와 분노의 씨앗이 적절한 상황을 만나 발아되어 열매를 맺을 뿐이다. 현대의 과학자들과 그들의 창조물, 그리고 그것을 소비하는 사람들에게도 동일한 인과관계를 적용할 수 있을 것이다. 사람들의 욕망은 과거보다 은밀한 방식으로 괴물을 만들고 또 불러들인다. 창조자를 향한 괴물의 물음은 비단 빅터 뿐 아니라 오늘날 생명 창조에 매진하고 있는 모든 과학도들에게도 과제로 남는다. 200여 년 전의 빅터와 괴물의 비극은 인간의 욕망이 존재하는 한 결코 완료되지 않고, 현재진행형으로 계속될 것이기 때문이다.

우리 속에 자리한 괴물성

신화와 문학, 그리고 역사적 사실들은 프로메테우스적인 무절제가 인간의 본성임을 일깨워준다. 인간은 끊임없이 인간의 한계를 벗어나 신의 영역으로 들어가기를 욕망하기 때문에 인간이라는 것이다. 프로메테우스적인 욕망이 인간의 근본적인 특질이라면 우리는 그것을 제거하려는 무익한 시도를 하기 보다는 그것을 효율적으로 다루는 법을 배워야 할 것이다. 해롤드 블룸Harold Bloom은 프랑켄슈타인의 비극은 그의 프로메테우스적인 무절제에서 생겨난 것이 아니라, 사랑에 실패하는 그의 도덕적 오류his own moral error, his failure to love에서 생겨난다고 지적한다.[74] 블룸교수의 이런 견해는 비극의 원인을 빅터의 야심 그 자체가 아니라, '자신의 피조물을 혐오하고 공포에 사로잡혀서 책임으로부터 도망[75]친 것'에서 찾는다. 이런 지적은 오늘날 생명 공학을 둘러싸고 벌어지는 논쟁에 하나의 해결책을 제시한다. 유전자 조작 생명체 연구를 찬성하는 학자들은 과학의 힘으로 멸종위기의 동식물을 복원할 수 있거나 인공장기의 생산을 통해 많은 목숨을 구할 수 있는데도 언제까지

---

74 하올드 블룸Harold Bloom, "후기Afterward", Mary Shelley's *Frankenstein*, 204쪽.
75 위의 책, 204쪽.

소모적인 논쟁으로 과학의 진보를 막을 것이냐고 반문한다. 이런 경우 블룸의 지적처럼 논의의 초점을 창조자로서의 책임의 문제로 옮긴다면 생명 연구를 둘러싼 논쟁은 한 단계 진보할 것이다.

빅터가 실험을 시작하면서 모든 인간관계를 단절하는데서 그 조짐이 보이기는 하지만, 괴물을 버리고 난 후 빅터의 행적은 그의 윤리적이며 도덕적인 오류를 여실히 보여준다. 그는 괴물의 추악한 외모 때문에 도망친 듯이 말하지만, 타인을 향한 그의 사랑과 책임감이 시험대에 오르는 건 비단 이 경우 뿐만은 아니다. 괴물이 아름답게 창조되었다면 빅터는 과연 괴물을 사랑했으며, 생명 창조의 드라마가 비극이 아닌 희극으로 대단원의 막을 내렸을까. 그럴 것 같지는 않다. 빅터의 비극을 불러온 씨앗은 괴물의 추악한 모습에 있는 것이 아니라 바로 그의 내면에 도사리고 있기 때문이다. 빅터의 '도덕적 오류'를 하나씩 살펴보기로 하자. 괴물을 실험실에 버려둔 채 그는 넋이 나가서 거리를 방황하다가 우연히 친구 클레르발Clerval을 만나서 하숙집으로 돌아온다. 그 즉시 병이 난 빅터는 몇 달 동안을 친구의 극진한 간호를 받고 회복이 된 후, 그와 함께 고향집으로 향한다.

빅터에게 버림받고 방황하던 중 우연히 자기의 탄생의 기록을 보게 된 괴물은 한편으로는 자기를 한낱 실험의 대상으로 삼은 빅터에 대한 분노로, 다른 한편으로는 아무런 이유 없이 자기에게 위해를 가하는 사람들에 대한 적개심으로 인해 사람들에게 복수를 다짐한다. 이후 괴물은 빅터의 주변 인물들을 차례로 살해한다. 숲 속에서 우연히 빅터의 동생인 윌리엄을 만나서 그 아이가 빅터의 동생이라는 사실을 알자 괴물은 그의 목을 졸라서 죽인다. 그 다음에는 사라진 윌리엄William을 찾다가 헛간에서 살짝 잠이 든 하녀 저스틴Justine의 주머니에 윌리엄이 갖고 있던 목걸이를 집어넣어 그녀를 윌리엄의 살해범으로 몰아서 교수형을 당하게 만든다. 괴물의 광기와 분노는 여기에 그치지 않는다. 빅터가 자기의 짝을 거의 다 만들었다가 다시 파괴해버리자 괴물은 분노와 절망감에서 빅터의 친구 클레르발을 죽이고, 마지막으로 빅터의 결혼식 날 밤에 엘리자베스를 죽인다.

맨 처음 윌리엄이 살해되었을 때부터 빅터는 그것이 괴물의 소행임을 직감한다. 그러나 그는 자기가 괴물을 둘러싼 사실을 말하더라도 아무도 그를 믿어주지 않으리라는 명분을 내세워서 입을 다문다. 이런 그의 태도는 이어지는 저스틴과 친구의 죽음에도 변화하지 않는다. 그는 자신의 연구와 괴물의 정체, 사건의 전말에 대해 침묵하며, 그 결과 괴물의 연쇄 살인을 방조하는 꼴이 된다. 엘리자베스가 죽고 나서야 그는 진지하게 자기의 연구와 괴물의 정체에 대해 말하지만 이미 모든 살인은 행해진 다음이었다. 그는 항상 가족과 친구들을 보호해야 한다는 생각에 불타지만 그것을 실행에 옮길 구체적인 행동은 하지 않는다. 그의 생각은 원대했지만 실제 행동은 그것에 크게 못 미치는 것이었는데, 이런 자기 괴리는 그의 행적에 일관되게 드러난다. 괴물을 버리고 나서 빅터가 겪는 일련의 사건들은 비단 괴물 뿐 아니라 가족과 친구도 사랑하지 못하는 빅터의 현주소를 있는 그대로 보여준다.

빅터는 괴물을 포용할 마음의 능력도 없고, 무고한 사람들의 희생을 막기 위해 그 자신의 잘못을 드러낼 용기도 없다. 비단 괴물 뿐 아니라 그는 다른 사람에 대해서도 '사랑에 실패하는 도덕적 오류'를 범한다. 그러나 보는 사람으로 하여금 소름이 돋게 하는 괴물을 과연 어떻게 사랑할 수 있을까. 괴물을 본 즉시 그는 자기의 기술력의 한계를 절감하고, 타인의 의지에 의해 세상에 던져진 불쌍한 피조물을 껴안았어야 했을까. 그런데 그토록 추악한 괴물을 선뜻 사랑할 수 있는 사람이 과연 몇이나 될까. 소설에서 보자면 빅터 뿐만 아니라 그 어떤 사람도 괴물을 사랑하지는 못한다. 하기야 엘리자베스를 향한 빅터의 사랑도 과연 진심일까 의심이 드는 정도이니까 그가 괴물을 사랑하지 못하는 것도 어찌 보면 당연해 보인다. 하지만 소설의 마지막에 빅터의 시체 앞에서 괴물은 슬피 울며 그가 '관대하고 헌신적인 존재'(340)였다고 고백한다. 빅터는 꿈에서 엘리자베스의 죽음과 어머니의 시신이 부패되는 광경을 목격하는데 여기에는 뭔가 평범한 사람들의 의식을 뛰어넘는 요소들이 있다. 앞서 말했듯이 괴물을 처음 본 순간 그는 그 추악함에 질려서 자기 방으로 돌아오고, 잠시 방안을 서성이다가 잠이 든다.

> 사실 잠이 살짝 들었지만 악몽 때문에 다시 깨고 말았다. 아주 건강한 모습의 엘리자베스가 잉골슈타트 거리를 걷고 있는 것 같았다. 한편으로는 기쁘고 한편으로는 놀라서 그녀를 껴안고 입을 맞추자 그녀의 입술이 검푸르게 죽음의 색깔로 변했다. 엘리자베스의 모습이 바뀌는 듯 하더니 죽은 어머니의 시체가 내 품에 안겨 있었다. 어머니의 몸은 수의에 싸여 있었는데

옷자락 사이로 구더기들이 기어 다녔다. 나는 깜짝 놀라 잠에서 깨어났다.(103)

그의 꿈에는 괴물을 만들 재료들을 찾기 위해 시체안치소를 드나들던 당시의 체험이 반영되어 있다. 그가 썩어가는 타인의 신체에서 목격했던 광경들이 이제는 사랑하는 여자와 어머니의 신체에서 벌어지는 것이다. 잘 알려져 있듯이 꿈은 인간의 무의식의 드러남이며, 대부분의 비평가들은 이 꿈을 그의 무의식이 의식에 보내는 경고, 즉 괴물이 엘리자베스를 죽일 것을 예감한다든가, 아니면 잠재해있던 그의 여성혐오가 구체적으로 드러나는 순간이라고 해석한다.[76]

꿈은 그야말로 의식의 그물망에는 걸리지 않는 무의식적인 환상들의 집합체이므로 자기도 모르고 있었던 또 다른 자기의 모습들을 일깨워준다. 비단 빅터 뿐만이 아니라 인간은 모순적인 존재이기 때문에 때로는 사랑하는 사람의 죽음을 꿈꾸기도 한다. 빅터에게는 엘리자베스를 사랑하는 자기도 있고, 다른 한편에서는 그녀의 죽음을 꿈꾸는 또 다른 자기도 있는 것이다. 그런데 빅터는 왜 평소에 그토록 사랑했던 엘리자베스가 죽기를 바라는 것일까. 그 이유들 중의 하나로 아마 현실에서는

---

76 그리스 비극작가 에우리피데스Euripides의 『메디아』 *Medea*에는 이아손Jason이 이렇게 외치는 부분이 나온다. 아이들이 다른 식으로 만들어질 수만 있다면/여자들 없이 말이야! 여자들만 없다면/인생에서 모든 불행은 사라질텐데! 아리스토텔레스와 토마스 아퀴나스 역시 여자들이 생식 과정에 거의 간여하지 않는다고 증명한 예들과 관련시키면서, 월터 제임스 밀러Wlater James Miller는 엘리자베스의 죽음에 대한 몽상을 통해 작가는 빅터의 여성혐오를 드러내려 했다고 지적한다. Walter James Miller, “The Future of *Frankenstein*”, xv.

괴물로부터 도망쳤지만 그의 마음속 깊은 곳에서는 드디어 자기 힘으로 생명체를 탄생시켰다는 기쁨이 솟구쳤을지도 모른다. 그래서 남자 혼자서 아이를 만들고 싶다는, 인류의 역사만큼이나 오래된 남성의 동경이 여성의 죽음으로 왜곡되어 표현된 것일 수도 있다.

빅터가 엘리자베스와 어머니에 대한 악몽을 꾼 시점은 괴물과 첫 대면을 한 직후이다 연속적으로 일어나는 이 두 사건은 현실에서는 아무런 연관이 없어 보이는 괴물과 엘리자베스, 그리고 어머니가 그의 무의식 속에서는 인과관계로 연관되어 있음을 암시한다. 죽음의 색깔로 변한 엘리자베스의 입술, 구더기가 기어 다니는 어머니의 수의들이 바로 연결고리가 될 것이다. 빅터는 한 때 구더기가 들끓는 시체 더미를 헤집고 다녔으며, 그 결과물이 바로 괴물이다. 괴물은 죽음에서 탄생된 생명체이며, 이제 그 과정을 역행해서 빅터는 살아있는 엘리자베스에게서 죽음을 본다. 앞서 빅터는 삶과 죽음의 경계는 관념에 불과하다는 사실을 깨달았다고 말한 바 있으며, 그런 맥락에서 엘리자베스에게서 나타난 죽음의 모습은 그의 깨달음을 완벽하게 마무리하는 것이라고 볼 수 있다. 괴물은 죽음에서 삶으로, 그리고 엘리자베스는 삶에서 죽음으로 이행하지만 그 어느 것도 절대적인 실체는 아니다.

그러나 현실에서 괴물의 추악한 모습에 공포를 느끼며 도망쳤듯이, 빅터는 꿈에서 본 엘리자베스와 어머니의 모습에서도 역시 도망친다. 그는 깜짝 놀라며 잠에서 깬다. 괴물의 탄생을 통해서 반쪽만 보여진 삶과 죽음의 텍스트는 엘리자베스의 죽음의 영상을 통해 완전해지지만 빅터는 두려움에 질려서 그 의미를 살펴보려고 하지 않는다. 엘리자베스가 등장한 꿈이라는 공간은 사실과 환상이 붕괴되는 공간이다. 그리고 괴물이 탄생된 실험실이라는 공간 또한 현실과 유리된 특별한 공간이었다. 그러나 이들 공간과 달리 사람들이 사는 세상에는 삶과 죽음, 아름다움과 더러움의 경계는 확고하다. 괴물은 추악하고, 살아있는 엘리자베스는 아름답다. 이런 절대적인 경계들은 빅터의 꿈속에서 허물어지며 뒤엉킨다. 현실의 기준에서 볼 때 빅터의 꿈은 극히 비합리적이며, 알 수 없는 것이지만, 다른 차원에서 보자면 궁극적인 진실을 일깨우는 내면의 목소리이다. 그러나 빅터는 자기의 꿈이 전달하는 메시지를 무시한다. 마치 그가 괴물을 보고 뒷걸음질 쳤듯이 말이다.

비유적으로 표현하자면 괴물은 그가 관념적으로 터득한 진리, 즉 삶과 죽음은 하나이며, 아름다움과 더러움은 다르지 않다는 진실이 각인된 텍스트이다. 괴물이 창조된 순간 빅터는 그 텍스트의 의미의 절반을 해독한 것이다. 괴물은 빅터가 주관한 창조의 과정에서 한 단계의 완성물일 뿐, 빅터의 창조는 아직 목적지에 도달한 것은 아니다. 이렇게 본다면 괴물은 절대로 그의 실패작이 아니다. 빅터가 거쳐야 했을 다음 단계는 텍스트의 나머지 절반을 해독하는 과정, 즉 그가 터득한 관념적 깨달음을 괴물의 추악함을 통해서 자기의 것으로 내면화하는 작업이었을 것이다. 그러나 이 단계를 빅터는 거부한다. 이렇게 본다면 블룸이 지적한 '사랑에 실패하는 도덕적 오류'라는 표현에는 약간의 정정이 필요하다. 빅터의 오류는 괴물을 사랑하지 못한 것이 아니라, 이미 자기가 괴물을 사랑할 수 있다고 착각한 데 있을 것이다. 신이 아닌 이상 모든 환자들을 죽음의 손길에서 빼낼 수는 없는 것이고, 또 신이 아닌 이상 하나같이 아름다운 생명체를 탄생시킬 능력은 인간에게는 없다. 환자의 죽음에 대한 지나친 죄의식과 자책감은 의사들이 갖는 신 콤플렉스God Complex라는 경고도 있듯이, 괴물을 보고 난 후의 빅터의 경악, 혐오감이나 괴물에 대한 무책임과 증오 역시 이런 신 콤플렉스의 또 다른 측면일 것이다.

생명 창조를 통해 새로운 종의 완벽한 아버지가 되겠다는 빅터의 욕망은 괴물의 실제 모습을 보고서도 사라지지 않는다. 그는 신으로서 창조하고, 신으로서 괴로워한다. '사랑에 실패하는 도덕적 오류'는 단순히 빅터가 괴물이나 다른 사람들을 사랑하지 못했다는 의미는 아니다. 빅터의 오류는 사랑이든 생명체의 창조이든 그것은 목표이지, 현재 자기의 능력은 아니라는 사실을 인정하지 않은데 있다. 이런 괴리를 보지 못하는 한 그는 생명의 창조에서든, 아니면 사랑을 하는 문제에서든, 늘 실패할 수밖에 없다. 목적지를 향해 나아가려는 의지가 있는 사람에게는 매 순간이 선택의 문제이지만, 이미 목적지에 도달했다고 생각하는 사람에게 더 나아갈 길은 없기 때문이다. 이렇게 본다면 빅터의 비극적인 오류는 궁극적으로는 그 자신에 대한 무지에 있다. 그는 이미 자신을 창조주로 보고 있고, 사랑을 할 수 있는 존재로 보기 때문이다.

진정한 창조자가 된다는 것은 기술력과 더불어 사랑과 같은 정신적인 능력도 함께 완성되는 것을 뜻한다. 이는 모든 사람들에게 적용되는 말이겠지만 특히 창조의 능력과 파괴의 능력이 정비례하는 빅터와 같은 과학자들에게는 더욱 절실한 의미를 갖는다고 하겠다. 마치 구더기가 들끓는 시체에서 삶이 비롯되듯이 진정한 사랑 또한 자기 마음의 온갖 부정한 요소들을 직시한 후에 얻어지는 것임을 알았다면 빅터는 사랑의 실패자가 아니라 사랑의 완성자가 되었을 것이다. 분명히 빅터의 마음에는 괴물에 대한 혐오감이 있듯이 엘리자베스를 향한 혐오감도 존재한다. 그러나 빅터의 이성과 자부심은 자기 내면의 더러움을 인정할 수 없었다. 억압된 감정과 상황은 100% 의도하지 않은 행동으로 나타난다. 빅터는 형제와 친구들을 죽일 생각이 전혀 없건만 괴물은 아무 죄도 없는 그들을 차례로 죽이며, 또 그가 사랑하는 엘리자베스 역시 괴물의 손에 죽는다. 빅터는 결혼식 날 밤에 찾아오겠다는 괴물의 경고를 들으면서도 괴물이 노리는 대상은 자기가 아니라 엘리자베스라는 생각은 전혀 하지 못한다. 괴물이 찾아올 때를 대비해서 자기는 총으로 무장을 하고 감시를 소홀히 하지 않으면서도 엘리자베스는 완전히 무방비 상태에 놓아둠으로써 빅터는 간접적으로 엘리자베스의 살해를 방조하는 꼴이 되어 버린다.

빅터는 막 태어난 무력한 괴물을 버려둔 채 도망을 치고, 괴물은 그런 빅터를 필사적으로 쫓아온다. 드디어 엘리자베스까지 죽여서 빅터의 마음을 복수심으로 가득 채운 다음 괴물은 빅터가 자기를 쫓아 북극으로 오게 만든다. 빅터는 괴물의 노예이자 자기 욕망과 집착의 노예가 된다. 쫓는 자와 쫓기는 자, 그리고 창조주와 피조물의 위치는 완전히 바뀐다. 이런 둘의 관계를 놓고 학자들은 '괴물과 괴물을 만들어

낸 사람은 사실 하나의 존재에 들어 있는 정반대의 특징을 지닌 반쪽들'[77] 이며, 괴물은 '프랑켄슈타인이 책임지고 싶지 않은 힘의 확장'[78] 이라고 말한다. 빅터 자신도 괴물이 자기의 분신일지 모른다고 생각한다.

> 나 때문에 세상 속에 던져졌고, 지금 행했던 것과 같은 끔찍한 목적들을 달성할 의지와 힘을 부여받은 존재에 대해서 생각해 보았다. 혹시 그 존재는 무덤에서 빠져나와 내가 소중히 여기는 모든 것을 파괴할 수밖에 없는, 내 자신에게서 빠져나간 흡혈귀와 악령은 아닐까?(132)

괴물과의 첫 만남. 이들은 적인가, 아니면 서로의 분신인가.

소설에서 프랑켄슈타인과 괴물만큼 밀착된 관계를 유지하는 존재는 없다. 그야말로 서로의 분신처럼 이들은 연결되어 있다. 윌리엄의 살해자

---

77 해롤드 블룸Harold Bloom, "후기Afterward", 200쪽.

78 월터 제임스 밀러Walter James Miller, "프랑켄슈타인의 미래The Future of *Frankenstein*.", xvi.

로 몰린 저스틴이 처형된 후 괴로운 마음을 달래려고 홀로 산 속을 여행 하던 빅터는 사람의 흔적이라곤 전혀 없는 곳, 흰 눈으로 덮인 높은 산들로 첩첩이 에워싸인 곳, 비유적으로 표현하자면 절대 고독의 공간, 빙하로 덮인 샤모니Chamounix 계곡에서 괴물과 첫 대면을 한다.

빅터를 보자마자 괴물은 자기를 그에게서 떨어지지 못하게 묶어놓는 건 다름 아닌 빅터 자신이라고 말한다. 빅터가 자기의 창조자이기 때문에 그러하고, 창조주로서 창조물에 대한 합당한 의무를 행하지 않았기 때문에 그러하다는 것이다. 버려진 자의 입장에서 괴물은 빅터의 도덕적인 무능력을 지적한다. 우리가 이 장면에서 실감하는 건 괴물과 빅터가 본질적으로는 하나의 존재라는 사실이다. 두 존재를 서로 끌어당기는 강력한 힘이 존재하며, 내면의 괴물이 외부의 괴물을 불러들인다. 자기 바깥에 있는 존재들을 사랑하지 못하는 건 도덕적인 차원의 것이 아니다. 그것은 주체가 선하거나 악하다는 문제, 즉 선악의 경계를 넘어선다. 궁극적으로 그것은 현실을 있는 그대로 보지 못하는 인식의 한계에서 비롯된다. 그렇다면 괴물이 빅터에게 요구하는 사랑을 할 수 있기 위해서 빅터는 바깥에 있는 괴물을 사랑할 것이 아니라 그의 내면에 자리한 괴물들을 사랑하는데서 출발해야 할 것이다. 엘리자베스를 죽음에 이르게 한 건 그런 괴물들 중의 하나이며, 바깥의 괴물을 죽여서 죽은 자들의 복수를 대신할 수 있다는 그의 확신 또한 그의 내면에 있는 괴물들의 모습 중 하나일 것이다.

괴물 - 프랑켄슈타인의 도펠갱어Doppelganger

설령 소설을 읽지 않았더라도 이제는 너무도 유명해진 프랑켄슈타인 이야기에서 가장 흥미를 끄는 사실 중의 하나는 사람들이 종종 과학자와 괴물을 혼동한다는 점이다. 프랑켄슈타인이라는 이름을 들으면서 많은 사람들이 과학자가 아닌 괴물을 떠올리며, 이런 사실로 미루어 볼 때 괴물과 과학자는 서로의 분신으로 사람들의 상상에 자리 잡은 듯하다. 물론 이런 현상은 과학자보다는 괴물이 대중의 호기심을 자극하고, 또 소설에서 괴물이 딱히 이름이 없었기 때문에 후에 독자들이 편의상 괴물을 그것을 만든 사람의 이름으로 불렀기 때문이기도 하다. 하지만 빅터와 괴물을 둘러싼 이런 혼란은 이 둘의 관계에 관해 몇몇 중요한 점을 일깨워준다. 빅터와 괴물은 멀리 떨어져 있어도 서로의 마음에서는 애증의 관계로 굳건히 묶여있다. '애증'이라는 모호한 말을 좀 더 구체적으로 표현하자면 아마 두 사람의 괴물성이라고 말할 수 있을지도 모르겠다. 그들은 똑같이 닮았다. 비록 빅터는 아름다운 신체를 지녔고, 괴물의 모습은 추악하지만, 그들 각자의 괴물성이 그 둘을 본질적으로 연결짓는다. 피조물로서 괴물은 비록 처음에는 선했을 지라도, 시간이 흐르면서 안과 밖 모두 괴물로 변해간다. 후에 괴물은 '나는 복수심과 증오심이 솟아나는 것을 막으려고 애쓰지도 않고 오히려 그런 감정들에 휩쓸려서 사람들을 해치고 죽이기로 작정했습니다.'(221)라고 말한다.

비록 추한 외모를 지녔지만 처음 세상에 나왔을 때 괴물은 고귀하고 선한 품성을 지녔으며 인간에 대한 호의로 가득하다. 빅터는 괴물에게 육체를 주었지만 그 속의 영혼은 빅터와는 무관한, 괴물 자신의 것이다. 메리 셸리의 『프랑켄슈타인』은 빅터와 괴물의 고백이 각각 절반을 차지한다. 생명체의 탄생에서 죽음에 이르는 과정이 각각 창조주와 피조물의 입장에서 조명된다. 갓 태어난 순간의 혼란스러움이 진정되면서 미처 성숙되지 않은 괴물의 감각들은 바깥세계를 지각한다. 정처 없는 방황에 나서면서 그는 고독과 두려움에 울음을 터뜨리고 굶주림과 추위에 고통스러워하면서 주변의 사물을 보고 느끼며 감정과 생각들을 키워나가고, 열매를 딴다든가 불을 쬐기도 하는 등 서서히 살아가는 방법을 배운다.

방랑하던 괴물은 프랑스에서 추방되어 시골에서 가난하게 살고 있는 귀족 드 레이시의 집에 숨어들게 된다. 아름다운 육체와 목소리를 지닌 펠릭스와 아가사, 그리고 그들의 눈 먼 아버지가 서로 나누는 사랑과 배려에 감동하고, 괴물은 자기 또한 그런 사랑을 받고 싶어 한다. 빅터가 연구에 몰두하면서 자기를 사랑하는 가족들을 멀리하고 그 결과 고독과 소외, 그리고 자아의 벽에 갇힌 삶을 선택해 갔다면 괴물은 자기의 창조주와 대조적인 성향을 보인다. 괴물은 타인의 삶에 들어가기를 갈망하며 그러기 위해 많은 준비를 한다. 몰래 펠릭스를 대신해서 장작도 패주고 또 언어도 배운다. 언어의 습득과 더불어 서서히 괴물에게는 자의식이 생긴다.

나는 우아함과 아름다움, 그리고 섬세한 얼굴을 갖춘 오두막집 사람들의 완벽한 모습에 탄복했습니다. 맑은 샘물에 비친 내 모습을 보았을 때 얼마나 놀랐는지 모릅니다. 수면에 비친 사람이 정말 나라는 것을 믿을 수가 없어서 뒷걸음질쳤습니다. 그리고 내가 실제로 괴물이라는 것을 충분히 납득했을 때 내 마음은 쓰디쓴 절망감과 굴욕감으로 가득 찼습니다. 아! 나는 이 끔찍하고 추한 모습이 어떤 치명적인 결과를 초래할지 전혀 예측하지 못했습니다.(186)

괴물의 외모는 다른 사람들에게서 공포와 적개심을 불러일으킨다. 괴물은 호의를 갖고 사람들에게 다가가지만, 사람들은 공포에 질려서 괴물을 공격한다. 친절이나 이해, 그리고 동정이나 보살핌 대신 폭력을 경험하면서 괴물은 사람들에 대한 분노와 복수심에 타올라 인류 전체를 적으로 간주하고, 영원한 전쟁을 선포한다. 표면적으로 볼 때는 착했던 괴물이 사람들의 폭력으로 인해 악한 존재로 변해가는 것이지만, 그 내면을 들여다보면 물리학에서의 공명의 법칙처럼 사람들의 무분별한 대응과 비이성적인 광기가 괴물의 내면에 자리한 '악마의 속성'을 자극한다.

그렇지만 과연 내 친구들과 친척들은 어디에 있을까요? 내게는 갓난아기 시절을 지켜본 아버지도, 미소 지으며 쓰다듬어 주는 어머니도 없었습니다. 설사 계셨다 해도 내 모든 과거는 아무 것도 분간해 낼 수 없는 얼룩이자 앞이 보이지 않는 공백이 되었습니다. 가장 오래된 기억을 되살려 보면 나는 그 당시에도 키와 체격이 지금과 같습니다. 나와 비슷하게 생겼거나 나와 관계가 있다고 주장하는 존재를 아직까지 한번도 본 적이 없습니다. 도대체 나는 누구인가요? … … 내 모습은 흉측했고 키는 거인 같았습니다. 도대체 이것이 무슨 의미일까요? 나는 누구이며 어떤 존재일까요? 나는 어디서 와서 어디로 가는 걸까요? 이런 의문들이 끊임없이 솟구쳤지만 해결할 길이 전혀 없었습니다.(196-197)

사람들은 괴물의 육체만 보고 그를 파괴적인 존재로 보고, 괴물은 고양된 정신 속에서 그들과 교제를 시도한다. 사람들은 괴물의 외도가 아닌 내면의 아름다움을 볼 능력이 없고, 밀턴John Milton의 『실락원』Paradise Lost을 진짜 역사책으로 알고 독학한 괴물은 자기를 신이 창조한 아담으로 여긴다. 그리하여 괴물은 자기를 추방당한 불행한 존재, 혹은 타인과 대등한 관계를 이룰 수 있는 존재로 보며, 이렇듯 괴물과 사람들 사이의 건널 수 없는 인식의 차이에서 비극이 일어난다. 괴물은 자기의 존재의 의미와 목적 등을 두고 고뇌한다. 그러나 존재에 대한 물음이 미처 깊어지기 전에, 괴물은 강렬한 분노에 휘말린다. 빅터의 실험실에서 나올 때 알몸을 덮었던 외투 속에서 괴물은 우연히 몇 장의 서류를 발견하게 되고, 그것을 통해서 드디어 자기의 출생의 비밀을 알게 된다. 설상가상으로 펠릭스 일가에 버림받게 되자 그는 일종의 광란 상태에 빠진다. 그 자신이 빅터라는 한 과학자의 무모한 열정의 희생자였건만 그는 이제 자기의 운명을 다른 사람들에게 강요하면서 그들을 희생자로 만든다. 괴물은 윌리엄이 프랑켄슈타인의 동생이라는 이유로 그의 첫 번째 희생자로 삼으며, 실종된 윌리엄을 찾다 외딴 헛간에서 지쳐 잠든

착한 처녀인 저스틴 역시 눈을 뜨면 틀림없이 자기를 보고 비명을 지르며, 자기가 원하는 어떤 것도 들어주지 않으리라는 이유에서 그녀를 살해한다. 클레르발이나 엘리자베스를 죽인 이유도 전부 빅터가 자기의 요구를 들어주지 않았기 때문이었다. 자기 비극의 원인을 타인과 상황의 탓으로 돌리는 만큼 그의 분노와 악마적인 성향은 더욱 커진다.

애초에 괴물은 인간들과 더불어 살기를 꿈꿨지만 이제 그의 흉측함으로 인해 그것이 불가능하다는 걸 실감한다. 그는 자기의 비극이 고독과 소외에서 비롯됐다고 생각하면서 자기와 똑같이 생겼기 때문에 자기를 배척하지 않을 여자 괴물을 원한다. 그들은 더불어 살면서 그들의 종족을 번식시키고자 한다. 자기와 똑같은 짝을 만들어달라는 괴물의 요구는 괴물을 만들면서 '새로운 종이 나를 존재의 근원으로 찬양할 것'이라는 빅터의 기대와 일맥상통하는 부분이 있다. 한편으로는 괴물에 대한 책임감에서, 다른 한편으로는 그에 대한 동정심에서 빅터는 여자 괴물을 만들어 주기로 약속한다. 그러나 그녀가 거의 완성 단계에 이르렀을 무렵에 빅터는 탄생할 여자 괴물의 성품에 대한 온갖 상상과 괴물 부부의 후손이 지구 전체를 뒤덮을 것에 대한 두려움에서 그녀를 파괴한다. 이런 빅터의 고뇌는 자연적인 진화 과정과는 무관하게 실험실에서 인공적으로 탄생된 새로운 생명체들이 지구 생태계로 흘러들어갈 경우 나타날 예측 불가능한 상황 앞에서 고민하는 오늘날의 과학자들과 흡사하다. 메리 셸리는 『프랑켄슈타인』의 출간을 앞두고 서문에서 '내 흉측한 자식my hideous progeny'(37)이라고 그녀의 소설을 불렀으며, 빅터 역시 미지의 공간으로 나가려는 괴물을 앞두고 똑같은 명칭으로 불렀을 것이다. 소설가와 그녀의 작품, 그리고 과학자와 그의 창조물은 서로 뗄 수 없는 분신과도 같은 관계에 있으며, 사람들이 프랑켄슈타인을 얘기하면서 괴물을 떠올리는 또 다른 이유가 될 것이다.

엘리자베스가 살해된 후 빅터의 아버지마저 슬픔으로 세상을 떠나고 빅터는 세상에 버려진 고독한 존재가 된다. 오로지 괴물만이 그에게 의미 있는 존재로 남는다. 짝에게서 자기의 정체성을 확인해보려 했던 괴물에게도 이제 남은 사람은 빅터 밖에 없다. 괴물은 온전히 빅터 프랑켄슈타인의 아들이 된 것이다. 더 이상 빅터가 괴물을 쫓는 것이 아니라, 괴물이 빅터를 절대 고독의 땅으로 유인한다. 파우스트가 자신의 분신이라고 할 메피스필토펠리스Mephistopheles에 의해 지옥으로 떨어지듯이 빅터도 괴물에 의해 북극으로 들어온다.[79] 오랜 여정 끝에 주인과 노예의 위치는 전도된다. 괴물은 빅터가 계속 자기를 따라올 수 있도록 나무껍질이나 돌에 글씨를 써서 흔적을 남긴다. '내 지배는 아직 끝나지 않았소. 당신은 살아 있고 내 힘은 완전하오. 나를 따라오시오.'(319) 결국 빅터를 파멸시키는 것은 괴물이 아니라 빅터의 욕망과 집착이다.

소설 전체는 빅터가 비극적인 체험을 통해 깨달았을 지혜와 중용의 미덕을 이제 막 미지의 영역에 발을 들여놓고자 하는 월튼Walton에게 전하는 방식이다. 그러나 아이러니하게도 빅터의 마지막 말은 결코

79 로버트 스콜즈, 에릭 라프킨, 『SF의 이해』 김정수, 박오복 옮김. (평민사, 1993), 257쪽.

사라지지 않을 프로메테우스적인 열정에 대한 아쉬움으로 메아리친다. 욕망의 불꽃이 다 타서 재가 되었을지라도 그는 재속을 헤집고 불씨를 찾아내는 미래의 프로메테우스들을 기대한다. 프로메테우스의 비극은 영원한 오픈 엔딩이다.

> 잘 있으시오, 월튼! 평온함 속에서 행복을 찾도록 하시오. 설사 과학과 발견 분야에서 유명해지고 싶다는 야심이 아주 순수한 것일지라도, 야심은 피하도록 하시오. 그런데 내가 왜 이런 말을 하고 있지? 나 자신은 이런 희망 때문에 망했지만 다른 사람들은 성공할지도 모르는데 말이오.(338)

소설은 북극을 탐사 중인 월튼 대장이 빅터를 만나 그와 나눈 대화를 영국의 누나에게 전하는 편지 형식을 취한다. 생명 창조의 꿈에 불탔던 빅터처럼 월튼 역시 미지의 항로를 개척해서 자기 이름을 역사에 남기고, 또 인류에게 값진 기여를 하고자 하는 야망이 있다. 그는 빅터와 비슷한 점도 있고 다른 점도 있다. 월튼은 프랑켄슈타인과 같은 재능과 추진력이 있으며, 자기의 계획을 현실로 만들기 위해 자기를 기꺼이 희생하고, 때로는 주위의 인물들까지도 자기의 맹목적인 열정의 제물로 만들 위험이 있는 사람이다. 프랑켄슈타인은 그런 월튼을 보면서 젊은 시절의 자기를 떠올리면서, 인생을 앞서 산 사람으로서 자기가 체득한 지혜를 그에게 전한다. 빅터는 그에게 어떤 대단한 업적도 결코 자기와 주변 사람들의 행복에는 미치지 못하며, 진실하고 보람된 연구는 그것에 몰두한 사람이 점점 욕망의 노예가 되는 것이 아니고 욕망으로부터 해방되게끔 하며, 그 결과 마음의 평화와 기쁨을 가져온다고 말한다. 메리 셸리가 프랑켄슈타인의 후예들에게 당부하고 싶은 것도 바로 이런 연구자의 자세일 것이다. 행복이나 진실을 찾아 길을 나섰던 사람이 오랜 방황 끝에 집에 돌아와 보니 집 마당에는 이미 봄이 와있더라는 식으로, 메리 셸리의 소설은 빅터의 비극적 여정을 통해 해피 엔딩의 열쇠는 자기 안에 있음을 일깨워준다.

생명의 과학은 어떤 것일까?
산에서 번개의 위력을 경험한 후 빅터와 엘리자베스는
그들의 몸을 관류하는 전기를 통해 자연의 신비를 엿본다.
<메리 셸리의 프랑켄슈타인>.

프랑켄푸드와 프랑켄클론의 시대

빅터는 미래의 프로메테우스들을 기대하면서 유언을 마무리한다. 프로메테우스가 제우스로부터 훔친 불꽃은 인류에게 빛을 줄 수도 있고,

종말론적인 화염으로 지구를 휩쓸 수도 있다. 21세기를 선도할 첨단과학을 놓고 갈등을 하는 세력들은 아직까지는 소수의 전문가 집단에 머문다. 1989년 12월 31일 밤, 유전공학 연구의 반대자들이 자본주의와 결탁한 유전공학의 위험성을 고발하며, 실무 책임자들에 대한 경고의 뜻으로 독일의 어느 생화학 연구소에 방화를 한 사건이 있었다. 테러의 목표물이 되었던 과학자들은 이에 대해 한 일간지에 '과학기술은 절대 제어할 수 없다.'는 짤막한 발표로 그들의 입장을 천명했다.[80] 연구결과물이 파괴적으로 쓰이든 혹은 생산적으로 쓰이든, 연구에 관련된 당사자들의 동기가 소명감이든 혹은 이기적인 욕망이든, 과학은 한시도 멈추지 않고 달려왔으며, 앞으로도 그럴 것이라는 뜻이다.

현장에서는 이렇듯 첨예한 대립 각을 세우며 충돌하고 있지만 그에 비해 대다수의 평범한 사람들은 생명공학이나 유전공학을 통해 현재 얻고 있는, 혹은 미래에 얻게 될 이익과 손해의 항목들이 연일 매스컴을 장식할 때에도 정작 그것을 자기의 문제로 느끼지는 못한다. 워낙 연구의 내용이 전문적인 까닭도 있고, 거대 자본과 결탁한 과학연구의 비밀주의 때문이기도 하다. 이렇듯 현재 진행되는 연구에 대해 별로 아는 바가 없기 때문에 새로운 실험 결과가 발표될 때마다 사회 전체는 마치 200년 전에 빅터가 만들어낸 괴물을 보고 사람들이 그랬듯이, 감정적인 폭발로 대응한다. 때로는 그 연구 결과에 터무니없는 낙관론으로 사회가

---

80 http://www.munwha.com/news. 20071207

떠들썩하기도 하고, 혹은 당장이라도 괴물과 같은 존재가 속수무책으로 우리의 삶을 파괴할 것이라는 디스토피아적 비전으로 빠지기도 한다.

괴물의 지성과 상상력이 그의 창조주를 위시하여 대부분의 인간들을 훨씬 능가했음에도 불구하고, 그가 악마적인 존재로 변하게 된 근본 원인은 다름 아닌 그의 추악한 외모 때문이었다. 여기서 한 번 질문을 던져볼 수 있다. 만일 빅터 프랑켄슈타인이 괴물이 아니라 아름다운 존재를 만들 수 있었다면 어떻게 됐을까. 빅터나 괴물 모두 행복했을까? 블룸은 앞서 빅터의 비극의 첫 번째 원인으로 '사랑에 실패하는 빅터의 도덕적 오류'를 든 바 있었고, 두 번째로는 그가 미학적으로 실패한 창조자[81] 였음을 지적한다. 그는 만약 빅터가 아름다운 존재를 창조했다면 괴물은 절대 괴물 취급을 받지 않았을 것이기 때문에 비극은 없었을 것이라고 추측한다. 그러나 이런 블룸 교수의 지적은 생명 복제 기술이 뛰어나게 발달한 현대에 이르러서는 정확한 지적이 아닐 듯 하다. 요즘 쏟아져 나오는 SF 소설이나 영화에서 볼 수 있듯이 생명 복제는 더 이상 '괴물'의 창조가 아니다. 그들은 인간과 똑같은, 혹은 인간을 능가하는 지성과 신체를 지닌 복제물이거나 독립된 존재들로 등장한다.

그러나 21세기의 발달된 기술력으로 괴물의 외모가 아름다워진다고 해도 프랑켄슈타인의 자기 성찰이나 도덕적 상상력, 윤리적인 책임이 소설에 제시된 수준에 머문다면, 인간의 일원이 되고 싶은 괴물의 꿈은

81 해롤들 블룸Harold Bloom, "후기Afterward", 204쪽.

실현 불가능할 것이다. 또한 창조된 생명체에 대한 사람들의 의식이 획기적으로 변화되지 않는 한 소설의 괴물이 직면했던 것과 같은, 아니, 어쩌면 더 비참하고 끔찍한 삶이 아름다운 피조물의 앞에 기다리고 있을 확률이 높다. 그들은 창조주인 인간들에게 그들 존재의 의미를 질문한다. 그들의 질문은 셸리의 소설에서나 최신 SF 영화에서나 변함이 없다. 나는 누구인가, 나와 인간의 차이는 무엇인가, 나에게도 인간의 권리가 있는가?

메리 셸리의 『프랑켄슈타인』은 생명 창조의 문제를 과학자와 피조물의 고통에 초점을 맞춰 다룬다. 그러나 생산과 소비가 치밀한 순환고리로 묶여 있는 오늘날, 생명 창조와 유전자 조작의 문제를 과학자들만의 문제로 전가하는 건 부도덕할 뿐 아니라 위험하기까지 하다. 생명복제 상품을 단지 그것이 어떻게 만들어지고 유통되는가에 대해 모른다는 이유만으로, 아무런 죄의식이나 거리낌 없이 사용한다면 소비자는 점점 자기기만에 빠질 것이다. 소비가 있을 때 공급이 있으며, 생명 복제 분야도 예외가 아니다. 오늘날 생명의 연구는 생물이 상품화 되고 거래되는 방향으로 흘러가고 있으며, 연구의 결과물과 혜택은 이미 우리의 삶 깊이에 침투해 있다. 인공 장기의 생산을 위해 유전자 조작된 쥐와 돼지들이 실험실을 가득 채운 지는 이미 오래전 일이 되었고, 우리의 식탁을 풍성하게 만들기 위해 조작된 동물들은 생식기능과 활동 능력을 제거당한 채 일회용 상품으로 생산되고, 소비된다. 미국에서는 유전자가 서로 맞는 배우자를 선정해주는 결혼정보업체도 이미 등장했고, 유전자 검사를 통한 맞춤 주문형 아기가 멀지 않은 미래에 탄생될지도 모른다는 조심스런 예측도 있다.

아름다운 인조인간들의 복제가 일반화되면 대량 생산되는 이들 인간들은 소설 속의 괴물보다 더 끔찍한 상황에서 더 절박한 물음을 던질지 모른다. 이들은 일정 용도를 위해 생산된 제품일 확률이 높기 때문이다. 그리고 소비자로서 사람들은 더 이상 괴물을 보고 놀라서 도망치거나 공격하는 대신 강렬한 유혹을 받게 될 것이다. '저들을 인간으로 볼 것인가, 상품으로 볼 것인가?' 생태학자들이나 환경론자들이 이미 유전자 조작 동식물에 대한 소비자들의 도덕적 불감증이나 무지를 많이 지적해 왔지만, 앞으로 점점 더 생명체를 둘러싼 쟁점들은 소수 전문가 집단을 넘어서 사회 구성원 전반의 관심사로 확대되어야 할 것이다.

4_사이언스 픽션Science Fiction에서 사이언스 팩트Science Fact로

『아일랜드』 Island

불편한 진실

1977년에 발표된 의학 스릴러인 로빈 쿡Robin Cook의 『코마Coma』는 탄탄한 구성과 전문 지식을 바탕으로 장기 밀매를 둘러싸고 벌어지는 인간의 탐욕을 다룬다. 소설은 정의감에 불타는 젊은 의학도가 병원의 실권을 쥐고 있는 선임 의사의 비행을 추적하다가 그 사실을 눈치 챈 의사에 의해 결국 수술실에서 상당량의 마취제를 주입받는 장면으로 끝이 나는데, 이 소설이 출판된 이후 사람들은 이처럼 비인간적인 일이 얼마든지 현실에서도 가능하다는 사실을 깨닫고 경악을 금치 못했다. 소설의 스타크Stark 박사처럼 멀쩡한 환자들을 코마 상태에 빠뜨리고 장기를 적출해서 비밀 조직에 파는 일이야 물론 흔치 않겠지만, 사실 장기매매처럼 공공연히 행해지면서도 사람들이 애써 외면하는 상황도 드물 것이다. 로빈 쿡은 소설의 서문에서 '이식 장기가 필요하십니까? 수술을 하려는 사람에게 재정적인 보상을 받고 신체의 어느 기관이라도 팔 예정입니다.'라는 1968년 5월 9일 자 「트리뷴Tribune」지의 광고를 인용하는데[82], 그러고 보면 장기매매의 역사는 우리가 아는 것 보다는 훨씬 오래 되었고, 또 공공연히 행해진 진 것 같다. 우리나라도 예외는 아니어서, 종합 병원의 화장실에는 장기를 팔겠다는 광고들이 붙어있는 걸 간혹 볼 수 있다.

---

82 로빈 쿡Robin Cook, 「코마*Coma*」, 공경희 옮김. (열림원, 1992), 8쪽.

장기 매매는 의학 기술이 발전하면서 사회적인 쟁점으로 부상했다. 신장 이식이 기술적으로 불가능하다면 신장이 제대로 기능을 하지 못할 때 다른 욕심을 아예 내지 않고 환자는 자기의 죽음을 운명으로 자연스레 받아들일 것이다. 오늘날처럼 돈 많은 사람들이 불법적으로라도 필요한 장기를 손에 넣으려고 밀매 조직과 접촉할 마음도 내지 않을 것이고, 또 스타크 박사처럼 죽어가는 환자들은 말할 것도 없고 멀쩡한 사람들까지 코마 상태로 만들어 가면서 장기를 적출하고자 하지도 않을 것이다. 영원히 살고 싶은 욕심이야 대부분의 인간이라면 누구나 갖고 있는 본능이겠지만, 이런 욕망에 불을 붙이는 건 발달된 기술이다. 이식 기술이 점점 발달할수록 환자들이 느끼는 삶에의 유혹도 커지고 장기를 다루는 실무자들에게 다가오는 돈의 유혹도 강렬해진다. 기술이 없으면 비극도 없다. 이런 맥락에서 로빈 쿡은 장기의 희소성에서 문제가 발생하고, 그 문제의 해결책이 우리의 능력 안에 있다는 데서 비극이 발생한다고 지적한다.[83]

과학이 발달할수록 빗나간 욕망으로 인한 비극의 강도도 높아진다. 1990년 미국에서 커다란 윤리 논쟁을 불러일으킨 멜리사의 경우는 미래에 장기 이식이 어떤 방향으로 나아갈 것인지를 예고하는 사건이다. 그녀의 부모는 백혈병에 걸린 언니에게 골수를 줄 사람을 필사적으로 찾았으나 허사로 끝나자 결국 언니의 골수 기증을 위해 멜리사를 임신했

83 앞의 책, 9쪽.

다. '장기 제공자로 쓰기 위해 아이를 가지는 것은 잘못'[84]이라든가, 혹은 '아이들은 다른 사람의 의약품이 아니다'는 분노에 찬 비난도 있었다. 그러나 멜리사의 부모를 옹호하며, 반대론자들의 견해를 반박하는 의견도 많았다. '결혼 생활이 뭔가 부족한 듯해서, 외동이가 외로울까봐' 아이를 가진 것보다는 숭고하다는 것이다.[85] 과연 멜리사의 부모의 판단은 옳았을까? 리 실버Lee Silver는 멜리사의 부모 같은 처지라면 누가 복제를 거부하겠느냐고 묻고 있지만, 이에 대해 분명한 대답을 하기는 힘들다.

그러나 분명한 사실은 대다수의 사람들이 이런 윤리적이며 도덕적인 논쟁의 중심에 서있는, 불치병이나 불임으로 고통 받는 당사자들의 입장을 충분히 이해하지 못한 채, 일종의 모범 답안만을 제시한다는 점이다. 최근의 보도에 따르면 사람들의 예상과 달리 많은 불임부부들이 인공수정을 위해 만들어 놓았다가 더 이상 필요가 없게 된 냉동배아를 기꺼이 과학 연구를 위해 기증하겠다고 했는데, 그들이 밝힌 이유는 '아기를 갖기 까지 너무 많은 도움을 받았고', '과학에 대해 큰 고마움을 느꼈기 때문에', 다른 사람들을 위해 어떤 식으로든 도움을 주기 위해서라는 것이다.[86] 또 몇 년 전에 실험 결과 조작 여부를 놓고 우리나라 뿐 아니라 전 세계적으로 큰 파문을 일으켰던 황우석 박사의 줄기세포

84 리 실버, 『리메이킹 에덴』, 하영미, 이동희 옮김. (한승: 1997), 150쪽.
85 위의 책, 150-151쪽.
86 http://www.msnbc.msn.com/id/19875404/site/newsweek. 2007-09-02

연구를 둘러싼 논쟁에서도 종교계나 과학계, 그리고 사회 전반에서 도덕적 책임감 등이 거세게 거론되었으나 막상 연구의 혜택을 가장 크게 입게 될 불치병 환자들의 목소리는 찾을 수 없었다. 세계 제일의 줄기세포 연구의 허브로 만들겠다는 연구소에 기꺼이 실험에 필요한 난자들을 제공하겠다고 하면서 제일 먼저 찾아온 사람들이 바로 난치병 환자들이거나 아니면 그들의 가족이었는데도 불구하고 말이다.

이런 상황들을 통해 우리는 의학 기술이나 생명 과학의 발전을 둘러싼 당사자들의 입장이 첨예하게 맞서는 것을 볼 수 있다. 전문가들은 과학 연구를 둘러싸고 종교적이며 윤리적인 쟁점들이 부각되면 그것을 사회 쟁점화해서 합의점을 도출해야 되고, 특히 해당 연구가 엄청난 경제적인 부가 가치를 창출할 것이 예상되면 국가도 나서서 세계 여러 나라의 비판 여론들에 적절히 대응하면서도 내부적으로는 전략 산업으로 육성하는 정치적인 역량을 발휘해야 한다. 그런 세부적인 사항들이 해결되기를 기다리는 동안 장기 이식을 기다리는 사람들은 속수무책으로 죽어가거나, 윤리적인 논란을 무릅쓰고 법적인 제재를 넘어서는 독자적인 행동을 취한다. 이 틈을 노려서 불법적인 거래와 법적인 테두리를 넘어서는 연구가 비밀리에 활성화되는 것이다. 로빈 쿡은 『코마』에서 '이식용 장기의 희소성은 기술 혁신의 사회적, 법률적, 윤리적인 해결책을 기대하는 사회 전체의, 그리고 의학계의 악명 높은 한 사례를 보여줄 뿐'[87]이라

87 로빈 쿡, 『코마*Coma*.』 10쪽.

고 말하지만, 똑같은 말을 생명 공학 전반에 대해서도 할 수 있을 것이다.

그렇다면 이런 상황에서 과학자와 일반 대중이 할 수 있는 일은 무엇일까? 불치병 환자나 장기 이식을 기다리는 사람들의 상황은 절박하지만, 법이라든가 윤리 의식이 정비되지 않은 가운데 무조건 그들의 편을 들어줄 수만도 없는 노릇이다. 또 일반 대중들은 의학자나 과학자와 같은 전문기술자들이 연구실에서 실험하는 내용을 정확히 알지 못한다. 대부분의 경우 연구 결과가 발표되고, 그것에 대한 동료 과학자들이나 매스컴의 평가를 보면서 터무니없는 불안과 근거 없는 낙관론 사이를 오갈 뿐이다. 이런 면에서 연구를 담당하는 과학자들의 사회적 책임과 윤리 의식이 강조되는 바이지만, 연구의 내용이 상업주의와 연계되어서 엄청난 부를 창출하는 산업으로 전환되는 경우, 과학자의 양심은 큰 도전에 직면한다. 돈과 권력을 향한 욕망에 굴복할 경우 연구의 내용이나 결과들이 조작될 수도 있고, 조작의 과정과 정도는 궁극적으로는 국가의 정보망마저도 벗어나면서 엄청난 재앙을 초래할 수도 있다.

이런 복잡한 상황에서는 장기 복제라든가 생명 공학과 관련된 문제들을 하나씩 예측해가면서 실제의 상황으로 점검하는 과정도 상당히 유익하리라고 본다. 예를 들자면 장기 공급용 복제 인간을 다루는 마이클 베이Michael Bay 감독의 영화 「아일랜드」[88]에서는 장기의 이식이 종래의 매매 관계를 벗어나는 방식으로 이뤄진다. 더 이상 구하기도 힘든 타인의

---

88 아일랜드Island, 2005, 감독 마이클 베이, 출연 이완 맥그리거, 스칼렛 요한슨.

장기를 기다리느니, 보험용 인간을 복제해 놓고 필요할 때 언제라도 전혀 거부반응이 없는 장기를 이식받는 것이다. 오늘날의 과학은 시장 경제에 의해 움직이므로, 만일 그런 기술이 개발된다면 엄청난 수요가 몰리고, 그에 따라 보다 완벽한 제품을 생산하기 위해 인간 복제의 기술도 더욱 발달될 것임을 영화를 통해 추측해 볼 수 있다. 공급이 수요를 창출하지만 역으로 수요가 공급을 부추기기도 한다. 「아일랜드」의 원작자 카스피안 트레드웰 오웬Caspian Tredwell-Owen은 '과학은 호기심에 의해서 발전되는 것이지만 때로는 수요에 의해서도 발전되기 때문에 인간 복제는 필연적인 것이 될 것이다.'[89]라고 말한다.

영화는 황 우석 박사의 줄기세포 연구의 성공으로 세계가 떠들썩하던 2005년에 제작되었으며, 제작자 월터 F. 파크스Walter F. Parks는 '처음 이 영화를 구상했을 때는 미래를 배경으로 한 SF 영화였으나 한국에서 인간의 배아 줄기세포 복제에 성공해 허구가 아닌 사실'[90]이 되었다고 했다. 인간 복제는 더 이상 과학적 '허구'가 아니라 가까운 미래의 '사실'이 되었기 때문에 제작진은 시대적인 배경을 원작의 21세기 후반에서 2019년으로 앞당겼다고 밝힌 바 있다. 복제 인간의 출현에 성큼 다가선 현실에서 영화는 더 이상 복제 인간의 정체성이라든가 존엄성과 같은 형이상학적인 질문들을 던지지 않는다.

영화는 평범한 사람들에게 단도직입적으로 묻는다. '자, 여기 생명

89 http://movie.naver.com/movie/bi/mi/basic.nhn?code=39879#story. 「아일랜드」 제작노트.

90 위의 글, 「아일랜드」 제작노트.

연장의 꿈이 있다. 500만 달러만 지불하면 당신의 수명을 60년에서 70년까지 연장할 수 있다. 당신이라면 어떻게 하겠는가?' 감독은 '영화를 보고 난 다음에는 꼭 긍정적인 답변이 나오지는 않을 것'[91]이라고 말한다. 참혹한 클론들의 처지와 인간들의 비정한 행태를 두 눈으로 똑똑히 본 후에도 어떻게 클론을 죽이고 장기를 이식받을 생각을 하겠느냐는 것이다. 정상인이라면 물론 그렇게 생각할 것이다. 그러나 영화에서 장기 이식은 사회의 극소수 부유층과 권력층이 스포츠카를 교환하는 정도로 그려지기 때문에 그 질문에 대한 거부의 답변이 쉽게 나올지 몰라도, 현실적으로도 그 대답이 그토록 쉬웠다면 인류에게 비극은 존재하지 않았을 것이다. 그렇다고 해서 클론의 장기를 쓰겠다는 대답이 더 정직한 답이라는 뜻도 아니다. 타인의 생명과 나의 생명이 걸린 문제인데 어찌 그 대답이 쉽겠는가? 어렵게 나오는 답. 이것이 바로 정답이 아닐까 한다. 인간과 클론 모두를 위한 상생의 세계로 나아가는 길은 이런 문제들에 대한 각자의 답을 찾으려고 애쓰는 가운데 있을 것이다.

영원한 에덴의 꿈, 아일랜드

오염된 죽음의 땅인 지구로부터 가까스로 구출되어, 철저히 위생

---

91 앞의 글, 「아일랜드」 제작노트.

관리되는 안전 구역에 살고 있는, 특별히 선택된 사람들의 에덴동산이 있다. 사람들의 손목에는 센서가 부착된 팔찌가 채워져 있으며, 그것을 통해 사람들의 신체 정보와 심리 상태는 실시간으로 체크되어서 중앙 컴퓨터로 전송된다. 그러면 컴퓨터는 그 정보를 종합해서 각자의 식사 메뉴, 운동량, 필요한 의료적인 조치들을 처방한다. 구출된 사람들에게 쾌적한 삶을 제공할 수 있도록 치료시설, 중앙 광장과 거주 타워, 작업실과 운동장 등 완벽한 시설들이 그 안에 구비되어 있다. 사람들은 읽기 교육을 받거나, 단순한 훈련을 거친 후 작업에 투입된다. 그렇다고 노동이 힘들거나 복잡하지도 않다. 여자들은 주로 약품이 담긴 실험관들을 나르고, 남자들은 작업실 전체를 가로질러 어디론가 연결된 튜브에 액체를 주입하는 일을 한다. 그러나 몇 가지 금지사항도 있다. 남자와 여자가 지나친 친밀감을 보여서도 안 되며, 거주민들 사이의 폭력은 엄격히 금지된다. 이런 규칙을 어겼을 경우 즉각 감독관들이 개입해서 이들에게 경고하고, 필요할 경우에는 강제로 시정 조치를 하기도 한다.

처음에는 죽음의 땅에서 구출되었다는데 감격하지만 조금씩 시간이 흐르면서 이들은 밀폐된 공간의 삶에 지루해한다. 완벽한 배려와 보살핌이 때로는 엄격한 통제로 생각되기도 하고, 늘 똑같은 복장과 단순한 노동에 회의를 품기도 한다. 이들의 삶에 유일한 활력소가 있다면 정기적으로 행해지는 복권 추첨이다. 복권 추첨을 알리는 방송이 나오면 사람들은 일제히 하던 일을 멈추고 긴장과 설렘 속에서 거대한 스크린 앞에 저마다 자리를 차지하고 앉는다.

아일랜드 행 복권 추첨을 알리는 전광판.
아일랜드의 꿈은 복제 인간들에게 선험적으로 각인된 욕망이다.

이윽고 스크린에서는 아일랜드의 아름다운 영상이 흐르면서 숫자가 쓰인 복권의 공들이 돌아가듯이 거주민들의 사진이 쉴 새 없이 교차한다. 돌아가던 영상들이 멈추자 화면 가득히 당첨자의 사진이 고정되면서 그의 이름이 호명된다. '스타크웨더 2 델타Starkweather 2-delta, 아일랜드 행 복권 당첨을 축하합니다.' 드디어 거주민 중의 한 명이 아일랜드로 갈 티켓을 얻은 것이다. 꿈에 그리던 아일랜드! 오염된 지구에서 유일하게 남은 청정지역이며, 하고 싶은 것은 뭐든지 할 수 있다는 지상의 천국! 그 곳에는 출산이 임박한 여자들, 그리고 복권에 당첨된 사람들만이 갈 수 있다. 추첨은 무작위로 이뤄지며, 시기라든가 당첨자들의 숫자는 일정하지 않다. 자주, 많은 사람들이 당첨되기도 하고, 혹은 상당 기간 당첨자가 없기도 하다. 탈락한 사람들은 당첨된 사람에게 부러움의 눈길을 보내면서 자기도 하루 빨리 아일랜드 행복권에 당첨되기를 기도한다. 아니면 리마 1-알파Lima 1-alpha와 같은 임산부처럼 굳이 복권에 당첨되지 않더라도 출산이 임박해서 아일랜드로 떠나는 경우도 있다. 그 곳에서 태어난 아이와 함께 행복한 삶을 살기를 꿈꾸면서 말이다. 이는 남자나 홀몸인 여자들에게는 없는, 임산부만의 특권이다.

그들이 현재 거주하는 공간은 더 나은 에덴인 아일랜드로 가기 위해 잠시 머무는 중간 지점으로서, 다른 사람들이 복권 당첨 될 때마다 약간씩 의기소침해지는 것을 제외하고는 거주민들 사이에 큰 불만은 없다. 그러나 이런 완벽한 삶의 조건 하에도 의문은 품는 사람은 나오게 마련이다. 링컨 6-에코Lincoln 6-echo는 모든 것이 의문이다. 이미 지구는 죽음의 땅이 되었다고 들었고, 그렇기 때문에 자기들이 살고 있는 공간은 외부와 격리되어 공기 순환 장치들을 통해 환기되고, 외부로부터 유입될지도 모르는 병원균들이 센서를 통해 엄격히 체크되는데, 어디서 쉴새 없이 생존자들이 발견되는 것일까? 왜 우리는 색깔 있는 옷은 입을 수 없고 늘 흰 옷만 입어야 하며, 누가 이 옷들을 매일 세탁해서 서랍 속에 말끔히 정돈해 놓는 것일까? 그렇다고 그 정리가 늘 완벽한 것만은 아니다. 오늘 아침만 해도 운동화 한 짝이 없어진 채 세탁되어 돌아오지 않았는가. 내가 베이컨을 먹고 싶은데 두부를 먹으라고 정해주는 건 대체 누구며, 액체가 주입되는 작업실의 튜브들은 도대체 어디로 연결되는 것일까? 아일랜드로 가기를 기다리는 것, 그 이상의 무엇은 없을까?

이런 의문들은 밤마다 그가 꾸는 악몽과 더불어 그의 심리적인 불안을 증대시킨다. 꿈에서 그는 바다 위를 떠가는 아름다운 최신형 보트 위에 서있다. 상쾌한 바람과 여인의 미소, 작렬하는 햇살과 그 모든 것을 감싸는 자유의 느낌. 그러나 다음 순간 여인을 향해 내미는 남자의 손목을 난폭하고 거친 손들이 낚아챈다. 그는 알 수 없는 남자들에 의해 물 속으로 끌려 들어가 익사 직전에 이른다. 그러다가 누군가가 고통스럽게 그의 입을 벌리고, 목구멍에 손을 넣어 구토를 하게 만들며, 다시 산소호흡을 유도하는 장면들이 무질서하게 이어진다. 급작스런 충격, 신체적인 고통과 엄습하는 두려움. 이 모든 장면들과 느낌들은 차갑고 날카로운 금속성의 느낌을 주는 디자인의, 단조로운 잿빛 방 한가운데 놓인 침대에 누워있는 남자의 의식 속으로 쏜살같이 빨려 들어간다. 바다위의 여행이든 익사 직전의 순간이든, 혹은 그로 인한 해방감이든 고통이든, 그것은 모두 그의 꿈에서 경험하는 사건과 느낌일 뿐, 최첨단 설비를 갖췄지만 왠지 감옥의 독방을 연상시키는 좁은 공간이 그가 눈을 떴을 때 보는 현실이다.

링컨이 밤마다 꾸는 꿈에 등장하는 보트,
그 이름은 '레노바티오Renovatio' 즉 '다시 태어나다'는 뜻이다.

악몽을 꾸는 동안의 그의 불안정한 뇌파는 컴퓨터에 감지되어 중앙 통제실로 보고 되고, 그는 센터를 총괄하는 의학자인 메릭Merrick 박사와 상담을 하라는 처방을 받는다. 링컨은 치유센터로 메릭 박사를 찾아간다.

메릭: 스크린 결과를 보면 신진대사 레벨에 변화가 있고, 악몽을 꾼다고 나와 있군 그래.

링컨: 제가 뭔가가 잘못됐다는 말씀이신가요?

메릭: 자네 꿈에 대해 말해주겠나?

링컨: 글쎄요, ... 항상 같은 꿈을 꾸게 되요. 저는 아일랜드로 가는 보트에 타고 있죠.

메릭: 보트? 어떤 보트인가?

링컨: 멋진 보트에요.

메릭: 좀 그려봐 주겠나? ... 그래서... 자네가 아일랜드로 향하다가 무슨 일이 생긴다는 건가?

링컨: 물에 빠져요.

메릭: 그래? 왜 그런 꿈을 꾼다고 생각하나?

링컨: 저도 몰라요. 알려 주세요.

메릭: 자넨 당첨을 두려워하나 보군.

링컨: 왜 제가 당첨을 두려워하겠어요?

영화의 주인공인 링컨이 메릭 박사와 나누는 얘기에서 아일랜드를 둘러싼 뭔가 수상쩍은 분위기를 감지할 수 있다. 그렇다. 아일랜드는 지상의 천국이긴 하지만 그 곳으로 가는 중에 물에 빠져 죽을 수도 있는 것이다. 꿈속에서 그는 늘 아일랜드로 향하다 익사 직전의 공포를 체험한다. 그렇기 때문에 현실의 아일랜드 역시 그에게는 기쁨보다는 두려움을 안겨 준다. 링컨은 무엇을 두려워하는 것일까? 항상 그렇듯이 집요하게 질문을 하는 데서 해결책이 나오기 시작한다. 링컨도 마찬가지이다.

링컨: 전 해답을 알고 싶어요. 그리고 그 이상이 있었으면 좋겠어요.

메릭: 그 이상?

링컨: 그래요. 아일랜드로 가기를 기다리는 거 이상의 것 말이에요.

메릭: 링컨, 의문을 갖는다는 건 자연스러운 거야. 하지만 자네가 얼마나 행운아인지 모르겠나? 자네는 오염으로부터 살아남았고, 자연이 자네에게 다시 살 수 있는 에덴동산을 남겨주었지. 링컨, 그게 바로 자네의 존재 이유야.

링컨: 그렇군요. 그럼 당신은요? 당신은 아일랜드로 가나요?

메릭; 난 못가네. 내 임무는 사회가 계속해서 작동하게끔 하는 거야. 그런 이유로 나 같은 부류의 임원들과 감독관들은 복권 추첨 자격이 안 되는 거지.

메릭 박사는 선택된 소수들이 안락하고 건강한 삶을 살아가도록 보살피는 임원과 감독관들을 언급한다. 거주민들의 건강을 체크하고 치료하는 의료진과 질서 유지를 담당하는 무장 요원들, 그 외에 식사나 사무를 담당하는 직원들. 이들을 총칭하자면 링컨과 같은 클론들을 관리하는 메릭 바이오텍Merrick Biotech의 직원들이다. 구출된 사람들은 아일랜드로 떠날 수 있어도 직원들에게는 그런 기회가 없다. 물론, 사람들을 보살피느라고 아일랜드로 갈 수 없다는 메릭 박사의 자조적인 대답은 클론의 비극적인 상황을 냉소적으로 뒤집은 표현이다. 직원들은 철저히 보안을 유지하며 사방에 설치된 CCTV를 이용해 클론들의 일거수 일투족을 세심하게 감시한다. 클론들의 슬픈 처지는 그들이 날마다 하는 작업에서도 드러난다. 그들이 매일 액체를 주입하는 색색의 튜브들은 DNA 복제를 통해 만들어진 클론들이 자라고 있는 양수 주머니로 연결된다. 인큐베이션 사일로에는 수많은 클론들이 성체로 탄생되기 위해 12 개월 동안 숙성되고 있다. 클론이 클론을 먹이며, 키우고 있는 것이다.

복제인간들이 배양되는 인큐베이션 사일로.

성체로 자란 클론은 제품 추출실로 이동해서, 양수주머니에서 꺼내진다. 인큐베이션 센터에서 제품 추출실로 이동되어 온 양수주머니에는 메릭 바이오텍의 로고가 선명하게 찍혀있다. 그 안에는 다소 노쇠한 클론의 벌거벗은 모습이 흐릿하게 보인다. 클론들은 지상의 스폰서의 나이와 신체조건 그대로 복제되기 때문에, 양수 주머니에서는 아기가 아니라 노인이 나오는 경우도 흔하다. 생명이 기계 장치에 의해 잉태되고 성숙하는 이 시대에, 생명의 탄생은 경이롭지도, 감동스럽지도 않다.

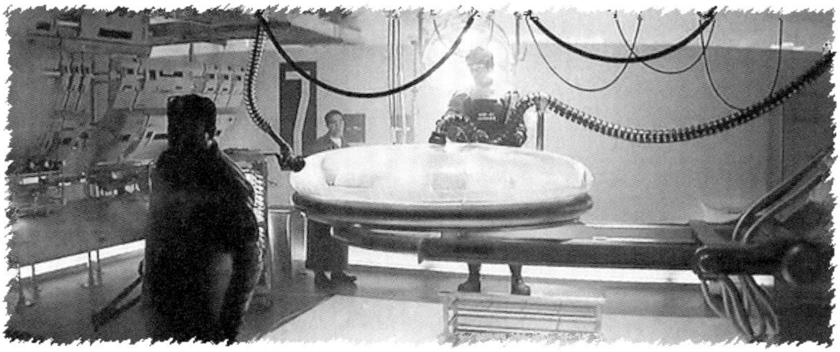

양수 주머니에 담겨 생산라인으로 이동된 클론.
직원들의 복장과 주변 설비들은 무엇을 연상시키는가.

양수 주머니에 연결된 튜브를 떼어내자 쏟아져 내리는 피. 이어 직원은 마치 도축을 할 때와 같은 분위기를 풍기며 양수 주머니를 칼로 절개한다. 그러자 점액질의 액체에 뒤덮인, 무력하고 의식 없는 복제 인간의 모습이 드러난다. 코에는 양수와 연결되었던 튜브가 삽입되어 있고, 머리 주위에는 센서가 부착된 장치가 감겨있다. 난폭하게 코로부터 튜브가 제거되고, 몸에는 재빨리 수많은 센서들이 다시 부착되며, 산소마스크를 씌우고 산소 호흡이 실시된다. 탄생을 둘러싼 고통과 불결함은 직원들의 기계적이고 난폭한 손놀림에 의해 배가된다. 복제인간이 제대로 호흡을 하지 못하자 직원들은 강제로 그의 목구멍에 손가락을 밀어 넣어서 자극을 가하며, 비로소 복제 인간은 기침을 하면서 숨을 쉰다. 복제 인간의 몸 위로 차가운 물이 끼얹어 지고, 물은 다시 양수와 그 밖의 분비물로 뒤범벅된 채 흘러내려서, 작업자들의 방수 비닐 앞치마와 고무장화를 따라 바닥의 타일 위를 흘러 하수구로 빠져 나간다. 링컨이 밤마다 꾸는 악몽의 실체가 밝혀지는 순간이다.

세척이 끝나자 검사 준비가 완료된다. 의사가 들어와 간단히 그의 신체를 훑어보고 형식적인 말을 던진다. '제품은 괜찮은 거 같군. 파운데이션 (시설)으로 보내.' 이제 클론의 손목에는 지상에 살고 있는 그의 스폰서의 성性에 스폰서의 거주지를 나타내는 번호, 그리고 제작 세대를 나타내는 용어로 구성된 인식표가 각인되고, 그 위에 클론의 건강이나 심리상태를 효율적으로 관리하기 위한 전자 팔찌가 채워진다. 예를 들자면 '링컨 6-에코'는 스폰서 톰 링컨의 이름과, 그의 거주지인 LA를 나타내는 숫자 6, 메릭 바이오텍의 3단계 기술인 에코 세대의 제품이라는 뜻이다. 링컨 6-에코. 지상의 스폰서에게 이상이 있을 경우 즉시 해부되어서 장기를 제공해야 될 존재. 그것이 링컨이 그토록 알고 싶어 하는 자신의 실체이다. 마이클 베이 감독은 복제 인간의 탄생 장면에 그가 전하고자 하는 메시지가 집약되어 있다고 말한다.

나는 이 부분에서 탄생 과정이 마치 트럭 운전사에 의해 이뤄지는 것처럼 비춰지기를 원했다. 한 인간이 태어나는데 트럭 운전사 같은 사람들이 대충 끄집어내는 것처럼, 누구나 매일 같이 경험하고 있는, 여느 작업처럼 대수롭지 않은 일을 하는 것처럼 말이다. 원작자인 카스피안 트레이드 오웬에게 이 영화가 추구해야할 메시지에 대한 그의 생각을 묻자 그는 이렇게 말했다. "우리가 모두 고기를 먹는다. 그러나 우리는 도살장에서 어떤 일이 일어나는지에 대해서는 알기를 원하지 않는다." 이것이 바로 이 장면에서 보여주고 싶었던 것이다. 이 영화는 인간 복제를 둘러싼 도덕적 쟁점들을 신랄하게 파헤치는 것에 목적을 두지 않았다. 다만 관객들이 이런 생각을 하면서 극장을 떠났으면 하는 것이다.[92]

파운데이션 룸에서 클론들은 회사의 프로그래머들이 제작한 기억들을 이식받는다. 기억을 이식하는 이유는 클론들을 효과적으로 통제하기 위해 그들의 공격성을 억제시키고 사회성을 높이기 위해서이다. 막 활동을 시작한 이들의 뇌에 기억을 심기 위해 24 시간 내내 그들의 홍채는 강제로 열려져 있으며, 그들의 눈앞에 설치된 스크린은 쉴 새 없이 영상들을 투사한다. 이식되는 기억은 모두 12 종류 정도의 기본 스토리에 기초해서 조금씩 변형된다. 이렇듯 조작된 과거의 기억들을 단 시간 내에 입력해야 하므로, 클론들의 뇌는 정보의 과잉상태가 되어, 그들의 사지는 그 충격을 감당하느라고 시종일관 미세하게 떨린다. 각각 다른 성장 스토리이긴 하지만 모든 클론들에게 되풀이되는 핵심

92 「아일랜드」 제작노트.

문장들이 있다. '너는 선택된 존재다.' '너는 아일랜드로 가고 싶어 한다.' '아일랜드가 너를 기다린다.' 그들은 오염된 지구에서 구조된 생존자들이며, 안전 구역에서 건강한 삶을 살아가는, 선택받은 특별한 존재들이다. 또 지상의 낙원인 '아일랜드'라는 열대의 섬이 있으니, 모두가 그곳으로 가기를 꿈꾸라는 내용이다. 클론들의 과거, 현재, 그리고 미래는 온통 아일랜드로 가득 차 있다. 그들은 태어나면서부터 이미 한번도 가보지 않은 아일랜드를 원한다. 아일랜드만이 그들의 존재의 이유이다. 기억 이식이 완료된 클론들은 거주 타워, 중앙 운동장과 치유센터들이 있는 센터빌로 이동한다. 드디어 생산라인에서 클론 완제품이 출시된 것이다.

링컨이 밤마다 꾸는 악몽은 제품에 하자가 발생했다는 증거이다. 클론의 뇌 세포는 입력된 기억과 정보만을 처리할 뿐 독자적인 활동을 할 수 없게끔 설계되었기 때문이다. 그는 양수주머니에 들어있을 때와 후에 작업자들의 거친 손길에 잡혀서 세상 밖으로 나올 때의 상황을 매일 꿈속에서 재연한다. 메릭의 입장에서 볼 때 더 심각한 문제도 있다. 레노바티오라는 최신형 요트에 대한 정보는 입력된 적도 없는데, 링컨은 꿈속의 기억을 더듬어서 박사의 요구에 따라 그것을 그려 보이기까지 하는 것이다. 실제로 링컨의 뇌에는 스폰서의 DNA의 정보가 남아있고, 탄생 당시의 사건들을 어렴풋이 기억해낼 정도로 신경 세포들이 자라고 있다. 메릭 박사의 의도에서는 벗어나는, 하자가 있는 제품이지만, 복제 기술 자체만 놓고 본다면 링컨은 이전의 클론들보다 한 단계 발전한 결과물이다.

클론들이 현재 거주하고 있는 공간은 일종의 가상현실이다. 실제로는 애리조나 사막의 지하에 위치한 폐기된 군사 시설이지만, 거대한 홀로그램을 이용해서 메릭 박사는 격리된 공간의 영상을 만들어 냈다.

홀로그램이 투사해서 만들어낸 격리된 공간의 환상.

가상현실은 클론 각자에게 입력된 과거의 기억과 복권이 촉발시키는 유토피아의 환상을 기반으로 운용된다. 각자의 기억과 조작된 꿈을 한 단계 뚫고 들어가면 그 밑에는 참담한 현실이 그 모습을 드러낸다. 아일랜드 행 복권은 클론들이 별다른 의심 없이 미지의 공간으로, 보다 정확하게 말하자면 장기 적출을 위해 의료 섹터로 순조롭게 이동하도록 만든 이벤트이다. 인간의 존재 조건을 놓고 심오한 철학적 의문을 제기하는 영화라면 죽음을 눈앞에 두고 기뻐하는 이들의 모습에서 감독의 냉소적 시선이라도 찾아내겠지만, 「아일랜드」는 애초에 그런 것을 목표로 하지 않았다. 클론이 탄생해서 죽기까지의 과정은 다소 극단적으로 표현하자면, 식물이라든가 동물이 재배되거나 사육되어서 소비자의 손에 제품으로 오기까지의 과정, 그 이상도 그 이하도 아니다. 베이 감독은 인간 복제에 대한 종교적이거나 철학적인 논쟁에 초점을 맞추지 않는다. 그의 질문은 보다 직설적이고 사실적이다. 자칫 관념적으로 흐르거나 탁상공론에 머물 수도 있는 복제 인간에 대한 이슈들을 그는 클론의 생산과 소비라는 시장 경제의 문제로 단순화시킨다. 영화에 따르면 갓 태어난 아기, 싱싱한 간, 팔딱거리는 심장, 살아있는 뇌, 이런 것들이 가까운 미래의 시장에 등장할 품목들이다. 바야흐로 '생명' 이라는 신제품이 출시된 가운데 미래의 인류는 선택에 직면할 것이다. 그리고 지금껏 늘 그래왔듯이 소비자 하나하나의 선택이 모여 시장의 가치관이나 흐름을 결정할 것임을 영화는 암시한다.

아일랜드의 실체

링컨은 바이오텍 직원들 중에 유일하게 그의 말동무가 되어주는 맥코드McCord와 친하게 지낸다. 늘 써먹던 수법대로 일부러 컴퓨터를 고장 낸 다음 수리가 필요하다는 핑계를 대고 그는 클론들의 출입이 금지된 오염경고구역에 허가를 받고 들어간다. 거기서 맥코드를 만나 잠시 이야기를 나누고 혼자 앉아 있던 중에 그는 통풍구를 통해 들어온 나방을 한 마리 발견한다. 외부 세계는 오염지역인데 어떻게 나방은 살아 있었던 것일까? 어떻게 나방은 수많은 센서들을 통과해서 이 곳까지 온 것일까? 링컨은 맥코드가 주고 간 성냥갑에 나방을 집어넣고 오염 구역을 빠져 나온다. 그 날 저녁 복권에 그의 여자친구인 조던 2-델타Jordan 2-delta가 당첨되고, 링컨은 심란한 마음에 잠을 이루지 못한다. 한밤중에 몰래 오염 구역으로 다시 들어와서 나방을 놓아주다가 링컨은 우연히 의료 섹터로 통하는 통로를 발견한다.

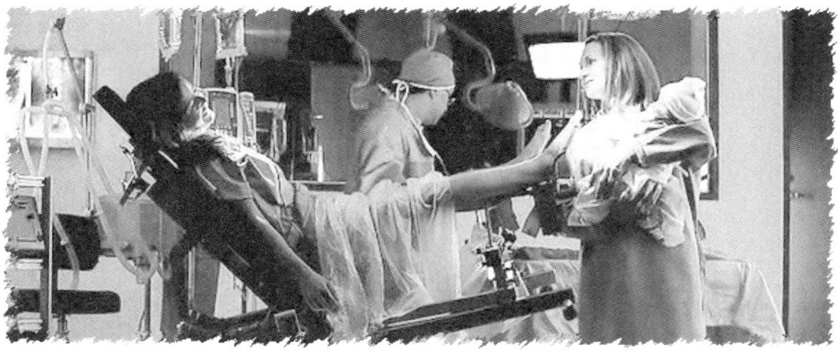

오로지 아기를 낳을 목적으로 잠시 존재했다 사라지는 클론 대리모.

의료섹터에서 링컨은 출산이 임박해서 아일랜드로 떠났던 여자 클론인 리마 1-알파Lima 1-alpha가 출산대위에 누워 있는 광경을 본다. 그녀가 아이를 낳는 모습을 숨어서 보면서, 그녀가 아기를 보고 기쁨의 눈물을 흘릴 때 링컨도 덩달아 기뻐한다. 리마는 설레는 목소리로 의사에게 묻는다. '이제 우리는 아일랜드로 가는 건가요?' 측은함과 냉정함이 뒤섞인 묘한 표정으로 갓 태어난 아기를 안고 있는 의사는 그렇다고 대답한다. 아기를 옆에 내려놓은 뒤 그녀는 리마의 발목을 도구로 고정시킨다. 뒤늦게 아일랜드의 실체를 알게 될 그녀가 저항하지 못하도록 말이다.

그녀에게 연결된 주사관에 녹색의 액체가 소량 주입되고, 그녀는 놀람과 고통 속에서 죽어간다. 그 순간 그녀의 아기는 대기실에서 기다리던 또 다른 그녀에게 전달된다. 리마와 똑같은 또 하나의 리마. 아기의 출산을 대가로 500만 불의 보험료를 지불했을 리마의 스폰서. 아기를 건네받은 부부는 기뻐하고, 의사는 고객과 메릭 바이오텍의 보험 계약이 종료되었음을 알린다. 어떤 이유에서 스폰서가 대리모를 필요로 했는지는 모르는 일이다. 그녀는 불임일지도 모르고, 임신과 출산의 고통에서 벗어나고 싶었을 지도 모르고, 아기는 갖고 싶지만 자기의 인생을 장기간의 임신으로 방해받고 싶지 않았을 수도 있다. 어쨌든 분명한 사실은 아기가 부모의 유전자와 100% 일치하며, 또 하나의 리마는 어떤 과정을 통해 아기가 자기의 손에 왔는지도 모르고, 클론의 죽음 또한 모른다는 사실이다. 이들 부부는 그 과정이 불법적으로 행해졌으리라고는 꿈도 꾸지 않는다. 메릭 박사는 회사의 공신력을 유지하기 위해 모든 과정을 철저히 비밀에 부치고 있으며, 고객들은 합법적인 절차에 의해 원하는 아기를 얻은 것이다. 그렇기 때문에 이들의 태도가 객관적으로 볼 때 무책임하거나 비인간적이라도 할 수도 없다. 그들은 그저 첨단 과학의 결실물을 남보다 조금 빨리 맛본 것에 지나지 않는다.

리마의 비극을 보고 공포와 충격에 휩싸여 도망치던 링컨은 두 번째 진실을 목격한다. 복권에 당첨되어서 기뻐하면서 떠났던 남자 클론

스타크웨더 2-델타Startweather 2-deltar 가 간을 적출하는 수술 도중에 마취에서 깨어나 수술실에서 탈출하는 광경을 보게 된 것이다. 온 몸에 수술 장비를 너덜너덜 달고, 이미 복부는 메스로 절개된 상태에서 그는 아일랜드로 보내달라고 절규하면서 수술실에서 도망친다. 이런 일들이 드문 것도 아니어서, 경비원들은 노련한 몸놀림으로 그를 뒤쫓아 가서 체포한다. 곧이어 그는 다시 수술대에 눕혀지고 그에게서 적출된 선홍빛의 간은 진공 포장 제품이 되어 지상에서 대기하고 있던 직원들에 의해 스폰서에게 공수된다.

비정한 현실은 장기 적출이 이뤄지는 의료섹터에 국한되지 않는다. 이런 광경은 한 편의 지옥도이지만, 메릭 바이오텍의 경비원들은 측은함이나 죄의식을 느끼지 않는다. 클론은 인간이 아닌 제품인데 왜 그들의 죽음을 보며 고통스러워하겠는가. 무장 요원들 뿐 아니라 그 안에서 일하는 의사와 간호사, 사무원에 이르기까지 모든 사람들은 클론들의 상황에 무감각하다. 클론에게서 아이를 받아 내거나 장기를 적출하는 일들은 그야말로 제품을 분해해서 부품을 떼어내는 일에 다르지 않다는 듯이 이들은 모든 과정을 극히 사무적으로 처리한다. 이들이 처음부터 이토록 비정했을까? 혹은 필립 딕의 소설에 나오는 인조인간 사냥꾼처럼 계속 사냥꾼 노릇을 하기 위해, 계속 돈을 벌고 최고의 사냥꾼으로 남기 위해서, 끊임없이 저들은 인간이 아니라 제품이라는 말로서 자기를 세뇌시키면서 살고 있는 건 아닐까? 탈출했던 스타크웨더가 다시 붙잡히는 장면을 보면서 환호하는 경비원들의 모습에는 인류의 역사에서

아일랜드로 보내달라고 절규하는 클론.

클론이 잡혀가는 광경을 보면서 환호하는 직원들.
이런 광경이 비단 미래의 클론과 인간들 사이에만 있는 일일까.

한 번도 그 흐름이 멈춘 적이 없었던 집단의 광기가 있다. 절규하는 클론의 모습이 CCTV에 나올 때 이들의 환호는 절정에 이른다. 검투사들을 원형 경기장에 몰아넣고 그들의 목숨을 건 혈투를 보면서 즐겼던 로마의 시민들처럼, 혹은 영화에 나오는 경비업체의 대장인 로랑Laurent이 어렸을 무렵, 그의 아버지를 죽이면서 그의 아들들 또한 인간 이하의 존재라는 표식으로 그의 손바닥에 낙인을 찍었던 반란군 진압자들처럼, 감독관들은 클론을 사냥감으로 전락시키는 데서 악마적인 쾌락을 경험한다.

비단 경비요원들 뿐만 아니라 의사들이나 직원들도 정도의 차이는 있지만 클론의 상황에 대해 무감각하기는 마찬가지이다. 문제는 이들이 특별히 나쁜 사람들이 아니고 평범한 사람들이라는 데 있다. 끊임없이 되풀이 되는 일상과 반복되는 세뇌의 과정이 이들을 무감각한 사람들이나 가학적인 쾌락을 일삼는 사람들로 만들어가는 것이다. 영화의 후반부에 탈출했다 붙잡혀온 조던은 장기 적출을 위해 침대에 눕혀진다. 겉으로는 의연한 척 하지만 내심 공포에 질려 있을 그녀에게 감독관 한 명이 다가온다. 최고의 공포를 불러일으키기 위해 그녀의 눈을 응시하면서, 그는 작은 목소리로 속삭인다. "곧 심장을 적출할 거라는군. 폐와 심장도 말이야... 완전히 조각낼 거야... 안됐군." 클론들의 친구가 되는 맥코드와 같은 사람도 있으니까 이들이 지금과 같은 상태가 된 걸 전부 메릭 바이오텍이라는 회사 탓으로만 돌릴 수도 없다. 어쨌든 메릭 바이오텍이라는 회사는 인간에 내재한 잔인함이 발현되기에 좋은 조건인 것만은 틀림없으며, 그 곳의 직원들은 비인간적인 존재로 전락한다. 이런 면에서 선택된 사람들이 거주하는 에덴동산은 클론 뿐 아니라 직원들에게도 죽음의 땅이다.

아일랜드는 천국이고, 거기에는 최고의 기쁨이 기다리고 있다니! 천만의 말씀이다. 링컨은 아일랜드가 지옥임을 알게 된다. 관객이 볼 때도 물론 그렇다. 그러나 메릭이나 스폰서의 눈으로 볼 때도 과연 그럴까? 클론 한 명 당 가격은 500만 불이며, 수요는 기하급수적으로 늘어날 것이다. 복제 기술의 노하우가 축적되면 원하는 만큼 투자자들도 유치할 수 있을 것이고, 별 다른 제약 없이 임상실험을 행해서 기술을 발전시킬 수도 있다. 메릭의 복제 기술이 획기적인 과학적 발견과 경제적인 부가 가치 창출로만 연결되는 건 아니다. 모든 것이 정보의 네크워크로 연결되는 미래 사회에 과학 분야의 성과는 반드시 정치적이며 사회적인 분야로 확산된다. 정부는 그의 연구를 전략 산업으로 육성할 수도 있고, 인류의 불치병을 치유하는 데 사용할 수도 있다. 그야말로 부와 권력과 명예가 일시에 그의 손 안에 들어오는 것이다. 맥코드는 지하 시설에서 탈출해 자기를 찾아온 링컨과 조던에게 말한다. “너희가 존재하는 이유는 오직 하나, 모두가 영생을 꿈꾸기 때문이야. 이건 새로운 아메리칸 드림이야. 그리고 밖에는 그럴 수만 있다면 얼마든지 지불할 부자들이 있어.”

스폰서들도 이 참혹한 광경만 보지 않는다면 별로 나쁠 것이 없다. 클론인 링컨에게 그의 스폰서인 톰 링컨이 말하듯이 ‘500만 불은 죽음을 면하는 대가로는 싼 편'이기 때문이다. 클론들이 대량 복제되고, 장기가 맞춤 주문에 따라 적출되는 과정은 앞서도 말했듯이 육류나 곡류가 대량 생산되어 제품화되는 과정과 별로 다를 바 없다. 동물들에게 엄청난 항생제가 투여되고, 성장을 촉진시키기 위해 밤낮으로 불이 켜진 축사에서 육질을 부드럽게 하기 위해 호르몬제를 주입받고, 운동으로 인해 근육이 생기지 않도록 간신히 몸을 움직이기도 어려운 공간에 평생을 갇혀 살아야 한다. 매스컴을 통해 최상의 제품을 생산하기 위해 비정한 통제를 받는 동물들의 상황이 간간이 보도되긴 하고, 그 충격적인 장면에 사람들은 순간 말문이 막히지만 대부분 거기서 멈춘다. 일상은 다시 예나 다름없이 흘러가고, 사람들은 무심해진다. 클론들의 삶에서도 역시 가장 중요한 건 그들의 심신이 건강한 상태로 유지되는 것이다. 매일 아침 식당으로 내려오는 클론들의 머리 위에 '건강한 사람이 행복한 사람입니다.'라는 구호가 울려 퍼진다. 각자의 스폰서에게 최고 품질의 장기와 아기를 제공하기 위해 건강체로 살아가는게 그들의 유일한 존재 이유이다.

메릭 바이오텍은 클론의 생산과 폐기를 철저히 비밀에 부친다. 고객의 입장에서 클론에 대한 진실이 철저히 비밀에 부쳐져야 되는 이유는 단 하나, 그 과정을 있는 그대로 본다면 사람들은 결국 "클론을 죽일 것인가, 아니면 내가 죽을 것인가." 둘 중의 하나를 선택해야 하기 때문이다. 사람들은 이런 선택에 직면하기를 싫어하고, 메릭은 그 사실을 잘 알고 있다. 어찌 보면 메릭은 사람들이 내리기 어려운 선택을 대신

해주는 대가로 많은 돈을 벌고 있는 것이다. 스폰서가 클론의 장기를 사용하긴 하지만 직접 클론을 죽이는 건 스폰서가 아닌, 메릭이기 때문이다. 링컨과 조던은 맥코드를 찾아가서 묻는다.

조 던 : 사람들은 우릴 죽이는 걸 상관 않나요? 우리에게서 장기를 꺼내가는 걸?

매코드 : 그들은 몰라. 야채처럼 화분에서 재배되는 걸로만 알지. ..
왜 메릭이 오래된 군사시설 지하에 틀어박혀 있다고 생각해?
그는 진실이 밝혀지는 걸 원치 않아. 특히 스폰서한테는 더더욱.

조 던 : 스폰서요?

매코드 : 너희를 만들도록 시킨 사람들. 너희를 소유하는 셈이지.

조 던 : 왜 메릭은 우리가 살아 있다는 게 그들에게 알려지길 원치 않죠?

매코드 : 버거를 먹으려고 소를 만나 볼 필요가 없는 거랑 같은 이유 아닐까?

메릭의 직원이든 아니면 스폰서이든, 영화에 등장하는 대다수의 사람들은 클론을 거론할 때 돈으로 환산해서 말한다. 클론들은 인간이 아니라 생산 단가와 소비의 측면에서 철저히 상품으로만 존재한다. 스폰서에게 그들은 500 만 달러의 보험용 인간이다. 생산자도 마찬가지이다. 에코 세대에 문제가 발생해서 이들과 그 이후에 생산된 클론들을 모두 없애라는 메릭의 지시를 받고, 메릭 회사의 직원은 깜짝 놀란다. 살아있는 생명체를 죽여야 하기 때문이 아니라 폐기될 제품의 총 가격이 2억 달러에 달하기 때문이다. 사람들이 이처럼 잔인한데도 링컨과 조던은 지상에서 살고 있는 자기들의 스폰서에 대한 희망을 버리지 않는다. 그대로 숨어버리라는 맥코드의 권유를 무시하고 링컨과 조던이 스폰서를 찾아가서 진실을 밝혀달라고 부탁하겠다고 하자 맥코드는 만류한다. 스폰서들은 너희 클론들을 엔진의 스페어 부품 정도로 여길 것이며, 아무 상관도 하지 않을 것이라고. 그러면서 재차 언급한다. "사람들에 대해 내가 해줄 수 있는 말은, 살기 위해 뭐든 하는 존재라는 거야."

스폰서에게 클론은 생명의 끈이다. 그들이 든 보험의 진실이 밝혀졌을 때 스폰서는 과연 어떤 행동을 할까. SF에서 출발한 영화는 링컨과 조던이 지상으로 올라온 이후 전형적인 할리우드 블록버스터로 전환되면서 권선징악과 해피 엔딩의 플롯으로 이동하지만, 우리가 영화를 보는 초점을 스폰서의 선택의 문제에 둔다면 영화의 주제는 계속 유효하다. 지하의 세계가 클론과 생산자를 중점적으로 다뤘다면 지상의 세계는 클론과 스폰서의 선택을 다룬다. 장기 이식이나 대리모의 문제를 놓고 영화는 생산자인 과학자나 의학자인 대중의 입장과 소비자의 입장을 모두 다룬다. 생명이 상품이 되어 거래되는 시대에 죽음을 삶으로 바꿀 수 있는 능력은 과학자나 일반 대중 모두의 손 안에 있는 셈이다. 과학자는 기술이 있고, 소비자는 그 기술을 살 수 있는 경제적인 능력이 있다.

인간인가, 제품인가?

2014년 마침내 메릭 바이오텍은 인간 복제를 성공시켰다. 이후 영화는 사실적인 관점으로 만약 그런 사건이 실제 일어날 경우 그로부터 파생될 실제적인 사안들을 언급한다. 먼저, 자국의 이익을 보호하면서도 관련 당사자들이나 사람들의 윤리적인 의식을 고려해서 법적인 통제도 가해야 할 것이다. 따라서 영화에서는 복제가 성공한 직후인 2015년 미국 정부가 우생관련법을 제정한다. 지금 복제 인간을 둘러싼 논쟁에서 잘 알 수 있듯이 복제 인간이 탄생되면 인간의 존엄성 문제가 제기될 것이다. 과연 복제 인간도 인간으로서의 권리가 있는가? 영화에서도 복제 인간의 정체성과 인권이 중요한 문제로 대두된다. 여러 윤리적이며 정치적인 파장을 감안해서 정부는 줄기세포 상태의 복제세포가 의식이 활성화되는 수준까지 성장하는 것을 금지시켰다. 마치 식물인간처럼 생명은 유지하되 항상 수면 상태에 머물도록 할 때만 관련 연구와 장기의 판매가 허용되게끔 조치한 것이다.

클론의 탄생. 인간인가, 제품인가?

메릭 박사가 설립한 메릭 바이오텍은 복제 인간을 연구하고 생산하는 연구소 겸 회사이다. 모든 장기와 피부로 성장할 수 있는 줄기세포 아그넷Agnate의 배양 기술은 엄청난 전술적이며 경제적인 가치를 갖는다. 군부와 자본이 그를 방치할 리 없다. 나중에 복제 인간이 탈출했을 때 즉각 국방부에 보고 되고, 국방부에서 수색 부대를 동원하려는 사실에서 암시되듯이 그의 연구는 국가전략산업으로 비밀리에 육성된다. 영화에는 투자 설명회에 앞서 '(장기와 태아를) 팔고, 팔고, 끝도 없이 팔릴 것이다. 당신(메릭 박사)은 시작만 하라. 마무리는 내가 하겠다.'고 메릭을 유혹하는, 노련한 장사꾼도 잠깐 등장한다. 메릭은 투자자들에게 자기 회사를 차세대 과학의 현장으로 소개하면서 아그넷이 배양되는 모습을 보여준다.

> 인간의 조직은 전 우주에서 찾아볼 수 없는 복잡한 구조입니다. 3억년의 진화를 통해서 얻어진 산물이죠. 모든 면에서 완벽하죠, 한 가지만 빼고는. 그것은 모든 기계들처럼 시간이 지날수록 소모됩니다. 신체를 되살리려는 생각은 수세기에 걸쳐 현대 과학의 첨단 역할을 해왔죠.

아그넷은 클론의 가장 초기 형태이다. 메릭의 홍보 이사는 고객들이 아그넷에 대한 거부감을 품을 지도 모르기 때문에, 자기 회사는 2015년 발효된 유전자 법령에 따라 아그넷을 무의식 상태로 유지시킨다고 말한다. 그는 다음과 같은 말로 설명회를 마무리한다. "신사 숙녀 여러분, 이건 제품입니다. 어떤 관점에서 보더라도 인간은 아닙니다."

그런데 메릭이 숨긴 부분이 하나 있다. 인간의 조직체를 만드는 과정에서 그는 중요한 사실을 하나 발견하게 되었다. 그것은 유기체의 의식이 활성화되지 않고, 따라서 감정이나 기억도 없고, 자기만의 고유한 경험이 없는 한 아그넷의 조직들은 완전한 것으로 성장하지 못한다는 사실이었다. 따라서 메릭은 유전자 관계 법령을 어기고 비밀리에 아그넷의 의식을 활성화시킨다. 그 비밀은 메릭 외에 극소수의 관계자만이 안다. 자기의 연구를 완성하기 위해, 혹은 돈이나 권력에의 욕망 때문에 메릭은 그릇된 정보를 투자자나 스폰서에게 제공한다. 투자자와 스폰서들이 몰려오고, 이로 인해 메릭의 사업은 날로 번창한다. 결과적으로 과학의 문외한인 대중들은 자기들도 모르는 사이에 클론의 탄생과 살해에 연루된다.

일반과 격리된 공간에서 전문적으로 이뤄지는 연구의 내용은 쉽게 은폐되거나 조작되며, 이런 맥락에서 과학 지식을 다루는 전문가 집단의 윤리 의식이나 사회적 책임감은 많이 강조되어왔다. 이런 상황은 비단 클론의 탄생 뿐 아니라 그들을 폐기시키는 과정에서도 동일하게 발생한다. 링컨의 뇌를 찍은 시냅스 스캔을 보고 메릭은 링컨과 같은 에코 세대의 클론들의 신경 세포가 계속 성장하고 있음을 확인한다. 그들이 스스로 생각하는 존재들이 되었고, 더 이상 종래와 같은 기억 이식을 통해 통제할 수 없음을 깨닫자 메릭은 이미 태어난 클론들은 모두 살해하고, 인큐베이터에 들어 있는 탄생 이전의 클론들을 폐기시키기로 결정한다. 워낙 엄청난 금액에 달하는 다량의 제품을 폐기시키는 것이기 때문에 메릭은 화상 회의를 통해 투자자들에게 제품의 하자를 보고하고, 그 폐기 여부를 표결에 부친다. 진실을 모르는 투자자들은 폐기에 동의하고, 메릭은 에코 세대 전원을 복권에 당첨시키고, 아직 탄생 이전에 있는 클론들이 들어 있는 양수 주머니를 찢는다.

투자자나 스폰서들은 클론이 제품이라고 믿고 있기에 선뜻 동의한다. 그러나 사실을 알았다면 이들은 어떻게 행동했을까? 투자자의 입장에서 투자 금액을 보존하기 위해 메릭에 합세해서 사실을 은폐했을까, 아니면 정의감에서 사실을 공개했을까? 스폰서의 입장에서 자기가 살기 위해 클론을 다시 메릭에게 넘겼을까, 아니면 죽음을 감수하고 클론에게 목숨과 자유를 주었을까? 영화는 지하의 세계와 지상의 세계, 이 두 세계에서 일어나는 사건들을 다룬다. 지하의 세계가 클론의 탄생과 죽음을 둘러싸고 한 과학자의 빗나간 집념에서 비롯된 인간들의 타락상을 다뤘다면, 지상의 세계는 클론들의 눈으로 바라보는 인간의 세계를 재현한다. 의료 섹터에서 처참한 광경을 목격하고 서둘러 거처로 돌아온 링컨은 그날 저녁 복권에 당첨되었던 조던을 데리고 탈출에 성공한다. 홀로그램의 영사막을 뚫고, 지상으로 향하는 통로를 올라와서 거대한 해치 밖으로 나왔을 때 그들의 눈에 비친 건 오염된 죽음의 땅이 아니라 온통 생명의 붉은 빛으로 가득한 세계이다. 애리조나의 붉은 사막이 찬란한 햇살을 받으며 지평선 끝까지 장대하게 펼쳐져 있는 것이다.

지하와 지상은 여러모로 대비된다. 지하 세계의 영상들이 무채색을 통해 획일적이고 기계적인 삶을 전달하고자 했다면, 붉은 색 계열이 주조를 이룬 지상의 풍경들은 삶의 다양성과 혼돈을 상징한다. 복제 인간의 삶이라는 비슷한 소재를 다루면서도 「아일랜드」의 세트와 스토리 전개는 「블레이드 러너」의 그것과 상당히 다르다. 현실과 환상이 몽환적으로 뒤엉키는 「블레이드 러너」의 배경과는 달리, 마이클 베이 감독은 상상력이 가미되었기는 하지만 비약은 피하면서, 기술력이 고도로 발전된 미래의 하이테크 사회를 소개한다. 탈출한 링컨과 조던은 자기부상열차를 타고 LA에 도착한다. 그곳에는 하늘을 떠다니는 전차도 있지만 건물들 사이로 연결된 전선도 있고, 오늘날의 인터넷 검색 장치와 크게 다르지 않은 정보 단말기도 있다. LA를 누비며 벌어지는 추격전에 다양한 미래형의 자동차들과 모터사이클. 이것들이 디자인 산업이나 발전된 엔진 공학의 산물이듯이, 클론 또한 현대에 활발히 연구되며 비약적인 발전을 거듭하는 생명 공학의 산물이다. 모터사이클과 하늘을 나는 전차와 미래형 자동차와 요트, 그리고 클론은 모두가 진보된 과학과 산업의 결과물이다. 이런 하이테크 사회를 배경으로 클론의 존재는 일관되게 생산과 소비의 차원에서 조명된다.

과거와 가까운 미래가 공존하는 하이테크의 공간, LA.

지상으로 올라온 링컨은 자기의 스폰서인 톰 링컨을 찾아간다. 톰은 자기와 똑같이 생긴 남자의 모습을 보고 비로소 메릭 바이오텍의 실상을 알게 된다. 간 이식 수술을 앞두고 있었던 톰은 합법적인 경로로 자기에게 이식될 장기를 구입할 수 있다고만 알고 있었기 때문에 크게 놀란다. 톰이 장기 이식의 비밀을 알게 되었듯이 그의 클론인 링컨 역시 오랫동안 품어왔던 의문들을 풀게 된다. 그의 꿈에 등장했던 레노바티오라는 멋진 요트는 톰의 애장품이며, 배우지도 않았는데 자동차나 다른 기계들을 운전할 수 있는 능력은 스피드광인 톰, 그러니까 클론의 본체에 내장된 기억들 덕분이었다. 유전자에 각인된 정보들로 인해 DNA 복제로 만들어진 클론은 본체의 기억과 성향, 능력을 어느 정도 공유한다. 그렇다면 영혼은? 그들의 육체가 똑같듯이, 영혼까지 같을까?

클론은 스폰서에게 자기와 함께 TV에 나가서 이 모든 사실들을 공개해 줄 것을 요청한다. 평생을 플레이보이로 살아오면서 무책임하고 이기적인 기질이 몸에 밴 톰은 별로 그럴 생각이 없다. 그러나 자신들과 같은 수많은 클론들이 아무 것도 모른 채 죽음을 기다리고 있다고 조던이 다소 비난조의 어투로 말하자 톰은 그들의 말에 따르는 척 한다. 옷을 갈아입겠다고 이층으로 올라가서 그는 몰래 메릭 바이오텍에 연락한다. 회사에 복제 인간의 존재를 알리는 그의 불평은 그의 영혼의 타락성과 이기적인 탐욕을 적나라하게 드러낸다. '왜 내 보험용 인간이 지금 내 소파에 앉아있는 거요?' 집을 나와 톰의 최신형 자동차를 타고 달리던 톰과 링컨은 메릭의 연락을 받고 온 사설 경비요원들에게 포위된다.

이때를 기다렸던 톰은 재빨리 자기의 클론인 링컨의 머리에 총을 겨누고, 탈출한 클론들을 잡기 위해 메릭이 고용한 용병대장인 로랑은 그 둘을 향해 총을 겨눈다.

서로 자기가 톰 링컨이라고 외치는 본체와 복제 인간.

스폰서 : 안 돼, 쏘지 마! 이 자가 필요해! 이 자가 필요하다구!(로랑이 총을 겨눈 채 서있다.) 총 쏘지 마! 이 자는 내 클론이야.

클 론 : 내가 톰 링컨이요!

스폰서 : 뭐야? 이 놈이 거짓말 하는 거야. 입 닥쳐. 너는 내 소유야. 이 놈은 클론이야. 내가 톰 링컨이라니까! 나한테 총 겨누지 마, 이 얼간이야. 놈은 클론이야. 날 보라구!

클 론 : 난 클론이 아니야. 내가 톰이야.

인간과 클론을 분간할 수 있는 외적인 기준은 없다. 서로가 자기가 진짜라고 외치고, 똑같은 사람 둘을 눈앞에 둔 로랑은 그저 총을 겨누고 있을 뿐이다. 이때 톰은 자기 클론을 한 차례 후려치는데, 그의 주먹에 맞아 휘청대며 몸을 구부린 순간 클론은 자기 주머니에 있던 인식용 팔찌를 꺼내 몸을 세우며 재빨리 톰의 손목에 그것을 채운다. 자기 손목에 채워진 팔찌를 보면서 스폰서인 톰은 모든 것이 끝났음을 직감한다. 스폰서의 얼굴에는 공포와 체념이 교차하고, 그의 손목의 팔찌를 본 로랑은 지체 없이 톰을 사살한다. 인간과 인간 아님은 팔찌 하나에 정해진다. 인간과 똑같은 정신과 육체를 지녔지만 팔찌가 채워진 순간 제품으로 판매되는 복제인간처럼 말이다.

육체는 같지만 그들의 영혼은 다르다.

링컨은 나머지 클론들을 구하기 위해 다시 연구소로 돌아오고, 조던은 신용카드로 아이들에게 아이스크림을 사주다가 추적을 계속하고 있던 로랑의 정보망에 포착된다. 로랑이 그녀를 데리고 사막의 지하 시설로 돌아왔을 때는 이미 시간이 많이 지체되어서, 조던의 스폰서는 장기이식을 받더라도 회생할 수 없는 상태가 되었다. 그러나 메릭은 돈을 받은 이상 수술을 하겠다고 말한다. 자신도 한 때 인간 이하의 취급을 당했고, 탈출한 클론들을 체포하는 과정에서 그들의 끔찍한 상황을 어느 정도 짐작하게 된 로랑은 메릭의 말을 듣고 비아냥거리는 어조로 말한다. "나는 자랑스럽지 못한 일을 많이 행하고 보아왔소. 하지만 어떤 면에서 전쟁은 비즈니스요… 헌데 언제부터 살인이 당신의 비즈니스가 되었소?" 로랑은 의학적인 명분으로 살인을 정당화하는 메릭 박사의 자기기만을 공격한다.

> 메 릭: 나는 과학의 성배를 발견했소, 로랑 씨. 아그넷은 도구이고 기구일 뿐이오. 그것들은 영혼이 없소. 여기서 가능성은 무한하오. 2년 내에 난 백혈병을 완치시킬 것이오. 지구에서 그런 말을 할 수 있는 사람이 얼마나 될까요, 로랑 씨?
>
> 로 랑: 당신하고 신뿐인 것 같군요. 그게 당신이 원한 답 아닌가요?

「블레이드 러너」의 타이렐, 메리 셸리의 프랑켄슈타인, 그리고 「아일랜드」의 메릭 박사. 이들은 모두 신이 되고자 했던 사람들이며, 신의 영역으로 넘어가는 열쇠를 찾았다고 생각했다. 그러나 바로 그 지식에 의해 이들은 파멸에 이른다. 비록 인간 게놈 프로젝트가 완료되었다고 선언되긴 했지만, 과학자들은 사실 유전자의 완전한 해독은 이뤄지지 않았고, 세부적인 사항을 밝혀내는 데도 엄청나게 많은 시간이 걸리리라고 말한다. 실제로 생명공학을 전공하는 학자들의 말을 빌자면 생명체의 비밀을 알아가는 만큼 동시에 생명에 대해 인간이 모르는 것이 얼마나 많은가도 실감하게 된다고 한다. 진정한 학문이란 이처럼 지식과 무지를 동시에 배워가는 것이며, 지혜는 그런 가운데 싹틀 것이다.

상생의 문화는 어떻게 오는 것일까

물질의 대량 생산으로 인해 풍요가 찾아오고, 그 결과 하찮게 변해버린 수많은 물건들도 한 때 소중했던 시절이 있었다. 또 곡식이나 고기를 먹으며 그것들이 식탁에 오르기까지 수고했던 손길들에게 감사의 마음을 가졌던 적도 있었다. 수 백 년 전의 산업 혁명은 물질적 풍요의 토대를 마련했고, 불과 몇 십 년 전의 녹색 혁명은 식량의 생산을 비약적으로 증대시켰다. 그러나 이런 혁명의 결과들로 인한 물질적인 풍요는 인류가 기대했던 만큼 오래 지속되지도 않았고, 만인의 행복을 가져다주지도 못했다. 만족과 행복의 기준을 전적으로 자기의 바깥에 두는 한 풍요로움은 계속해서 또 다른 풍요로움에 대한 갈망을 일으켰고, 사람들은 그것을 효율적으로 달성할 방법들을 끊임없이 연구하며 개발해왔다. 영화에 등장하는 영원한 생명을 향한 열망이라든가 그 결과 등장한 인간의 복제를 통한 장기 확보도 이런 노력의 연장선상에 있다고 하겠다.

다행스럽게도 영화는 부활을 뜻하는 '레노바티오'를 타고 아일랜드로 향하는 링컨과 조던의 모습을 보여주며 끝난다. 자기의 정체를 확인한 순간 이들 클론들은 끔찍한 현실로부터 도망치지 않은 채, 인간으로서의 그들의 권리를 되찾으려는 행동을 한다. 그들은 그대로 종적을 감춰버리라는, 달콤하지만 치명적인 맥코드의 충고를 따르지 않았고, 그 결과 사태는 올바른 방향으로 수습되었다. 복제 기술을 통해 부와 권력을 한꺼번에 거머쥐려고 했던 메릭 박사와 생명을 구하는 대가로 500만 달러의 돈을 지불했던 스폰서의 오만과 착각, 그들의 비인간성은 영화를 통해 고발되고, 관객들은 그들의 죽음을 당연한 인과응보로 받아들인다. 링컨과 조던은 죽을 각오를 하고 다시 사막의 지하 세계로 돌아가서 폐기 직전에 놓인 동료들, 그리고 아무 것도 모르고 스폰서의 장기가 필요할 때까지 그 속에서 사육되는 수많은 동료 클론들을 구해내고, 영화는 해피 엔딩으로 끝난다. 링컨과 조던은 아일랜드로 향할 지언정, 사막의 붉은 언덕 위에서 까마득한 지평선을 바라보는 수많은 클론들의 앞에는 어떤 미래가 준비되어 있을지는 미지수이지만 말이다.

베이 감독도 밝혔듯이 이 영화는 복제 인간에 대한 사회적이며 기술적인 쟁점들을 부각시키는 것을 목표로 하지는 않는다. 영화는 거창한 물음에 가려서 자칫 소홀해지기 쉬운 문제, 즉 '나라면 저 상황에서 어떻게 하겠는가?'를 묻는다. 생명과학이 어떤 방향으로 전개되든, 시장경제와 테크노크라시가 무엇이든 간에 영화는 그 안에서 살아가는 내 자신의 입장을 묻는다. 모든 객관적인 사항들이나 기술적인 문제들을 다 이해한 후에 나오는 답변이 반드시 가장 옳은 답은 아닐 것이다. 한 평론가가 말했듯이, 이 영화에 등장하는 인간 복제 기술은 생명

경시로 이어질 수도 있고, 혹은 의학 혁명으로 환영받을 수도 있다. 글의 서두에서 냉동 배아를 줄기세포 연구용으로 기증하는 불임부부의 이야기라든가 딸의 난치병 치료를 위해 아이를 임신한 부모의 사례들을 인용했지만, 이런 상황까지 감안한다면 인간 복제는 정말 미묘한 사안이 아닐 수 없다.

메릭 바이오텍의 직원들이 양수 주머니에서 복제 인간을 끄집어내는 손길은 난폭하다. 인간들은 짐짝처럼 꺼내지고 저장된다. 이 장면은 무심코 하는 일상화된 행동이 얼마나 인간의 성품과 정신을 파괴할 수 있는지를 고발한다. 양수 막을 찢고 클론을 꺼내는 인부들의 손길이 거칠고, 클론의 몸을 검사하는 의사가 제품의 하자를 점검하거나 고기의 육질을 평가하는 기술자의 분위기를 풍긴다고 해서 이들이 유달리 비인간적이거나 잔인한 사람들은 아니다. 그들의 손은 생계를 위해 시간에 쫓기며 물건들을 트럭에서 끌어내리는 작업 인부들의 손, 기계적으로 환자들의 가슴에 청진기를 들이대거나 내시경 검사를 하는 의사들의 손, 슈퍼마켓에서 부위별로 포장된 고기를 무심하게 이리저리 들춰보는 고객의 손과 다르지 않다. 탄생의 순간에 엄청난 고통을 겪는 클론을 무심히 바라보는 이들의 시선 또한 소비자와 공급자의 욕망이 맞물려 오늘날 곳곳에서 찾아볼 수 있는 생명 경시 풍조의 필연적인 결과이다. 영화에서 보이는 클론의 비극은 미래의 상황이지만 그 씨앗을 심는 것은 현재의 우리의 행동이다.

지금은 이미 고전이 되어 버렸지만 『바이오테크 시대』를 쓴 제레미 리프킨은 생명 공학에 관해 쏟아져 나오는 책들의 진정한 의미는 이 전문적인 학문에 대한 지식을 주는 것이 아니라 바로 '존재의 목적과 의미에 관한 궁극적인 의문을 다시 생각하게'[93] 해주는데 있다고 말한다. 당연한 말이지만 근시안적인 안목에 사로잡힐 때 시야는 흐려지고, 인식의 지평이 넓어질 때 더 많은 것을 보게 된다. 영화에 나온 복제인간의 이야기를 통해 우리는 '욕망하는 기계'로 급속히 변질되어가는 인류의 모습을 점검해볼 기회를 얻는다. 자신의 이익을 위해 자연의 모든 것들을 오로지 정복과 소비의 대상으로만 간주한다면 생명의 창조라는 획기적인 과학의 성과는 인류의 희망이 아니라 악몽으로 전락해 버리고 말 것이다. 이러한 시점에서 과학의 발전과 더불어 절실히 요구되는 건 우주적 상상력의 회복이다. 우주에 존재하는 모든 것들이 정교한 그물망처럼 일체가 연결되어 있어서 그 중 어떤 하나에 일어나는 미묘한 변화라도 우주 전체를 변화시킨다는 그런 믿음 말이다. 식물이든 동물이든, 혹은 클론이든 인간이든, 세상의 모든 존재들이 상생하는 세상을 우리의 목적지로 할 때, 우리에게도 아일랜드 행 티켓이 주어지지 않을까 기대해 본다.

93 제레미 래프킨, 「바이오테크 시대」, 416쪽.

5_인간과 자연의 평화로운 공존은 가능한가?

『모노노케 히메』 Mononokehime

원시에 인간과 신은 하나였다.

일본의 애니메이션은 그 규모나 내용, 영향력 면에서 전 세계에 커다란 영향을 미치고 있다. 미야자키 하야오 감독은 그러한 일본 애니메이션의 중심에 자리한 인물로, 「미래소년 코난」을 시작으로 하여 「바람 계곡의 나우시카」「붉은 돼지」「천공의 성 라퓨타」「이웃집 토토로」「모노노케 히메」「센과 치히로의 행방불명」과 같은 애니메이션사에 남을 대작들을 만들어 냈다. 그의 작품 중에는 자연 파괴가 초래하는 인류의 어두운 미래를 우회적으로 경고하는 것들이 많은데, 「바람 계곡의 나우시카」나 「천공의 성 라퓨타」「센과 치히로의 행방불명」과 같은 작품들은 생태학적 관점에서 인간과 자연이 어떻게 공존해 나가야 하는가를 보여주는 수작들이다. 이들 작품들은 여성을 주인공으로 하여 과학의 발전으로 파괴되어 가는 자연을 여성이 구원해낸다는 것을 주된 테마로 삼고 있다. 최근에 '에코페미니즘'의 측면에서 이들 작품을 분석하는 것도 새로운 경향으로 대두되고 있는데, 에코페미니즘이란 여성을 생명의 잉태자로 보고, 자연과 여성성은 조화로운 질서의 세계를 위해 함께 회복, 치유되어야 할 상처로 보는 관점이다.[94]

「바람 계곡의 나우시카」나 「천공의 성 라퓨타」「모노노케 히메」와

94 에코페미니즘은 위기에 처한 생태계를 조정하는 여신의 역할에 주목한다. 페미니즘이 가부장적인 제도 아래에서 억압된 여성의 실상을 묘사하는 데 역점을 두었다면 에코페미니즘은 여성과 자연이 권력에 의해 비정상적으로 취급되었다는 점에 초점을 둔다.(진은경(2006), 「미야자키 하야오의 영화에 나타난 에코페미니즘」, 『비교문학』 Vol. 39, 한국비교문화학회)

같은 작품들은 인간의 오만과 탐욕이 초래한 자연파괴와 파괴된 자연을 살리는 여성의 힘을 그린 작품들이다. 그의 작품에서는 파괴된 자연을 치유하고 잃어버린 인간성을 회복하는 역할로서의 여성이 강조된다.[95] 이 과정에서 미야자키는 다양한 동서양의 신화적 상징을 원용하고 있다. 「천공의 성 라퓨타」에서 주인공 시타의 원래 이름에 '우로보로스Uroboros'라는 원시 모신의 상징이 들어간다든지, 「바람계곡의 나우시카」에서 나우시카가 동물과 교감하는 무녀巫女적 속성을 지닌 인물로 묘사된다든지 하는 것은 여성을 원시의 대지모신으로 상징하여 여성의 모성만이 인류의 멸망을 구원하고 자연을 지킬 수 있다고 하는 사상에 근거한 것이다. 우로보로스란 만물을 포용하고 생산하는 원시 모신母神의 특징 중의 하나로 대원the Great Round이며, 이는 자신의 꼬리를 물고 있는 바퀴모양의 뱀 또는 용으로 상징된다.[96]

미야자키의 작품의 대부분에는 이런 신화적 요소가 엿보이지만, 이러한 신화적 상상력을 최대한 발휘한 작품이 「모노노케 히메」이다.

인간이 자연에게 바친 제물이 된 모노노케 히메 산은 자연계를 대표하는 상징으로 등장한다. 산의 자연에 대립되는 개념으로 등장하는 것이 제철장이고, 이 제철장을 이끌어 나가는 인물은 에보시라는 여성 지도자이다.

---

95 清水正(2001), 『宮崎駿を読む—母性とカオスのファンタジー』, 鳥影社, 이나바 신이치로, 정윤아 옮김(1999), 『미야자키 하야오를 읽는다-유토피아란 무엇인가』 미컴, 오상현(2006), 「일본 애니메이션의 세계화 전략 -미야자키 하야오의 이미지와 표현컨셉-」, 『한일군사문화연구』 Vol.4 , 한일군사문화학회, 등 참조.

96 Eric Neumann, translated by Ralph Manheim,(1963), The Great Mother; An Anlaysis of the Archt Princeton Univ. Press, pp.18-25

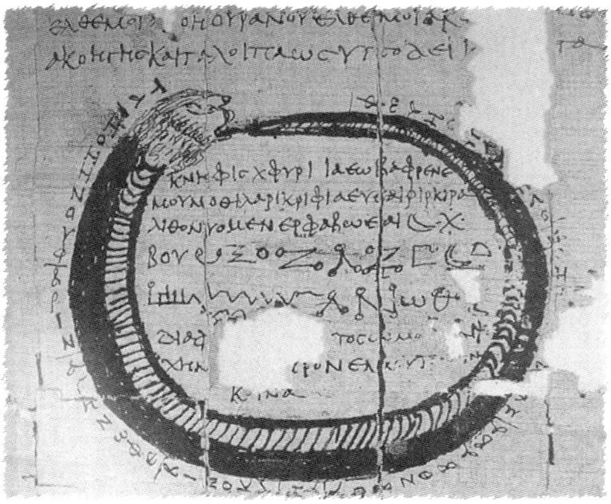

자신의 꼬리를 물고 있는 우로보로스(Uroboros).
해체와 재결합의 영원한 순환을 상징하는 것으로서 전 세계적으로 퍼져 있다.

작품은 자연과 문명을 상징하는 이 두 캐릭터가 충돌하고 갈등하는 과정을 사슴신을 비롯한 멧돼지신, 늑대신과 같은 동물신과 나무, 숲의 정령들의 이야기를 함께 엮어 풀어나가고 있다. 미야자키 감독은 작품 속에 다양한 신화적 요소를 사용하고 있는데, 그의 신화적 상상력이 작품에 어떻게 전개되고 있는가 보기로 한다.

한편, 사에키 준코는 「모노노케 히메」는 타자(이질적인 세계)의 존재를 어떻게 받아들여야 하는가 하는 타자론의 관점을 시사하고 있다. 그것은 타자를 자기에게 동화시키는 것이 아니라, 산은 숲에서 살고 아시타카는 마을에 남는다는 작품의 결말부에서처럼, 타자가 타자대로 남아 있으면서 서로가 서로를 살리는 상생의 타자론을 지향한다고 하고 있다.[97]

---

97 佐伯順子 `<もののけ姫>『フィルムメーカーズ⑥宮崎駿』キネマ旬報社 `142-143쪽

인간에게 버림받아 인간에 대한 적대심을 키우며 마음의 문을 굳게 닫았던 모노노케 히메는 자신의 존재를 있는 그대로 받아들이는 아시타카를 만나 마음속의 분노를 잠재우고 아시타카와 함께 자연과 인간이 함께 살 수 있는 길을 모색하게 된다. 어떤 의미에서는 미야자키 감독이 현실에서는 이루어지기 어려운 모호한 방식으로 해결방안을 제시한 듯이 보이는 면도 있으나, 서로의 존재를 인정하며 각자 자신의 방식대로 삶을 살아간다는 '상생의 타자론'이 우리가 자연을 어떻게 이해해 가야 하는가에 대한 현명한 방향제시가 되리라 생각된다. 모노노케 히메와 아시타카, 에보시 이 세 사람이 어떻게 타자를 이해하고 수용해 가는가, 또한 이들 세 사람이 어떻게 자신의 저주를 순화시키고 성장해 가는지 살펴보도록 한다.

아시타카의 길 떠나기

「모노노케 히메」의 첫 장면은 원시를 연상시키는 숲 속에서 재앙을 입은 멧돼지가 출현하는 것으로 시작된다. 20억 엔을 들인 대작답게 재앙신(타타리가미)이 된 멧돼지의 몸을 온통 감싸고 있는 지렁이를 표현하기 위해 단 2분 10초의 장면에 1년 7개월이란 시간과 5,300장의 그림을 썼다고 한다.[98] 미야자키 감독이 재앙신 묘사에 이렇게 공을

98 기리토시 리사쿠, 남도현 역(2002), 『미야자키 하야오론-마음을 비워주는 영화이야기』, 써드아이, 95쪽

들인 이유는, 인간의 총에 맞은 지모신으로서의 멧돼지가 그 분노를 참지 못하고 재앙신으로 변해 버림으로써 원한을 품은 영혼은 재앙신으로 변한다고 하는 일본의 전통사상을 보는 이에게 선명하게 각인시키기 위한 것으로 해석된다. 다시 말해 이 작품은 자연과 인간의 대립이라고 하는 미야자키의 일관된 작품 주제에 더해, 문명 이전에 존재했던 일본적 신화의 세계를 보여주기 위한 오프닝이기도 한 것이다.

재앙신(타타리가미)으로 변한 나고 대장.

이 멧돼지신은 고대 일본사회를 배경으로 한 마을에 난입하여 마을사람들을 위협하기에 이르고, 에미시족의 왕자 아시타카가 마을 사람들을 구하기 위해 멧돼지신을 처치한다. 에미시족은 야마토 조정과의 싸움에서 패배하여 변방으로 쫓겨 살아가는 부족이다. 시대배경을 굳이 고대로 한 이유는, 고대 일본에 있어서는 아직 신과 인간이 명확하게 구분되지 않은 신화적 세계가 존재했다는 것을 설명하기 위한 것으로 보여 진다.

이러한 신화의 세계에서는 동물이나 신, 인간의 구분이 없었고, 이들은 서로를 자연의 일부로 인정하며 평화롭게 공존하고 있었다. 그러나 문명이 발달하면서 이 모든 것이 분리되고 인간 중심적 사고가 확산되면서 인간 이외의 것을 모두 정복의 대상으로 보는 관점이 생겨나기 시작한다. 이러한 인간의 오만에 대해 자연은 다양한 방식으로 징벌을 내린다. 기상이변으로 생긴 츠나미라든지, 엄청난 산림파괴로 인한 한발, 홍수와 같은 재앙들이 그러한 예이다. 재앙신이 된 멧돼지가 마을 전체를 위협하며 날뛰는 오프닝 신은, 인간과 자연의 평화로운 공존이 끝나고 이제 인간이 자연과 그 안의 일부로 존재하는 동물들을 잔혹하게 징벌하는 인간 역사의 한 단계가 시작되었음을 알리는 것이라 볼 수 있다.

아시타카는 마을 사람들을 구하기 위해 마을에 침입한 멧돼지신을 활로 쏴서 처치하는 데, 이 과정에서 아시타카는 재앙신 몸에 붙은 벌레에 맞아 오른팔에 검붉은 얼룩이 생기는 저주를 받게 된다. 이에 마을의 무당 히이사마는 상처의 치료를 위해 서쪽의 깊은 숲에 가 볼 것을 권유한다.

아시타카가 팔의 치료를 위해 서쪽으로 떠나는 것은 미야자키 스스로 밝혔듯이 길가메쉬 신화에서 모티브를 따왔다.[99] 길가메쉬 신화는 약 오 천 년 전에 메소포타미아에서 만들어진 인류 최초의 신화이다. 우르크

99 「ドイツ・ベルリン映画祭インタービュー」『ロマンアルバム・アニメーションスペシャル宮崎駿と庵野秀明』(1998) `徳間書店

의 왕 길가메쉬는 지나치게 잔혹한 통치를 하여 백성들이 천신에게 구조를 요청한다. 백성들의 기도를 들은 천신은 엔키두를 지상으로 내려 보냈으나, 두 사람이 광장에서 싸우다 승부가 나지 않자 오히려 두 사람은 친구가 되기로 한다. 친구가 된 두 사람은 인간의 세계를 넓히기 위해 레바논의 삼나무 원시림을 베어 버린다. 그러자 삼나무 신인 훔바바Humbaba가 길가메쉬를 공격하고 길가메쉬는 훔바바를 죽인다. 그러나 그 대가로 친구인 엔키두가 죽게 되고 길가메쉬는 불사약을 구하기 위해 고향을 떠나 여행을 떠난다. 그는 태양신의 도움으로 건너기 어려운 바다를 건너고, 하늘에 닿은 마쉬Mashu산을 올라 의식과 세례를 거친 후 마침내 불사약을 얻게 된다. 그러나 불사약인 약초를 얻은 후 목욕을 하던 길가메쉬는 약초의 향기를 맡은 뱀에게 불사약을 뺏기고 만다. 결국 아무 것도 얻지 못하고 슬픔에 쌓여 우르크로 돌아온 길가메쉬는 신을 죽이고 인간의 왕국을 만들려고 한 자신의 오만을 부끄러워하며 자연파괴나 생명을 연장하고자 하는 것이 파멸의 길이라 유언을 하고 죽는다.[100] 미야자키 감독이 길가메쉬 신화에서 영감을 얻은 것은 바로 이 결론 부분이 아닐까 생각된다.

다른 한편으로, 아시타카의 영웅기는 길가메쉬 신화 뿐 아니라 중국신화에서도 많은 공통점을 찾을 수 있다. 중국신화는 기록이 누락되거나 이야기가 다양한 형태로 전해져 내려와 온전한 원형을 찾기 어렵지만,

100 김산해(2005), 『길가메쉬 서사시』, 휴머니스트

몇몇 문헌들을 통해 예 신화를 살펴보기로 하겠다. 『좌전左傳』에 의하면 중국 고대 신화에서 예는 하왕夏王으로부터 빼앗은 유궁국有窮國(지금의 산동성 지방)에 군림하는데, 사냥에 빠져서 악정을 펴다 신하들에게 죽음을 당한다. 그러나 다른 문헌에 의하면 그는 죽은 것이 아니라 단지 왕위를 잃고 불사약을 얻기 위해 곤륜산에 오르는 여정을 떠나게 된다고 한다. 곤륜산은 당시 사람들이 우주의 중심축이라 인식했던 서쪽의 끝에 있고, 여기에는 불사의 약을 관장하는 서왕모가 있다. 『신이경神異經』에는 '동왕공東王公이 서왕모西王母를 만난다'고 표현되어 있는데, 「모노노케 히메」에서도 아시타카는 동방에서 와서 서쪽의 깊고 깊은 숲으로 새로운 생명의 원천을 얻기 위해 여행하는 것으로 묘사된다.

바빌론의 마슈산이나 중국의 곤륜산은 모두 우주의 중심축이자 세계의 서쪽 끝이나 동쪽 끝-하늘과 땅의 접점-에 위치한다고 상상되는 우주산cosmic mountain이다. 이집트의 피라미드나 위대한 건축물들은 모두 우주산을 모방한 인공적인 우주의 중심이다. 또한 마슈는 '쌍둥이'란 의미이고, 곤륜崑崙은 태양과 달이 만나는 곳이다. 즉, 우주산이 천지음양을 아우른다는 신비성을 의미한다. 『회남자淮南子』에 의하면 곤륜은 3층으로 되어 있어 각 층의 상부에까지 오를 수 있으며, 하나씩 신비한 능력을 주어 정상까지 오르면 천상세계로 들어가 천제와 함께 있을 수 있다고 한다. 또한 곤륜의 정상에는 목화木禾라는 생명수가 자란다고 하고 있다. 엘리아데는 생명의 나무가 우주의 중심에 위치하여 하늘-대지-지옥을 연결하고 있다고 한다. 대개 그 나무는 산의 정상,

대지의 중심에 서 있는 세계의 축이다. 『여씨춘추呂氏春秋』에서 곤륜의 '수목지화壽木之花'가 불사수不死樹라 하는데, 이 불사수는 신의 것이기 때문에 일반 사람들의 근접을 허락하지 않는다. 예는 이가 5, 6척이나 되는 착치鑿齒라는 생명수를 지키는 괴물을 죽이고 산문山門을 통과한다.

멧돼지신의 저주를 풀기 위해 길을 떠나 던 중 아시타카는 사무라이에게 쫓기는 사람들을 도와주게 된다. 이들 중 한 사람인 행려승 지코 법사와 동굴에서 하룻밤을 보내게 된 아시타카는 그에게서 자신이 "동방의 끝에서 붉은 사슴을 타고 돌화살을 쏘는 용맹한 에미시 부족"이라는 고서古書의 예언을 듣게 된다. 지코 법사는 아시타카에게 서쪽 깊고 깊은 사슴신이 사는 태고의 숲에 가면 저주가 풀릴 것이라 이야기한다. 지코 법사가 이야기한 숲으로 가는 도중에 모노노케 히메를 만난 아시타카는 자신이 '동방의 끝'에서 왔다고 소개하기도 한다. 이 부분은 동왕공이 서쪽 끝에 있는 곤륜산에 있는 서왕모를 만나러 간다고 하는 중국 신화와 매우 흡사하다고 하겠다.

길가메쉬 신화와 예 신화는 많은 공통점이 있는데, 우선 두 사람 모두 태양과 관련된 태양 영웅으로, 뛰어난 용맹을 지녔다. 길가메쉬의 의미는 '불과 도끼의 사람', 즉 금공金工과 목공木工에 뛰어난 사람이라는 뜻으로, 길가메쉬가 반신반수의 괴물 신 훔바바를 죽일 때 사용한 것도 청동으로 된 도끼였다. 예는 궁술의 명수이다. 영웅들이 뛰어난 활솜씨를 갖는 것은 우리나라의 주몽 신화에서도 볼 수 있듯이 이것 또한 흔히 볼 수 있는 모티브라 하겠다. 그는 태어날 때부터 왼팔이 오른팔보다 길어 활을 잘 쏘는 신체 조건을 가졌다고 하는데,『산해경』에 의하면 요堯임금 때 10개의 해가 한꺼번에 나와 지상에 큰 가뭄이 들자 황제는 예에게 9개의 해를 쏘아 떨어뜨리게 하였다고 한다. 아시타카 역시 활쏘기의 명수로 나온다. 사무라이들과의 대결에서 아시타카는 추격을 멈추지 않는 사무라이들에게 활을 쏘게 되고, 멧돼지신의 저주는 엄청난 괴력으로 변해 사무라이의 목과 팔을 날려버리는 잔인함으로 나타나게 된다.

길가메쉬가 죽은 엔키두를 위해 우주의 중심인 마슈산으로 불사약을 구하러 가는 과정이나, 예가 불사약을 구하기 위해 곤륜산崑崙山에 오르는 것, 아시타카가 서쪽 사슴신의 숲으로 불사를 찾아 떠나는 신화의 틀은 거의 흡사한 이야기 구조를 가진다.[101] 길가메쉬나 예 신화의 공통점은 영웅들이 재생을 위해 길을 떠나지만 결국 불사약을 얻지 못한다는 것이다. 인간이 신의 영역에 속하는 삶과 죽음에 관여해서는 안 된다는 교훈이기도 하다.

「모노노케 히메」에는 길가메쉬 신화나 중국의 예 신화의 원용 뿐 아니라 사슴신과 멧돼지신과 같은 다양한 동물신, 달과 물의 상징과 같은 신화적 요소를 찾아볼 수 있다. 이러한 신화 속의 존재와 그 상징적인 의미가 의미하는 바는 무엇인지 보기로 하자.

---

101 葉舒憲(1991),『英雄與太陽 - 中國上古史詩的原型重構』, 上海社會科學院出版社

사슴신과 서왕모

아시타카가 고향을 떠나 서쪽으로 저주를 풀기 위해 여행을 떠난 것은 길가메쉬나 예의 경우와 동기는 다소 다르지만, 그도 결국은 저주를 풀고 새로운 생을 얻기 위해 길을 떠난다는 점에서 위의 두 경우와의 공통점을 발견할 수 있다. 아시타카의 경우는 승려 지코가 가르쳐 준대로 서쪽 깊은 산 속에 사슴신이 사는 생명의 숲을 찾기 위해 길을 떠난다. 그는 숲으로 가는 도중 산길에서 쌀을 사기 위해 산길을 넘고 있는 제철장 사람들을 만난다. 이 제철장 남자들을 이끄는 사람은 에보시라는 여성으로, 그녀는 남성 못지않은 리더십과 냉철함으로 제철장 무리들을 인도한다. 이때 들개 일족이 이들을 습격하고, 그 과정에서 들개의 우두머리인 모로가 부상을 당해 절벽으로 떨어진다. 모로는 숲의 신인 사슴신을 지키는 들개로, 철을 만들기 위해 숲을 파괴하는 제철장 사람들을 공격하는 것이다. 이 싸움에서 제철장 남자들도 절벽으로 떨어지지만, 에보시는 길을 재촉하기 위해 부상을 입은 사람들을 버려두고 떠난다. 그들이 떠나고 난 후, 이를 본 아시타카는 부상자를 업고 생명의 숲을 찾아 나선다. 길을 가던 도중에 아시타카는 상처 입은 모로를 치료하는 모노노케 히메를 만나게 된다. 산은 들개에게 쫓기게 된 인간들이 버리고 간 아이로, 들개인 모로의 딸로 키워진다.

들개에게 키워진 영웅의 이야기는 로마 건국신화에 등장하는 로물루스와 레무스 형제의 이야기가 유명하다. 로물루스는 쌍둥이 동생 레무스와 함께 티베르강에 버려졌으나 암 이리가 젖을 먹여 살려 주었고, 목동 파우스툴루스의 눈에 띄어 그의 손에서 자란다. 후에 그는 로마를 세워 초대 왕이 되었고, 로마라는 명칭도 그의 이름을 따서 붙였다. 거란의 시조신인 늑대 이야기에서도 같은 모티브를 찾아볼 수 있다.

모노노케 히메와 함께 있던 들개 모로는 아시타카를 죽이려고 하나, 모노노케 히메는 아시타카에게 숲에서 떠나라고 한다. 그러나 아시타카는 숲의 정령인 '고다마(메아리라는 뜻)'들의 안내를 받아 생명수가 있는 호수를 찾아가고 거기에서 사슴 신을 만나게 된다. 황금빛을 띤 사슴신을 보자 아시타카의 상처가 치유되고 다친 사람들도 낫게 된다. 여기에서 사슴신은 숲을 지키는 수호신인데, 그러면 왜 사슴일까?

생명의 숲을 지키는 사슴신.

신화학자 엘리아데는 주요 풍요신들의 특징은 쇠뿔이고, 이는 대모여신 마그나 마테르의 상징이라 한다.[102] 쇠뿔이 초승달을 연상시키는 의미에서 달의 상징이 되었고, 달이 차고 기우는 전체 변화 과정을 상징하기도 한다.[103] 또한 디오니소스는 산양 혹은 황소로서 표현된다. 산양 형태의 작은 신들은 숲의 신으로 간주되었다. 러시아의 숲의 정령 렛시(Ljeschie; 숲을 뜻하는 ljes에서 비롯된다)는 일부분이 인간의 모습으로 나타나지만, 산양의 뿔, 귀, 다리를 갖추고 있다고 한다. 그 정령은 뜻대로 모양을 바꿀 수 있어서, 숲을 걸을 때에는 나무와 거의 같은 키가 되고 목초지를 걸을 때에는 풀만한 키밖에 되지 않는다고 한다.

「모노노케 히메」에서는 뿔을 가진 사슴 신이 만물의 생명을 관장하는 지모신知母神으로 등장한다. 원시 시대에 남녀의 역할이 통합되어 양성적이었던 여신의 남성적 측면이 황소의 초생달 모양의 뿔이나 수컷 동물(황소, 숫양, 숫사슴)에 의해 상징화되었다고도 한다.[104] 동물의 뿔은 자라났다 부러지는 면에서 죽음과 재생을 의미하게 된다. 겨울에 사라졌다 봄이 되면 다시 나타나는 개구리나 새, 허물을 벗는 뱀 등도 재생을 의미한다는 면에서 원시인들은 신성한 것으로 여겼다. 달 또한 차고 이지러지기 때문에 무한한 생명력의 원천이기도 하지만 죽음과 소멸이라는 부의 이미지가 함께 공존하는 것이다.

그런데 중국의 서왕모西王母와 관련된 신화에서 보면 양성구유의 가장

---

102 미르치아 엘리아데, 이재실 옮김(1993), 『종교사개론』, 까치글방, 162쪽

103 C. Hentze(1932) Mythes et symboles lunaires, Anvers, pp.96

104 진 시노다 볼린, 조주현 옮김(2003), 『우리 속에 있는 여신들』, 또 하나의 문화

오래된 대지모신인 서왕모는 종종 사슴과 관련된 모습으로 나타난다. 『산해경山海經』에 보이는 서왕모의 특징은 사슴뿔의 가지가 교차된 모습을 하고 있다.[105] 북방 소수민족의 샤만이 쓰는 모자도 녹각으로 장식되어 있다. 녹각의 가지는 생명수의 가지의 상징이자 재생 기능의 상징으로, 서왕모의 동물원형이 사슴일 가능성이 매우 높다. 서왕모는 또한 대지모신임과 동시에 산악신으로서의 면모를 볼 수 있는데, 많은 문헌에서 서왕모를 산악여신으로 규정하고 있는 사실에서도 이를 알 수 있다.[106]

이러한 사실로 볼 때 「모노노케 히메」에 만물의 생사를 관장하는 최고의 지모신으로 등장하는 것이 사슴신이고, 사슴신은 풍요의 신, 죽음의 신, 산신, 백수百獸의 여왕으로서의 서왕모의 모습과 중첩되는 것이다. 사슴신이 발걸음을 내딛을 때마다 초목이 자라나고 또 바로 시들어 버리는 모습은 생과 사를 동시에 관장하는 대지모신으로서의 면모와 자연은 생성되고 또 소멸된다는 순환적 자연관을 보여주는 것이라 하겠다. 또한 사슴신은 총에 맞은 아시타카의 상처를 치료하며 새 생명을 불어넣어주기도 하지만, 재앙신으로 변하려는 멧돼지 신의 우두머리인 옷코토누시의 생명을 빼앗기도 한다. 새로운 생명의 탄생과 함께 우주 자연의 조화를 위한 소멸 역시 반드시 필요하다는 것을 시사하는 것이다.

105 葉舒憲, 앞의 책, 152쪽

106 小南一郎(1991)、『西王母と七夕傳承』、平凡社, 71쪽

사슴신이 발걸음을 뗄 때마다 풀들이 시들었다 살아나는 모습.

제철장에서 모노노케 히메를 구하던 아시타카가 총을 맞았을 때, 모노노케 히메는 아시타카를 생명의 호수로 데리고 와 그를 호수 중앙에 우주목이 있는 섬으로 데려간다. 그리고는 비쭈기나무를 아시타카의 머리 위에 꽂아 놓는다.

아시타카의 머리 위의 비쭈기나무에 숨을 내뿜는 사슴신.

비쭈기나무는 일본 전통 신도에서 신관이 신 내림을 받을 때 쓰는 나무이다. 즉, 나무에 신이 내린다고 하는 신화적 발상이다. 이윽고 사슴신이 나타나 비쭈기나무에 숨을 내뿜자 나무가 죽어버리고 아시타카는 살아난다. 만물의 생과 사는 숲의 신인 사슴신이 관장한다고 하는 관념의 표현이다. 미야자키 감독은 숲이 모든 생명의 탄생과 소멸의 섭리를 지니고 있다고 생각했고, 사슴을 그 상징으로 삼았던 것이다.

생명의 상징, 달과 물

사슴신과의 관계에서 빼놓을 수 없는 것이 달이다. 앞서도 언급한 바와 같이 사슴의 뿔이 초승달 모양을 하고 있기 때문에 사슴과 달이 죽음과 재생을 반복하는 우주의 에너지를 상징하게 되었다. 달은 태고로부터 계속 차고 이지러지는 모습을 보여줌으로써 자연의 순환적 체계를 가장 잘 보여주고 있다. 또한 달은 초승달에서 보름달로 변화하는 단순한 그 모습 뿐 아니라 시간의 척도로서 천체의 운동이나 기후의 변화와 같은 인간 삶과 밀접하게 연관되어 있다. 초승달이 뜨면 사슴신이 그 생명력으로 밤의 신인 디타라봇치로 변하는 모습은 달의 무한한 재생력을 상징적으로 보여주는 장면이라 할 수 있다.

물 역시 죽음과 재생의 대표적인 상징이다. 엘리아데는 물은 가능성의 우주적인 총체를 상징한다고 했다.

> 그것은 일체의 존재 가능성의 '원천fons et origo'이자 저장고이다. 즉,

물은 모든 형태에 선행하며 모든 창조를 떠받치고 있다. --부상은 우주 창조의 형성 행위를 재현하고, 수몰은 형태의 해체를 의미한다. 그렇기 때문에 물의 상징은 죽음과 재생을 포함한다. 물에 닿는 것은 항상 부활을 의미하는데, 그 이유는, 첫째 해체 뒤엔 신생新生이 뒤따르고, 둘째 물에 잠기는 것은 생명의 가능성을 풍요롭고 다양하게 하기 때문이다.[107]

그러므로 모든 물은 태초에 부여된 오래된 특권에 의해서 인간이 신을 부르기만 하면 정화의 성사聖事적 힘을 획득한다. 신을 부르는 말이 나오자마자 성령이 하늘에서 내려와 물 위에 머물고, 신 그 자신의 산출력에 의해서 물을 정화한다. 이리하여 정화된 물은 동시에 성화시키는 힘을 흡수한다.[108]

「모노노케 히메」에서도 물은 사람들의 상처를 치유하고 아시타카를 죽음에서 부활시키는 신성한 힘으로 그려지고 있다. 처음 생명의 숲에서 사슴신을 보았을 때 아시타카의 팔이 요동쳤지만 물에 팔을 담그자 저주는 나타나지 않고 팔은 잠잠해진다. 모노노케 히메가 재앙신으로 변해가는 옷코토누시를 막으려다 정신을 잃었을 때도 아시타카는 그녀를 데리고 물속으로 들어간다. 물속은 죽음의 신으로 변한 디타라봇치의 갈색 액체도 닿지 않는 신성한 영역인 것이다.

107 엘리아데, 『성과 속』, 131쪽

108 De Baptismo, III-V;trans. S. Thelwal, in The Writings of······Tertullianus, Edinburgh, 1869, Vol. I, pp.233~238, 엘리아데, 앞의 책 131쪽 재인용

무한한 생명력을 상징하는 초승달과 사슴신.

밤이 되어 디타라봇치가 된 사슴신과 보름달.

죽음과 재생을 반복하는 달, 물을 통해 미야자키 감독이 이야기하고자 한 것은 죽음과 삶이라고 하는 이분법이 아닌, 죽음은 새로운 재생을 위한 필수 불가결의 요소로 작용한다는 순환론에 입각한 조화로운 자연론이라 하겠다. 하지만 이러한 순환적인 자연체계가 인간의 힘이 개입됨으로 해서 무너진다. '유토피아'에 대한 미야자키 감독의 다음과 같은 발언은 그가 가진 자연관이 어떠한가를 단적으로 보여준다.

푸른 청정의 땅이란 인간이 존재하지 않는 세계입니다. 기아나 고원(남아메리카 북부에 위치한 고원)이라는 곳이 있습니다. 너무 높은 곳에 있어서 사람이 올라갈 수 없다고 하는데요, 저는 그런 이야기를 들으면 가슴이 두근두근합니다. 인간의 발길이 미치지 않은 곳이 아직 남아 있다니 말입니다. 일본의 옛 모습만 떠올려도 흥분이 되곤 하는데요, 옛날 이곳은 에도만이라 불렀지요. 드넓은 갈대들녘 위로 새들이 날아다니고, 바위 틈새에 조개나 굴 같은 것이 다닥다닥 붙어 있고……. 바다 속엔 어떤 물고기가 헤엄치고 있었을까, 얼마나 농밀한 세계였을까 상상하다 보면, 가고 싶다는 열망이 솟아오릅니다. 그것을 유토피아라고 말할 수 있을지는 모르겠지만 일단 인간의 손길이 닿으면 사라져 버리는 세계, 누구나 마음속으로 그런 곳을 그리고 있는 것 같습니다.[109]

인간이 보통으로 조용히 살아가면 자연과 공존을 할 수 있고, 조금 욕심을 내기 때문에 모든 것이 엉망이 되는 것이 아니라 조용히 살아가는 것 자체가 자연을 파괴하고 있는 것이라는 인식을 가지면 어찌해야 할지를 모르게 된다. 어떻게 해야 좋을지를 모르는 데까지 일단 가서, 거기서 생각하지 않으면 환경문제라든가, 자연의 문제는 해결되지 않으리라 생각됩니다.(극장 팜플렛에서)[110]

---

109 이나바 신이치로, 정윤아 역(1999) 『미야자키 하야오의 나우시카를 읽는다; 유토피아란 무엇인가』, 미컴, 185쪽

그의 지적대로 인간이 '자연인'이 되기는 이제 불가능한 것으로 보인다. 인간이 아무리 자연보호를 한다고 해도 삶 자체가 자연을 파괴한다는 인식은 미야자키 감독이 가지고 있는 자연관이 얼마나 철저한가를 보여준다. 하지만 문명은 너무 많은 진화를 하였고, 이제 인류는 다시 원시로 돌아갈 수는 없는 것이다. 이러한 한계에서 미야자키가 자연과 인간의 새로운 관계 모색을 위해 택한 방법이 신화적 세계의 원용이었다. 애니메이션이란 장르는 신화적 상상력을 자유롭게 펼칠 수 있는 좋은 장이 되고 있다.

우주를 향해 솟은 나무宇宙木

사슴 신이 관장하는 생명의 호수 중앙에 하늘을 향해 솟아 있는 한 그루의 나무 역시 길가메쉬 신화나 예 신화에 보이는 바와 같은 우주목을 상징하고 있다. 자크 브로스는 『나무의 신화』에서 다음과 같이 이야기하고 있다.

> 나무는 인간의 의식을 포착할 수 있는 길이고, 우주에 생기를 부여하는 생명의 통로이다. ……특히 그러한 나무들이 모여 있는 '숲'은 자연스레 성스러움이 깃든 장소가 되고 두려움과 자비로움을 갖춘 나무들이 있는 그곳은 세계의 중심이라는 상징성을 띠게 된다.[111]

---

110 久美薫(2004)『宮崎駿の仕事 · 1979-2004』鳥影社 `258쪽

111 김선자(2001), 『중국 변형신화의 세계』, 범우사, 184쪽/164쪽 자크 브로스(1998), 『나무의 신화』, 이학사, 39-41쪽

우주를 향해 솟은 나무.

'우주목宇宙木'이란 각 민족신화에서 하늘에 닿은 큰 나무로 표현된다. 엘리아데에 의하면 우주목은 우주산처럼 원시 샤머니즘의 우주관의 핵심이라 할 수 있다. 그가 인용한 바그너의 시는 다음과 같다.

> 나는 시간의 여명에 태어난 거인들을 기억한다
> 거인들은 그 옛날 나를 탄생시켰다
> 나는 세계수世界樹로 덮힌 아홉 세계와 아홉 영역을 알고 있다
> 지혜롭게 세워진 이 나무는 대지의 품 속까지 박혀 있다……
> 나는 이그드라실이라고 불리는 물푸레나무가 있다는 것을 알고 있다
> 이 나무의 꼭대기는 흰 안개 속에 잠겨 있어
> 그곳에서 이슬이 흘러 골짜기로 떨어진다
> 나무는 우르드의 샘가에서 영원히 푸르르게 서 있다(에다의 신화시)[112]

---

112 엘리아데, 『종교사개론』, 253쪽

이 시의 묘사는 총에 맞아 죽어가는 아시타카가 물에 잠겨 있던 호수의 모습과 아주 흡사하다. 생명수生命樹와 사슴신, 우주를 향해 열려 있는 공간, 죽음과 재생의 상징인 물, 아시타카의 재생을 둘러싼 공간 묘사는 가히 신화적 상징의 결정판이라 할 수 있다. 하늘을 향해 열려진 공간을 통해 달의 정기를 받아 디타라봇치가 된 사슴신은 이 열린 공간을 통해 생명수가 있는 숲으로 들어온다. 이를 바라보던 지코 법사는 디타라봇치가 사슴신으로 변하는 순간이라고 하며, 들어가는 그 곳이 바로 사슴신의 거처라고 말한다. 생명수가 향한 이 열린 공간이 우주와 연결되는 문의 역할을 하고 있다.

우주목이 있는 생명의 숲으로 들어가는 디타라봇치.

미야자키 하야오는 야쿠시마屋久島를 모델로 하여 「모노노케 히메」를 만들었다. 야쿠시마는 천 년이 넘는 삼나무가 있을 정도로 태고의 자연을 그대로 간직한 자연이었기 때문이다. 그가 생각하는 자연이란 다음과 같은 것이다.

> 청정하게 완성된 풍경이 지금 우리들이 자연이라고 말하는, 일본에서 본 기억이 있는 듯한 풍경이라고 생각해요. 이것을 우리는 자연이라고 부르고 있지만 실제로 그 이전에 깊고 무서운 자연이 있었고, 그 때의 기억은 자신들의 마음 깊숙한 곳에 있다는 거죠. 산 속에는 사람들이 들어간 적이 없는 청정한 땅이 있고, 우거진 숲과 맑은 물이 있죠. 실제로 이러한 형태가 일본의 가장 중심이 아닐까 하고 생각해요. 이것이 바뀜에 따라 현재와 같이 익숙한 형태가 되었는데, 일본인의 정원이라는 것이 심산유곡을 모토로 했다는 것은 이런 자연관을 반영하고 있어요. 그러므로 숲을 깎아서 산의 모습을 바꾸었음에도 불구하고 자신들의 마음속에는 여전히 신이 있어요. 그곳에 가장 청정한 부분이 있다는 기억이 계속 남아 있는 거죠. 나에게도 이런 기억이 자신도 모르는 사이에 심어져 있어요.(「모노노케 히메 읽기」에 수록된 인터뷰)[113]

그는 나카오 사스케中尾佐助의 '조엽수림 문화설'에 많은 영향을 받고 있다. 태고의 지구는 히말라야 산맥에서 일본 열도에 이르기까지 조엽수림 문화권의 영역이었으며, 국경도 민족도 없는 원시 식물의 성질이 인간의 문화를 결정한다고 보는 학설이다. 「모노노케 히메」뿐 아니라 「이웃집 토토로」나 「천공의 성 라퓨타」와 같은 작품들도 숲과 나무만이

---

113 기리토시 리사쿠, 앞의 책, 369쪽

기계문명으로 파괴된 세상을 구원할 수 있다고 하는 미야자키 하야오의 일관된 주제를 구현하는 작품들이다. 이러한 그의 메시지는 영화를 통해 일반인들에게 확산되어 「이웃집 토토로」 제작 후에는 토토로의 숲을 지키자는 '내셔널 트러스트 운동National Trust'이 일어나기도 했다. '내셔널 트러스트 운동'은 1985년 영국에서부터 시작된 환경운동으로, 국민들의 자발적인 헌금이나 기부를 바탕으로 보전할 가치가 있는 토지, 환경, 문화재, 동식물, 시설 등을 매입한 후, 이를 영구히 관리해 가는 시민들의 자발적인 운동을 일컫는다. 영화 속의 신화적 상상력이 현실에서 결실을 거둘 수도 있음을 보여주는 경우라 하겠다.

재앙신Tatarigami이 된 멧돼지

「모노노케 히메」의 첫 장면에 등장하는 저주를 받아 재앙신으로 변한 멧돼지신은 아시타카가 길을 떠나게 되는 중요한 계기를 제공한다. 돼지는 미야자키의 다른 작품에도 자주 등장하는 캐릭터이다. 흔히 돼지는 탐욕의 상징으로 치부되지만, 「붉은 돼지」에서는 파시스트들이 판을 치는 세상이 싫어서 돼지로 변해버린 포르코라는 인물을 통해 인간의 독선과 탐욕을 고발하고, 「센과 치히로의 행방불명」에서는 음식 앞에서 욕망을 자제하지 못하고 탐욕스러운 식욕을 드러낸 센의 부모님이 돼지로 변해 버린다. 미야자키는 돼지를 빗대어 인간을 야유하기도 하고, 탐욕스러운 인간을 돼지로 변모시키기도 한다.

「모노노케 히메」에 등장하는 멧돼지는 대지의 어머니, 지모신으로 상징된다. 영어의 피그pig는 토기, 옹관의 의미를 나타낸다고 한다. 신화적 사유에서는 토지를 커다란 자궁의 모양으로 본뜨며, 가운데가 텅 빈 용기의 형상을 사용하여 지모자궁의 은유표현으로 삼거나, 혹은 지모신이 돼지를 안거나 돼지 위에 앉아 있는 모습을 보이기도 한다. 원시 신앙에 의하면 뚱뚱함은 왕성한 생명력의 표식이자 생식과 풍요의 상징이었다. '다산의fecund' '비옥한fertile'과 같은 단어들이 모두 'fe' 어근을 갖는 것도 뚱뚱함, 잉태, 여성이라는 신앙상의 이유와 연관이 있음을 시사한다. 구석기 시대의 토우들은 대부분 큰 배와 커다란 유방을 한 여성신인데, 이런 여신상을 고고학계에서는 '사전史前 비너스'라 한다. 아래 그림에서 보듯이, 그의 특징인 비만한 몸집, 지방의 두드러짐은 유사한 생리 특징을 지닌 돼지를 연상하게 한다.[114]

일본의 신화적 사유로는 각 산에는 그 지역을 관장하는 신들이 있는데, 멧돼지는 전국 각지의 산을 지키는 대지의 수호신이다. 나고 대장은 에보시의 제철장이 있는 지역 산을 관장하는 신이었는데, 제철장을 넓히려고 나고의 산을 파괴하는 과정에서 에보시가 쏜 총에 맞았던 것이다. 에보시의 총탄은 나고 대장을 분노의 화신으로 만들고, 이러한 분노로 인해 나고 대장은 타타리신(재앙신)으로 변하게 된다. 총을 맞은 나고 대장의 분노는 지모신에 대한 철로 상징되는 문명의 도전을 상징하는 것이다.

---

114 葉舒憲(1992),『中國神話哲學』中國社會科學出版社, 98쪽

사전(史前) 비너스, 비만한 몸집이 돼지를 연상시킨다.

자신을 배신한 남자에 대한 분노로 뱀으로 변신하는 유명한 도죠지道成寺 이야기처럼 분노의 파괴적인 힘은 상대와 자기 자신 모두를 파멸로 이끄는 에너지가 된다. 설화집 『곤자쿠이야기집今昔物語』에 실린 이 도죠지 이야기는 구마노熊野에 참배하러 가는 중을 사랑한 여자가 중이 돌아올 때 자신을 찾겠다는 약속을 지키지 않자 이에 분노하여 뱀으로 변해 도죠지까지 쫓아간다는 이야기이다. 도죠지로 스님을 쫓아간 여자는 자신을 배신한 남자가 숨어 있는 종을 온 몸으로 칭칭 감아 그 안의 남자를 태워 죽인다. 분노와 원한이 주변의 모든 것을 파괴로 이끈다는 점에서 분노로 인해 멧돼지가 재앙신으로 변하는 모티브와 닮았다고 볼 수 있다.

영화 후반에 에보시가 이끄는 무리들이 숲으로 쳐들어오자, 사슴신이 관장하는 생명의 숲을 지키기 위해 전국 각 지역 산을 대표하는 멧돼지들이 몰려든다. 그들은 인간을 죽이고 숲을 지키기 위해 모였다고 한다. 「모노노케 히메」에 등장하는 동물신들 역시 인간 세계와 같이 대립과 갈등의 모습을 보인다. 사슴신의 숲을 지키기 위해 모여든 멧돼지신들과 들개 모로는 나고의 수호신인 멧돼지신의 죽음을 놓고 격론을 벌인다. 멧돼지신들은 사슴신이 인간은 살리면서 나고의 수호신을 죽게 한 것에 대한 분노를 터뜨린다. 그들은 인간을 적대적으로 생각하면서 사슴신의 숲을 지키기 위해 인간을 죽여야 한다고 주장한다. 멧돼지신들도 인간과 마찬가지로 자연을 지키기 위해서 인간은 제거해야 할 대상으로 생각하는 것이다.

멧돼지 : 사슴신이 인간을 도왔다고?
왜 나고 신을 돕지 않았는가?
사슴신은 숲의 수호신이지 않는가?
모로 : 사슴신은 생명을 주기도 하고 빼앗기도 한다.
그런 것도 잊었는가, 멧돼지들아.
멧돼지 : 아니다. 들개가 사슴신을 독차지하고 있기 때문이다.
나고를 돕지 않고 배반했기 때문이다.
모로 : **그 녀석은 죽는 걸 겁낸 거야**.
지금 내 몸에도 인간의 독이 있는 돌이 들어 있다. 나고는 도망갔지만, 나는 도망가지 않고 나의 죽음을 바라보고 있다.(필자 강조)

멧돼지들은 사슴신이 나고의 수호신을 돕지 않고 인간을 도운데 대해 적대감을 드러낸다. 게다가 들개가 나고 대장을 먹었다고 오해를 하기도 한다. 멧돼지 신들은 각 산의 주인으로서 자연을 대표하는 신이지만, 인간과의 대립에서 그들이 문제를 해결하는 방법은 인간들처럼 극단적이다. 그들은 사슴신이나 사슴 신을 지키는 들개 신들조차 불신한다. 멧돼지신의 우두머리인 옷코토누시는 "일족이 멸망하더라도 인간과 대항하겠다"는 태도를 보이고, 결국에는 인간과의 대립이 불가피해지는 상황이 발생하게 된다.

죽음을 대하는 들개신과 멧돼지신의 방식 역시 다른데, 총을 맞은 나고 수호신이 재앙신이 되어 죽을 수밖에 없었던 것은 죽음을 두려워했기 때문이라는 것이다. 이에 대해 들개신인 모로는 자신의 죽음을 조용히 바라보는 태도를 견지한다. 죽음을 거부한 나고 대장은 스스로의 분노에 의해 재앙신이 되지만, 자신의 죽음을 순리로 받아들이는 모로는 재앙신이 되지 않는다. 재앙신이 되느냐 아니냐는 스스로의 선택에 달린 것이다. 자연의 순리에 따르지 않고 무모하게 인간과 충돌하는 이들 멧돼지들은 인간과 전쟁을 선포함으로써 자연과 인간이 화합하는 공존의 길을 모색하지 못하고 파멸하는 존재로 그려진다.

지금까지 보아온 것처럼 미야자키감독은 신화적 상상력을 빌어서 인간과 자연의 관계를 새로운 시각으로 볼 것을 촉구하고 있다. 그가 신화적 틀을 사용한다고 해서 그것이 결코 과거지향주의적인 자연관이나 인간관을 보이는 것은 아니다. 그는 인간이 인간 아닌 것들에게도 동등한 생명을 부여하고 그들을 너그럽게 포용했던 자세를 다시 한 번 일깨워준다. 지금처럼 인간이 자연과 동물을 정복의 대상으로 인식하는 한 조화로운 발전은 있을 수 없다. 영웅 아시타카의 길 떠나기가 주는 교훈을 되새기며, 인간들은 자신들이 자연의 일부로서 겸허한 태도로 새로운 문명의 출발점에 서기를 감독은 기대하고 있는지 모른다. 그 방법의 하나로 제시되는 것이 영화 속에 전개되는 아시타카와 산, 에보시의 대립과 화합의 모습이다. 이 세 사람의 만남과 갈등, 화해는 어떤 모습일까?

원한과 저주는 스스로를 파멸시킨다.

「모노노케 히메」의 첫 장면은 온 몸에 지렁이 같은 물체를 뒤집어 쓴 멧돼지가 숲을 빠져나와 마을의 경계를 표시한 돌담을 넘어 에미시족이 사는 곳으로 다가오는 것으로 시작된다. 지렁이들은 꿈틀거리며 멧돼지의 온몸을 감싸며 살 속으로 파고든다. 멧돼지는 괴로움에 포효하면서 마을로 돌진해 온다.

멧돼지신에게 내린 재앙을 지렁이로 표현한 감독의 의도는 무엇일까. 혹자는 멧돼지 몸을 감싼 물체를 뱀으로 보기도 한다. 하지만 감독이 이를 지렁이로 표현한 이유는 지렁이는 뱀보다 좀 더 원초적인 본능의 모습을 하고 있기 때문으로 보인다. 이 멧돼지는 총에 맞아 재앙신으로 변한 것인데, 자신에게 총을 쏜 인간에 대한 원념으로 멧돼지는 자신도 통제할 수 없는 원령(모노노케)이 되는 것이다. 원초적인 모습으로 꿈틀거리는 멧돼지신의 분노를 표현하는 지렁이는 닿는 모든 것에 저주를 옮기게 된다. 저주는 자신 뿐 아니라 다른 것들도 모두 파괴해 버리는 힘을 가진다. 온 몸에 지렁이가 달라붙은 멧돼지신의 모습은 멧돼지의 모습이 아닌 거미나 벌레에 가까운 모습을 하고 있다. 멧돼지보다 한층 더 원초적인 모습이다. 멧돼지신이 마을을 파괴하는 것을 막으려는 에미시족의 왕자 아시타카는 멧돼지신을 향해 활을 겨누고, 급소에 화살을 맞은 멧돼지신은 죽게 된다. 마을의 무당인 히이사마는 죽어가는 멧돼지신에게 원한이 남지 않도록 마음을 가라앉히고 조용히 갈 것을 기원하지만 멧돼지신은 인간에게 저주를 퍼부으며 죽어간다.

멧돼지신 ; 역겨운 인간들이여. 나의 고통과 회한을 알아야 할 것이다.

이 멧돼지신의 저주는 아시타카의 오른팔에 검붉은 얼룩으로 남게 된다. 이후 아시타카가 분노를 느낄 때마다 이 팔의 얼룩은 강력한 파괴의 에너지를 발산하게 된다. 그것은 아시타카가 멧돼지신의 저주를 받아들였기 때문이다. 인간들은 슬픔과 분노, 원한과 저주를 자기 마음속에 받아들이고는 그것 때문에 슬퍼하고 분노하고 두려워한다. 이 마음들을 놓아버리면 저주에서 벗어날 수 있는데 그것을 붙잡고 놓지 않기 때문이다.

히이사마는 아시타카의 저주를 풀어주기 위해 동쪽으로 가서 “흐림 없는 눈으로 모든 것을 보며” 저주를 풀 방법을 찾아보도록 한다. 상투를 자르고 새로운 각오로 아시타카는 길을 떠나게 된다. 영웅의 길 떠나기가 시작된 것이다. 그러나 그는 서쪽 생명의 숲을 찾아가는 도중에 사무라이에게 당하는 농민들을 만나게 된다. 말을 탄 사무라이들에게 일방적으로 쫓기는 백성들을 본 아시타카는 분노에 치를 떨고 그들을 돕기 위해 활을 쏘려 하자 저주를 받은 오른팔이 쑤시기 시작하면서 그가 쏜 화살은 사무라이의 팔을 잘라버리기도 하고 목을 날리기도 하는 가공할 파괴력을 갖게 된다. 자신 안에 다스려지지 못한 분노가 파괴의 에너지로 분출되는 것이다.

그가 사무라이들의 목을 날리게 된 것도 멧돼지신의 저주를 받아서라기보다 아시타카 마음속에 있는 분노가 단지 멧돼지신의 저주라는 형태로 분출된 것에 지나지 않는다. 그의 오른팔의 저주는 자기 스스로의 선택인 것이다. 에보시가 살생을 위해 총을 만들고 있는 사실에 분노했을 때도 아시타카의 오른팔이 꿈틀대며 에보시를 공격하려 하지만, 그때는 이미 자신의 분노를 통제할 수 있는 능력이 생긴다. 모노노케 히메와 함께 사슴신의 목을 되돌려줘 숲에 다시 평화를 가져온 후에는 아시타카의 팔의 얼룩은 색이 엷어지게 된다. 아시타카 스스로 자신 마음속에 있는 분노의 마음을 버렸기 때문이다. 결국 저주와 분노, 미움, 이런 감정들은 모두 자기 안에 있는 어두운 면의 변형일 뿐이다. 이것을 자신이 선택하고 인정할 때 그것은 파괴적인 힘을 갖게 되다. 그것을 자기 마음속에서 놓아버릴 때 우리는 그러한 저주에서 자유로워질 수 있는 것이다.

에보시는 유토피아를 꿈꾸는 혁명가인가.

싸움이 끝나고 시장에서 금으로 쌀을 사는 아시타카를 만난 지코 법사는 그를 동굴로 인도하고, 동굴에서 둘은 하룻밤을 세우게 된다. 지코 법사는 떠돌이 수행승으로, 그는 아시타카에게 삶과 죽음에 대해 이야기를 한다. 그는 아시타카에게, “이 세상 자체가 재앙이고, 중요한 것은 죽음에 먹히지 않는 것”이라는 현실적인 처세론을 이야기한다. 지코 법사는 작품 속에서 상당히 기회주의적인 인물로 등장한다. 그는 사슴신의 목을 가져오라는 조정의 명령을 수행하기 위해 에보시를 뒤에서 조정하는 권모술수를 부리기도 한다. 아시타카가 자신을 구해준 데 대한 고마움으로 사슴신의 숲에 대해 이야기해 준다고 하지만, 실은 아시타카를 앞세워 사슴신의 거처를 알아내기 위한 목적을 가지고 있었던 것이다. 아시타카는 지코 법사의 말대로 사슴신이 자신의 오른팔에 옮겨 붙은 멧돼지신의 저주를 씻어줄 수 있을지 모른다고 기대하며 사슴신이 있는 서쪽 숲을 찾아 나선다. 지코 법사는 서쪽으로 계속 가서 깊고 깊은 숲으로 들어가면 사슴신의 숲이 나오며, 그곳은 짐승들의 모습이 모두 크고 태고의 모습 그대로인 원시의 세계로 돌아갈 수 있는 곳이라고 일러준다.

한편, 안개 낀 숲을 오르는 좁은 길을 에보시와 제철장 사람들이 쌀을 사기 위해 산을 넘고 있다. 에보시는 이 악천후 속에서도 이 사람들을 일사분란하게 지휘한다. 이 때 사슴 신의 숲을 지키는 들개 무리가 나타난다. 이 들개의 등에는 모노노케 히메가 타고 있었다. 들개들은 에보시와 제철장 사람들이 철을 만들기 위해 사슴 신의 숲을 파괴하기 때문에 이들을 공격한다. 에보시 일행은 들개들에게 총을 겨누고, 들개신의 어미인 모로는 큰 상처를 입고 계곡 밑으로 떨어진다.

숲을 지키려는 들개들과 제철 일을 위해 숲을 훼손할 수밖에 없는 에보시의 충돌은 필연적인 것이다. 왜냐하면 제철은 산의 자원을 엄청나게 소모하기 때문이다. 철을 만들기 위해서는 나무를 베어 목탄을 만든다. 또 산을 깎아 물을 홈통에 흘려보내서 사철沙鐵을 씻어낸다. 그런 다음 사철과 목탄을 용광로에 집어넣고 나무 판으로 된 송풍장치로 1,500도의 고온을 유지한다. 이것을 삼일 낮, 사일 밤을 계속해야 철 덩어리를 만들 수 있다. 한 번의 작업으로 약 3톤의 철 덩어리를 만들어내는데, 이를 위해서는 사철은 12,3톤, 숯은 약 10톤이 필요하다. 12,3톤의 사철을 얻기 위해 50배, 100배에 달하는 산을 깎아야 한다. 이런 것을 몇 번 반복하면 산이 하나 없어진다. 또 제철 작업에 필요한 숯 10톤을 얻기 위해서는 산림 100미터 사방의 나무를 자를 필요가 있다고 하니 얼마나 많은 양의 나무를 잘라야 하는가를 알 수 있다.[115] 필연적으로 에보시가 이끄는 제철장 사람들은 숲의 신들과 충돌할 수밖에 없는 상황이다.

에보시는 팔려나온 여자들이나 가난한 농민들을 모아 제철장을 만든 인물이다. 그녀는 강력한 리더십으로 제철장 사람들을 인도해 나간다. 그녀의 출신을 알 수는 없지만, 가난한 농민이나 시장에 팔려 나온 여성과 같은 사회가 외면하는 하층민을 끌어안는 아량 넓은 지도자로서의 면모와 함께, 절벽에 떨어진 낙오자는 남은 사람들을 위해 가차 없이 희생시키는 냉정함을 지닌 인물이다. 또한 제철장을 압박하는 사무라이들의 도발에 항거하며 제철장을 지키기 위해 고군분투하지만, 불사약을 얻기 위해 사슴신의 목을 베어오라는 조정의 부당한 요구에도 목숨을 걸고 이를 수행하려고 하는 복잡한 캐릭터를 지닌 인물이다.

에보시가 이끄는 제철장은 조정의 간섭과 지배를 받는 모습으로 그려지는데, 여기에서 무로마치 이전의 평등하고 자유로운 상공업 체제에서 중앙 정부의 간섭을 받는 커다란 사회 변화를 읽을 수 있다. 제철장을 통해 「모노노케 히메」의 큰 테마인 자연과 인간의 대결이라는 테마 외에 미야자키 감독은 중세 후기부터 시작된 지배와 피지배라는 역사의 부조리도 함께 이야기하고 싶었던 것이다.

제철장은 주로 산림에 가까운 산기슭에 위치하고 있었는데, 일반 백성들에게는 성지로 여겨졌다. 또한 제철에 관련된 사람들은 신의 세계에 속하는 사람들로 인식되어 세금을 감해준다거나 속세와는 단절

---

115 浦谷年良(1998)、『「もののけ姫」はこうして生まれた』`徳間書店, 312쪽

된 성스러운 일을 하는 사람들로 인식되었다. 대장일이나 주물사, 철 주조의 기술, 건축공의 기술은 자연 속에서 보통 사람들은 해낼 수 없는 강도 높은 일이고, 소재에 하나의 형태를 만들어 가는 일로서, 당시 사람들에게 있어 성과 속의 가교역할을 하는 경계적 행위였다.

제철장은 성과 속의 경계인 아질Asyl로서의 성격을 갖는데, 아질이란 죄인·노예 등이 박해와 보복을 피하여 보호를 받는 곳으로, 그리스어 아질로스asylos(신성불가침의 뜻)에서 유래한다. 국가형벌권이 조직적·체계적으로 확립되어 있지 않았던 전근대에서는 거의 모든 사회에서 볼 수 있었던 제도로, 본래 이 제도는 성역으로 들어간 사람에게 해를 입히는 것은 신을 모독하는 것이라는 원시종교 관념에 바탕을 두고 있었다. 고대 그리스에서 신전은 학대받는 노예와 죄인, 채무자를 보호하는 장소가 되어 신전으로 도망쳐 신의 보호 속으로 들어온 사람을 되돌려 보내거나 이에 제재를 가하는 것은 종교적 죄악이라고 생각하였다.

일본에서도 서양과 마찬가지로 절은 죄를 지은 사람이 들어와도 처벌할 수 없는 치외법권 지역이었다. 여성에게 이혼권이 없던 시절에 남편의 폭력에 시달리거나 박해를 받을 때, 여성들은 '가케코미데라駈込み寺(엥기리데라(縁切り寺)라고도 함)'로 도망가 이혼을 할 수 있었다. 그러나 주목할 것은, 전국시대戰國時代에는 '산림에 들어간다山林に入る'는 것이 바로 가케코미데라를 의미했다. 이것은 산림 그 자체를 신성한 곳으로 본다는 의미이다. 또한 산 속의 오두막은 산이 아질인 것을 전제로 하여 전란을 피하기 위한 시설이 되었다. 전국시대에 사람들이

산 속 오두막으로 피난할 때는 출가하는 것과 마찬가지로 사회적인 인연을 끊는다는 의사표시를 하고 집에 스스로 불을 지르는 '지야케地燒'를 했다고 한다.[116] 관리의 압정으로부터 도망하는 백성들은 실제 산림으로 도망을 갔다.

원시에 자연은 인간의 힘이 미치지 않는 미지의 세계였다. 중세 이전까지 자연은 말하자면 '무소유'의 세계, 인간이 전혀 관여할 수 없는 세계였다고 할 수 있다. 그러한 세계는 인간의 힘이 미치기 힘든 신불神佛이 지배하는 세계로서 인간 사회에 영향을 미쳐왔다. 이러한 세계에는 인간의 힘을 초월한 외경, 혹은 두려움의 대상으로서 성스러운 것이 존재하고 있었다고 당시 사람들은 믿었을 것이다. 이러한 '무소유'의 자연, 성스러운 세계와 속계俗界와의 경계 영역은 인간 사회에 있어 여러 의미를 갖고 구체적으로 나타난다.[117]

그러나 일본의 이러한 전통이 변화하기 시작한 것이 무로마치시대室町時代이다. 중세 후기 무로마치 이후가 되면 중세 전기까지에 비해 자연과 인간의 관계가 크게 변화한다. 지금까지 이러한 행위는 경계적인 것으로 취급되었으나, 그것이 돈에 의해 환산되는 눈에 보이는 것, 혹은 숫자나 문자로 표현할 수 있는 것이 되어간다. 신불의 모습이 옅어지는 것이다.

한편으로, 에보시가 이끄는 제철장을 지탱하는 것은 여성들의 노동력이다. 그녀는 시장에 팔려나온 여성들을 제철장으로 끌어 모으고, 에보시

116 網野善彦(1996),「增補無縁・公界・楽」平凡社, 305쪽
117 網野善彦(2006),「日本の中世に何が起きたか」, 洋泉社, 20쪽

를 은인으로 여기는 여성들은 헌신적으로 풀무질을 한다. 제철장에도 그곳을 지키는 신이 있다. '카나야고신金屋子神'이라 불리는 이 신은 여신으로 원래 제철장은 여성 출입이 금지된 곳이다. 이에 대해서는 동성을 싫어했기 때문이라는 설도 있고, 월경이나 출산과 같은 피로 인해 부정 타는 것을 꺼려했기 때문이라는 설도 있다. 하지만 「모노노케 히메」에서는 여성들이 제철장을 이끌어 나가는 주체로 묘사되어 있다. 미야자키 감독은 많은 작품에서 주도적인 여성상을 그리고 있는데, 제철장의 여성 역시 미야자키식 페미니즘에 입각한 설정이라 하겠다.

철을 녹이는 용광로에 풀무질을 하는 여인들

남북조시대까지 여성은 남자 못지않은 힘을 갖고 있었으며 성스러운 것과 관련되는 특질을 가진 존재였다. 특히 상업에 종사하는 여성 직능집단은 신의 영역에 속한 집단으로 인식되어 왔다. 8세기에 쓰여진 『니혼료

이키日本靈異記』에 이미 꽃을 파는 여자 이야기가 나오고, 가츠라강桂川에서 은어를 파는 '가츠라메桂女'나, 오하라大原에서 숯을 파는 '오하라메大原女' 등은 전문적인 직업여성들이었다. 이들은 남북조시대까지는 신불이나 천황에 직속된 '신인神人'으로 신성시되어 전국 각지를 다니며 상업에 종사했었다. 아마노 요시히코는 이들이 그런 역할을 담당하게 된 데는 여성 자체가 가지고 있는 성스러운 특성과 무관하지 않다고 지적한다.[118] 이들 여성들에 대한 차별이 시작되는 것도 무로마치, 전국시대이다. 이때부터 남성이 주인이 되어 매매된 여성은 유녀遊女로 일하게 하는데, 이런 과정에서 시장에 팔려나오는 여성들이 생기게 되는 것이다. 미야자키 감독이 「모노노케 히메」에 사회에서 버림받은 이런 여성 집단을 택한 이유는 무로마치 이전까지 평등했던 인간관계에 차별이 생기고 천대받는 집단이 발생하게 된 것, 그것이 자연에 대한 외경심을 잃어가는 인간의 오만에서 비롯된 것이라는 인식에서 출발하고 있다.

아시타카, 모노노케 히메를 만나다

사슴 신의 숲으로 향하던 아시타카는 우연히 계곡 아래로 굴러 떨어진 제철장 사람들을 발견한다. 아시타카는 이들을 구하기 위해 생명의

118 網野善彦(2005),『日本の歴史をよみなおす』, 筑摩書房, 165쪽

숲으로 데리고 가는데, 갑자기 어디선가 고다마('메아리'라는 뜻)들이 나타난다. 고다마를 발견한 남자는 두려워하며 피한다. 그는 고다마가 사슴신을 불러온다고 하여 불길하게 생각하고, 사슴신은 숲의 이상한 괴물이라고 한다. 또한 자신들의 길안내를 하는 고다마를 보고, "이 녀석들은 우리를 돌려보내지 않을 셈이다"라고 의심한다. 이에 대해 아시타카는 고다마에 대해 친근감을 느끼고, 그들을 숲의 정령으로 보아 숲이 건강한 징조라고 생각한다. 그리고 커다란 나무에 대해 '고다마의 어머니'라고 부른다. 제철장의 남자는 자연을 두려움의 대상으로 보고 적대시하지만 아시타카는 자연을 인간과 함께 살아가야 할 친근한 대상으로 이해하는 것이다. 고다마를 대하는 이 두 사람의 대조적인 태도는 자연(숲)에 대한 인간의 두 가지 방식을 상징적으로 드러내는 것이다. 자연을 적대적인 두려움의 대상으로 볼 것인가, 더불어 살아가야 하는 존재로 볼 것인가 하는 생각의 차이를 단적으로 보여주고 있는 것이다.

길을 가던 아시타카는 강가에서 다친 들개 모로와 함께 나타난 모노노케 히메를 만난다. 그녀는 모로의 상처에 직접 입을 대고 피를 빨아내며 치료를 하는데, 입가에 피 칠을 한 소녀의 모습은 영화 포스터에 새겨져 많은 화제를 모았다. 모노노케 히메의 가녀린 소녀로서의 모습과 야성적인 모습의 대비가 보는 사람들에게 강렬한 이미지를 심어주었다. 그녀는 어린이도 어른도 아닌 소녀라는 과도적 혼란에 싸여 있고, 인간도 들개도 아닌 정체성의 혼란 속에 방황하는 인물이다. 아시타카를 만난 그녀는 자신의 이름을 밝히는 그를 향해 숲에서 떠나라고 충고한다.

늑대 모로와 입에 피 칠을 한 모노노케 히메.

아시타카와 산은 숲의 어귀에서 이런 짧은 만남을 통해 서로의 존재를 각인시킨다. 자신을 경계하지 않는 아시타카에 대해 모노노케 히메 산은 에보시와 그의 무리에게 대하는 적대적인 태도와는 다른 모습을 보인다. 아시타카 역시 들개와 함께 있는 산을 경계하지 않는다. 아시타카의 이러한 개방적인 자세는 산에게도 영향을 미치고 그녀는 본능적으로 아시타카가 좋은 사람임을 감지한다.

고다마들의 안내를 받아 무사히 사슴신이 있는 숲까지 오게 된 아시타카는 나무 사이에서 황금색으로 빛나는 사슴신을 보게 된다. 하지만 그 순간 아시타카의 팔은 심하게 흔들리고, 당황한 아시타카는 자신의 팔을 물속에 담근다. 그러자 신기하게도 분노의 촉수들은 진정되고 그의 팔은 다시 조용해지게 된다.

사슴신을 본 순간 아시타카의 팔이 움직인 이유는 무엇일까? 아마도 사슴신에 대한 나고 대장의 원한이 그 이유일 것이다. 자신의 숲을 지키려다 에보시 일행의 총을 맞은 나고 대장은 사슴 신이 자신의 목숨을 살려주지 않은 것을 원망하며 죽어간다. 사슴 신이 나타난 순간 아시타카의 팔이 요동치게 된 것은 나고 대장의 이러한 저주가 꿈틀대기 시작했기 때문이다. 하지만 다음 순간 팔이 잠잠해진 것은 농민들을 죽이려는 사무라이들을 보았을 때와는 달리 이번에는 아시타카 스스로 자신 안의 분노와 저주를 차분히 응시하고 가라앉히는 평정심을 가질 수 있었기 때문이다. 아시타카는 이제 마음속에서 이는 분노와 저주를 다스릴 수 있는 힘이 생긴 것이다. 사슴 신을 만난 이후 아시타카의 몸은 가벼워지는데, 이것은 아시타카가 이제 자신의 마음속의 분노를 잠재울 수 있는 능력이 생겼기 때문이다. 아시타카와는 대조적으로 숲에 있는 모든 것을 부정적으로 보는 사무라이의 몸에는 아무런 변화도 일어나지 않는다.

아시타카가 재앙신으로 변한 멧돼지를 처치했을 때 받은 저주는 아시타카 스스로 멧돼지신의 분노를 받아들였기 때문에 생긴 것이다. 결국 아시타카 자신 안에 있는 분노가 멧돼지신의 저주라는 형태로 모양만 변화하여 밖으로 분출된 것이다. 아시타카가 사슴신을 본 순간 자연의 신비와 절대적인 힘에 압도당하여 자신의 마음속에 잠재되어 있는 분노와 파괴적인 힘을 억누르는 것 역시 사슴신의 사랑과 포용력을 그가 수용했기 때문이다. 사슴신을 만나 관용과 용서, 사랑을 깨달은 아시타카는 극한으로 치닫던 모노노케 히메와 에보시의 대립을 중재할 수 있는 힘을 얻을 수 있었던 것이다.

부상자들을 무사히 제철장으로 데리고 온 아시타카는 제철장 사람들의 환대를 받는다. 에보시는 자신이 버려두고 온 부상자들을 구해 준 아시타카에게 고마움을 표시하고 제철장에 머물 것을 권유한다. 에보시와 함께 제철장을 둘러보던 아시타카는 여성들이 힘겹게 제철장 일을 하고 있음을 알게 되고 이들에게 연민을 느낀다. 에보시는 아시타카를 의심하며 여행의 목적을 묻고, 이에 아시타카는 자신의 오른팔을 보여주며 멧돼지신의 몸에서 나온 총알을 에보시에게 보여준다. 자신의 여행의 목적은 멧돼지신이 재앙신이 된 이유, 자신이 그 저주를 받아야 하는 이유를 '흐림 없는 눈으로' 판단하기 위한 것이라고 말한다. '흐림 없는 눈'으로 판단한다는 것은 숲을 지키기 위해 인간을 공격하는 모노노케히메의 정당성, 철을 만들기 위해 숲을 파괴해야 하는 에보시와 여성들, 나환자들의 입장, 자신의 구역을 침입해 들어오는 인간을 공격하는 동물들, 이들의 삶의 방식과 상대방에 대한 인식을 규명해 보겠다는 작품 전체의 주제를 설명하는 말이기도 하다.

아시타카는 에보시의 제철장에서 만들어진 총알이 나고 대장을 죽인 사실에 분노하는데, 에보시는 그 이야기를 듣자 아시타카를 나환자들이 있는 곳으로 데리고 간다. 여성 집단과 함께 화승총을 만들어 에보시의 권력을 받쳐주는 집단은 나환자들이다. 이들은 사회에서는 인간 이하의 취급밖에 못 받았지만 제철장에서는 총을 만드는 전문 장인으로서의 능력을 발휘한다. 그러나 아시타카는 그곳에서 나환자들이 숲과 그 곳에 사는 동물 신들을 죽이기 위해 총을 만들고 있는 사실에 다시 한 번 분노를 느끼면서 욱신거리기 시작하는 오른팔이 에보시를 공격하려고 한다. 이때 환자 중 한 노인이 아시타카에게 다음과 같은 이야기를 한다.

> 병든 노인 : 나 역시 저주를 받은 몸인 만큼, 그대의 슬픔과 분노를 잘 안다. 그러나 저 사람(에보시를 가리킴)을 죽이지는 말아다오. 저 분은 우리들을 사람으로 봐 주고, 사람으로 대접해 온 유일한 사람이라네. 우리들의 병을 두려워하지 않으면서, 우리의 썩은 살을 씻겨주고 붕대까지 감아 주셨다네. 살아간다는 것은 정말 괴롭고 힘들지. 세상을 저주하고 인간을 저주한다. **그래도 살아라**. 어리석은 나를 봐서라도…. (필자 강조)

아시타카는 인간에 대한 증오로 자신을 죽이려는 모노노케 히메에게 '살아라'하고 생에의 의지를 불어넣어주려 하는데, 제철장의 병든 노인은 분노로 이성을 잃은 아시타카에게 힘들고 모순에 찬 삶이지만 살라고 한다. "그래도 살아라"는 나환자 노인의 말은 병으로 고통 받고 또 자신들을 인간 이하로 취급하는 사람들의 냉대로 힘들어하는 나환자들의 삶처럼, 마을 사람들을 지키기 위해 멧돼지신을 죽였지만 멧돼지신의 저주를 받게 된 아시타카의 부조리한 운명을 이야기한다. 힘들고 부당한 삶일지라도 힘든 그대로 받아들여야 한다는 숙명론적 자세임과 동시에 부조리한 삶 속에서도 희망을 잃지 말고 살아가야 한다는 희망의 메시지이기도 하다.

밤이 되자 성성이들은 인간에게 빼앗긴 숲을 되찾기 위해 제철장을 찾아오고, 에보시는 그런 성성이들에게 총을 쏜다. 제철장이라고 하는 속세와 숲의 경계에서 에보시와 숲의 동물들은 끊임없이 대결하게 된다. 에보시는 아시타카에게 "사슴의 피가 온갖 병을 치료하는 힘이 있다지. 그 피로 중병에 시달리는 저 환자들을 고쳐주고 싶다."고 말한다. 조정의 왕이나 지코 법사 같은 사람들은 불노불사를 위해 사슴신의 목을 원하지만, 에보시는 버림받고 천대받는 나환자의 병을 고쳐주기 위해 사슴신을 원하는 것이다.

에보시는 이상과 같이 제철장을 지키기 위해 숲의 동물들을 가차 없이 살상하지만 버려진 사람들을 보듬는 따뜻한 마음도 가진 복잡한 인물이다. 어쩌면 가장 인간적인 모습을 보이는 인물이 에보시인지도 모르겠다. 결국 에보시로 인해 숲이 모두 죽음으로 변하고 제철장도 모두 파괴되었지만, 그녀는 여기에 굴하지 않고 다시 제철장을 일으켜 세우겠다는 다짐을 한다. 문명의 발전을 위해 숲을 개발하면 홍수나 한발과 같은 재앙이 닥치지만, 인간들은 폐허 속에서 또 다시 새로운 삶을 건설한다. 사슴신을 죽여 숲을 파괴하고 모로에게 팔을 물려도 다시 제철장을 세우려는 에보시의 모습은 끊임없이 자연에 도전하는 인간의 무모함과 도전정신, 두 가지를 모두 보여주는 것이라 하겠다.

살아라, 그대는 아름다워.

산은 자신을 키워준 늑대뿐 아니라 숲에 사는 성성이, 멧돼지와 같은 동물들과 대화를 나눌 수 있는 능력을 지니고 있다. 미야자키 감독의 다른 작품「바람계곡의 나우시카」에서 나우시카도 오무라는 벌레와 대화를 나누고 감정을 공유하는 인물로 그려지고 있는데, 산이나 나우시카의 자연친화적인 여성적 특성과 함께 신화 속에 등장하는 자연 만물을 관장하는 여신으로서의 면모를 보여주는 것이라 하겠다.

고대 샤먼들은 동물과 대화하는 능력을 가졌었다. 샤먼이 동물과 대화한다는 것은 샤먼이 인간조건을 뛰어넘을 수 있음을 보여주는 것이다. 동물은 저승과의 실제적, 직접적인 관계를 상징하며, 동물과 인간의 연대관계는 고대 수렵민들 종교의 중요한 특징을 이루는 것이다. 이는 또한 인간계와 동물계가 분화하지 않았던 아득한 신화시대에 존재했을 상황을 재현하는 것이기도 하다. 전 세계적으로 동물의 언어를 배운다는 것은 곧 자연의 비밀을 배우는 것이다. 자연의 비밀을 알기 때문에 예언을 할 수 있다. 또한 동물의 소리를 모방함으로써 이들의 언어를 배운다는 것은 저승 및 천상계와 대화를 나누는 능력을 얻는 것이다. 샤먼은 접신상태에서 동물과 평화롭게 공존하며 동물의 언어를 이해했던 태초, 즉 신화시대의 상태로 돌아가는 것이다.[119] 「모노노케 히메」의

---

119 엘리아데(1976),『샤머니즘』, 삼성출판사, 105-107쪽

산도 이러한 샤먼적 성격을 가진 인물이라 볼 수 있다.

미야자키는 처음 「모노노케 히메」를 만들었을 때, 제목을 「아시타카 섹키」라 지으려 했다고 한다. 「섹키䔋記」라는 것은 미야자키가 만든 용어로, 풀에 묻힌 이야기라는 뜻이라 설명한다. 그러나 프로듀서가 지금까지 미야자키의 작품에 여자 주인공이 많았기 때문에 「모노노케 히메」가 좋다고 해서 그렇게 이름을 짓게 되었다. 「모노노케」란 일본의 전통적인 '원령사상怨靈思想'을 말하는데, 원한을 갖고 죽은 영혼死靈뿐 아니라 살아 있는 사람生靈도 원한을 품게 되면 상대방에 대한 저주로 나타나는 것을 말한다.

「모노노케」라고 하는 것은 고전문학에 흔히 등장하는 요소로, 일본 최고의 고전문학으로 꼽히는 『겐지이야기源氏物語』에서는 특히 이 '모노노케'가 여성들 간의 갈등을 상징하는 키워드로 등장한다. 가장 파괴적인 '모노노케'로 변한 것은 겐지의 애인이었던 로쿠죠미야슨도코로이다. 그녀는 겐지보다 여섯 살 연상이었는데, 동궁의 어머니로서 상당히 높은 신분의 자존심 강한 여성이었다. 하지만 사랑하던 애인 겐지가 정실부인을 맞이하여 자신에게 소홀해지자 출산이 임박한 겐지의 정실부인 아오이노우에를 모노노케가 되어 찾아가 죽이게 된다. 이런 그녀의 행동은 자기 스스로도 통제가 안 되는 감추어진 어두운 욕망의 표출이다. 그녀의 질투는 겐지의 부인 아오이노우에뿐 아니라 겐지의 또 다른 애인인 유가오마저도 죽음에 이르게 한다. 이러한 스스로의 업보로 로쿠죠미야슨도코로는 스스로 겐지의 곁을 떠나기로 결심을 한다. 『겐지

이야기』에 그려 있는 모노노케라고 하는 관념이 일본인들이 생각하는 전통적인 원령사상이다. 자신의 마음속에 내재된 원망이나 한을 다스리지 못하게 되면 그것은 파괴적인 양상으로 나타나게 된다는 것이다.

미야자키 하야오의 애니메이션「모노노케 히메」에서도 산이 모노노케가 된 것은 자기가 부모에게서 버림받았다고 하는 원한을 마음속에 갖고 있기 때문이다. 들개 모로의 이야기에 의하면 모노노케 히메는 인간들이 도망가면서 자신들이 살기 위해 버리고 간 아이라고 한다. 자신을 버린 인간에 대한 원망은 숲을 파괴하는 에보시를 죽이려 하거나, 자신을 구한 아시타카조차도 인간이기 때문에 죽인다는 극단적인 인간 혐오의 감정으로 나타난다.

모노노케 히메 산이 인간에게 갖는 원한은 작품 전체를 이끄는 강한 모티브이다. '모노노케'란 산의 마음속에 자리 잡은 원한과 저주를 의미하기도 하고, '괴물'이라는 의미로 해석되기도 한다. 미야자키 감독이 원래 만들려고 했던「모노노케 히메」는 큰 살쾡이를 중심으로 한 이야기였다. 하지만 완성된 작품에서는 원한과 분노로 스스로 '모노노케'로 변한 산의 모습을 그대로 반영하는 제목이 되었다.

전국시대戰國時代 한 무사가 숲 속 깊은 곳에서 길을 잃다가 큰 살쾡이(모노노케)가 사는 곳에 들어가게 되어 '세 명의 딸 중 한 명을 아내로 주겠다'고 약속을 하고 간신히 목숨을 건지게 된다. 남편의 이러한 행동에 분개한 아내와 두 딸은 집을 나가고, 마음씨 착한 셋째 딸만이 남게 된다. 어느 날 적들에게 둘러싸인 무사는 악령이 깃든 괴면 기와에 심신을 의지하다가 악귀와 같은 폭정가로 변신하게 되고 셋째 딸을 살쾡이에게 주어 버린다. 모노노케와 딸은 악령을 퇴치하기 위한 방법을 찾아 여행을 떠난다. 험난한 여정을 거쳐 악령을 퇴치할 거울을 얻은 공주와 모노노케는 성에서 아버지와 대결한다. 결국 악령은 퇴치되고 마음이 통하게 된 모노노케와 공주는 산으로 간다는 이야기가 원래 미야자키 하야오가 계획했던 「모노노케 히메」의 줄거리였다. 이때 생각했던 살쾡이가 후에 「이웃집 토토로」의 고양이로 등장하게 되었다.

원래 괴물의 의미였던 '모노노케'는 「모노노케 히메」에서는 인간의 영역에 속하지도 못하고 동물도 될 수 없는 산의 모습을 나타내는 말로 쓰이고 있다. 하지만 관점을 조금만 다르게 본다면, 산은 들개가 되어 숲의 일원이 될 수도 있고, 또 아시타카를 도와 숲을 구하는 인간의 영웅이 될 수도 있는 가능성을 지닌 인물이기도 하다. 그녀가 산에 버려졌을 때 들개를 가족으로 받아들여 그들의 일원이 되었듯이 아시타카를 만났을 때는 그를 죽이지 않고 사슴신의 숲으로 데려가 목숨을 구해준다. 들개처럼 높은 성벽을 단숨에 기어오르거나 지붕 위를 자유자재로 날아다니는 산의 능력은 그녀의 동물적 측면을 보여주는 것이다. 하지만 아시타카를 만나 인간의 따뜻한 마음을 접하게 된 산은 자신의 인간적인 측면을 새로이 발견하는 것이다.

한편 에보시는 숲의 동물들을 '모노노케(괴물)'로 보고 있다. 에보시는 자신을 비난하는 아시타카에게 다음과 같이 이야기한다.

에보시 : 오래된 신(사슴 신)이 사라지면 모노노케도 평범한 짐승으로 돌아올 것이다. 숲에 빛이 들어가 들개들도 잠잠해지면 여기도 풍요로운 마을이 될 것이다. **모노노케 히메도 사람이 될 것이다**. (필자 강조)

산이나 아시타카가 숲의 동물들을 '신神'으로 보는데 비해 에보시는 이를 '모노노케'로 보고 있다. 자연을 대하는 에보시의 태도를 읽을 수 있는 대목이다. 그녀는 숲을 정복의 대상으로 보고 있다. 숲이 개간되면 마을이 풍요로워질 것이라 생각하는 그녀는 그렇게 되면 모노노케 히메도 괴물의 모습을 벗고 사람의 모습으로 돌아올 수 있다고 믿는다. 이러한 에보시의 태도와 숲과 숲속 동물들을 자신과 동일시하는 모노노케 히메의 충돌은 피할 수 없는 것이다.

모노노케 히메는 들개들과 함께 에보시의 제철장을 습격하고 그녀의 습격을 예지하고 있던 에보시와 제철장 여성들은 총으로 무장하고 그녀를 기다린다. 모노노케 히메는 제철장 사람들에게 죽은 들개 일족의 원수를 갚으러 왔고, 제철장 여자들은 마찬가지로 들개에게 물려죽은 남편의 원수를 갚으려고 산과 대치한다. 모노노케 히메나 제철장 사람들 양쪽 모두 상대를 공격해야 할 이유가 있고, 원한은 또 다른 원한을 낳을 수밖에 없다. 결국 모노노케 히메는 에보시가 쏜 총에 맞아 지붕에서 떨어지고, 아시타카는 지붕의 큰 나무를 뽑아 모노노케 히메를 위험에서 구한다. 지붕에서 떨어진 모노노케 히메와 에보시는 일대 격전을 벌이고, 이를 저지하려는 아시타카를 에보시의 심복인 곤자가 막아선다. 이때 아시타카의 팔은 다시금 분노로 푸른 지렁이들이 꿈틀거리고, 분노로 이글거리는 그의 팔은 곤자의 큰 칼을 종잇장처럼 구부러뜨린다. 그는 격투를 벌이고 있는 에보시와 모노노케 히메의 싸움을 저지하면서 다음과 같이 말한다.

> 아시타카; 당신의 마음속엔 잔악한 야수가 들어앉았소. 이 소녀도 마찬가지요. 이것이 내 몸에 들러붙은 원한과 증오의 모습이오. 육신을 썩게 하고 죽음을 부르는 저주입니다. 여러분들은 더 이상 이런 분노에 휩쓸리지 마시오.

아시타카는 자신의 원한과 증오에 대해 분명하게 인식하고 있다. 아시타카도 모노노케 히메도 에보시도 모두 마음속에 잔악한 야스를 지니고 있다. 하지만 그것을 인식하느냐 그렇지 않느냐에 따라 상황은 크게 바뀐다. 모노노케 히메나 에보시는 각자의 정당성에만 얽매어 자신들 안의 원한이나 저주의 모습을 보지 못한다. 마음속의 원한과 저주를 움켜쥐고 있기 때문에 결국 그 한과 증오는 스스로를 파멸의 길로 이끌게 되는 것이다. 「모노노케 히메」는 아시타카와 모노노케 히메가 어떤 방식으로 저주와 원한, 증오를 마음에서 놓아가는가의 과정을 추적한 영화라 하겠다.

모노노케 히메와 에보시의 싸움을 중지시키고, 기절한 모노노케 히메를 데리고 나가던 아시타카는 제철장 여자가 쏜 총에 맞는다. 하지만 사력을 다해 육중한 문을 열고 산을 마중 나온 들개들과 함께 숲으로 돌아간다.

야크루를 타고 숲에 도착한 아시타카는 총에 맞은 상처로 정신을 잃고 쓰러진다. 정신을 차린 모노노케 히메는 자신을 구해준 아시타카의 모습을 보고 "죽는 거냐?"하고 차가운 한마디를 건넨다. 인간으로서의 따뜻한 마음을 모두 잊어버린 인간이기를 거부하는 모노노케 히메는 삶에 대해서도 집착하지 않고 죽음도 담담하게 받아들이는 타협할 줄 모르는 야생 그대로의 모습이다.

> 산 : 총에 맞았는가? 죽는 거냐? 왜 나를 방해했는가. 죽기 전에 대답해!
>
> 아시타카 : 그대를 죽게 하고 싶지 않았다.
>
> 산 : 죽는 것 따윈 무섭지 않아. 인간을 쫓아내기 위해서는 목숨 따윈 아깝지 않아.
>
> 아시타카 : 알고 있었어. 처음 만났을 때부터….
>
> 산 : 쓸데없이 방해해서 개죽음 당하는 건 네 쪽이야.(아시타카의 목에 칼을 들이댄다.) 목을 찢어발겨 다시는 헛소리 못하도록 해 주겠어.
>
> 아시타카 : 살아라!
>
> 산 : 그래도 떠들 건가. 인간의 지시 따윈 받지 않아.
>
> 아시타카 : **그대는 아름다워**.(필자 강조)

사슴신이 숲을 위협하는 인간들까지도 포용하고 사랑으로 치유하려는 모성적인 모습을 가진 자연이라면, 숲을 훼손하는 인간에 대해 목숨을 걸고라도 처단하려는 산의 모습은 준엄한 심판자로서의 자연의 모습이다. 하지만 이런 거칠고 냉혹한 산도 아시타카의 '살아라, 그대는 아름다워'라는 따뜻한 말에 충격을 받게 된다. '아름답다'고 하는 것은 그 어떤 말보다 숭고한, 생명 그 자체에 대한 찬양이다. 그것이 비록 '괴물'의 모습을 한 모노노케 히메일지라도 아시타카는 그 안에서 아름다움을 발견한 것이다. 에보시가 나환자를 사랑스런 존재로 여기듯이, 아시타카도 산의 겉모습에 얽매이지 않고 마음속 아름다움 자체를 발견한 것이다.

'살아라'는 말은 영화 「모노노케 히메」를 개봉할 때 사용되었던 캐치프레이즈이다. 삶을 영위한다고 하는 것은 매 순간 치열한 투쟁을 해야 하는 힘든 것이다. 아침에 눈을 떠서 사냥을 하지 않고 먹이를 먹을 수 있는 동물은 인간 밖에 없다는 말이 있듯이, 문명의 꺼풀을 하나 벗겨낸 자연 속의 생물은 생을 유지하기 위해 끝없는 투쟁을 하지 않으면 안 된다.

> 인간은 언제나 '우리들은 앞으로 어떻게 해야 하나'라는 것을 생각하며 살아가는 수밖에 없어요. 그것밖에는 길이 없는 것이죠. 그게 바로 "살아라"라는 말이지요.[120]

자연을 지키려는 의지 때문에 에보시를 죽여야 하고, 그러기 위해서는 자신의 모든 것을 희생할 각오가 되어 있는 산에게 아시타카의 '살아라'라고 하는 말은 그녀의 마음속에 숨어 있던 생명에 대한 강렬한 희구를

---

120 『TECH WIN 10月号別冊VIDEO DOO! vol.1』, アスキ `97年10月

일깨우는 말이었을 것이다. 하지만 '살아라'는 말보다 더 산의 마음을 움직인 것은 '그대는 아름다워'라는 말이다. '그대는 아름답다'고 하는 말을 들은 산은 화들짝 놀라 아시타카에 대한 공격을 멈춘다. 죽음의 순간에 자신을 죽이려는 모노노케 히메에게 아름답다는 말을 하는 아시타카는 모노노케 히메뿐 아니라 이 세상 만물을 있는 그대로의 모습으로 인정하고 받아들일 수 있는 경지에 도달한 것이다. 상대를 온전히 인정하고 받아들이는 것이야말로 사랑의 가장 숭고한 형태가 아닐 수 없다. 인간으로 태어났지만 들개가 되어버린 자신에게 '아름답다'고 하는 아시타카로 인해 원한과 분노로 사랑이 말라버린 모노노케 히메의 마음은 크게 동요하기 시작한다. 아시타카로 인해 산은 비로소 진정한 인간이 될 수 있었던 것이다.

이 말을 들은 모노노케 히메는 조금 전에 아시타카를 죽이려던 마음을 접고 총에 맞아 죽어가는 아시타카의 목숨을 살리기 위해 사슴신이 있는 숲으로 데려간다. 그녀는 아시타카를 호수 한 가운데 있는 한 그루 나무 근처로 데리고 간다. 이 나무는 하늘로 뚫린 공간으로 뻗어 있다. 이는 자크 브로스가 이야기하는 '우주에 생기를 부여하는 생명의 통로'로서의 공간이며, 호수 한 가운데 섬에 서 있는 나무는 신화 속에 등장하는 하늘로 이어지는 생명의 나무인 것이다. 이때 온 숲 전체에 고다마의 울림이 퍼지고 생명의 상징인 보름달과 함께 디타라봇치로 변한 사슴신이 나타난다. 디타라봇치는 우주목이 있는 숲의 한가운데로 들어와 사슴신으로 변한 후 아시타카의 상처를 낫게 해 준다.

모노노케 히메는 생명의 나무가 있는 호수로 아시타카를 데려온다.

아시타카에게 새 생명을 불어넣는 사슴신.

자신의 목숨이 위협을 받는 순간 아시타카는 모노노케 히메에게 목숨을 구걸하기보다 모노노케 히메의 있는 그대로의 아름다움을 인정한다. 아시타카의 이러한 순수한 마음이 산의 마음을 움직였고, 산도 이제 인간으로 돌아와 인간으로서의 자신의 면모를 인정하고 받아들이기 시작하는 것이다.

모노노케 히메, 옷코토누시를 온몸으로 지키다

자신을 희생해가며 숲과 제철장 양쪽 모두를 지키려는 아시타카의 노력과 더불어 숲과 숲의 동물들을 지키려는 모노노케 히메 산의 희생정신 역시 작품의 커다란 테마이다. 산은 재앙신으로 변해 가는 옷코토누시의 저주를 온몸으로 막으려 하지만 자신도 재앙신의 촉수에 감겨 점점 의식을 잃어간다. 산은 자신의 생명을 위협받으면서도 숲과 숲의 동물들을 지키려고 하는 것이다.

나고 대장의 죽음을 알게 된 전국의 산의 주인인 멧돼지들은 대장의 원수를 갚기 위해 모여든다. 나고 대장을 죽음으로 몰아간 에보시와 멧돼지들은 격돌한다. 멧돼지들은 인간을 죽이고 숲을 지키기 위해 모여들었고, 아시타카라는 인간은 살려주면서 나고 대장은 죽게 내버려 둔 사슴신을 원망한다. 게다가 들개들이 인간을 돕는 것이 사슴신을 독차지하기 위해서라고 오해하기도 한다. 동물의 세계에도 인간계 못지 않은 반목과 질시가 존재하는 것이다. 멧돼지들은 자신들이 에보시 무리가 쳐놓은 함정에 빠진다는 것을 알면서도 짓밟힌 멧돼지들의 명예를 되찾기 위해 제철장으로 쳐들어간다. 동물들과 반목하며 어리석은 판단을 한 멧돼지들은 결국 많은 희생을 치르게 된다.

모로 일족은 멧돼지들을 돕기로 하고, 모노노케 히메는 눈이 보이지 않는 옷코토누시의 눈이 되어 주기로 한다. 제철장을 향하던 아시타카는 산이 공격당하는 모습이 떠올라 이상한 예감에 숲 쪽을 보니, 숲에는 검은 연기가 자욱하다. 아시타카는 모노노케 히메를 돕기 위해 다시 숲으로 향하고 도중에 무수하게 죽어 있는 멧돼지들과 제철장 사람들의 시체를 보게 된다. 멧돼지들 시체 사이로 들개가 깔려 있고, 아시타카는 멧돼지 시체를 들어올려 들개를 구하려고 한다. 이때 제철장 남자들을 부리던 붉은 우산연맹 사람들은 아시타카를 독침으로 공격하나 제철장 사람들이 우산연맹 사람들을 저지하고 아시타카를 도와 들개를 구출한다. 이로써 들개와 제철장 사람들의 오랜 반목은 화해의 전기를 맞게 된다.

우산 연맹 사람들은 제철장 사람들을 미끼로 사용하여 멧돼지를 유인하고, 사람, 멧돼지를 가리지 않고 지뢰탄으로 공격하여 많은 희생을 낸다. 온몸에 상처를 입은 옷코토누시는 멧돼지 가죽을 뒤집어 쓴 지코 법사가 이끄는 길잡이들에게 속아 그들을 사슴신이 있는 곳으로 데리고 가려 한다. 산은 그런 옷코토누시를 필사적으로 막으려하지만, 이미 판단력이 흐려진 옷코토누시는 온몸에 피를 흘리며 그들을 인도한다.

그러는 사이에 길잡이들은 옷코토누시를 공격하고 이에 분노를 느낀 옷코토누시는 서서히 재앙신으로 변해 간다. 옷코토누시가 재앙신이 되는 것을 필사적으로 막으려는 모노노케 히메의 몸속으로도 지렁이의 모습을 한 저주의 촉수가 뻗혀 오고, 옷코토누시를 진정시키려던 모노노케 히메는 점차 정신을 잃어 간다. 지렁이 모양의 촉수들은 모노노케 히메를 점점 더 조여오고, 모노노케 히메를 찾아온 아시타카는 산을 애타게 부른다. 이 소리를 들은 산은 잠시 정신을 차리는 듯 했지만 쉴 새 없이 조여 오는 촉수 때문에 다시 정신을 잃는다. 아시타카는 옷코토누시의 앞을 가로막으며 산을 찾기 위해 옷코토누시의 몸속으로 들어간다. 하지만 옷코토누시는 자신의 몸속에서 모노노케 히메를 빼내려는 아시타카를 밖으로 내던지고, 아시타카는 호수에 빠지게 된다.

모로는 마지막 힘을 다해 모노노케 히메를 구하기 위해 옷코토누시와 대결을 벌이는데, 이때 사슴신이 나타난다. 아시타카는 물속에서 '네가 산을 구할 수 있겠느냐'는 사슴신의 목소리를 듣고 정신을 차리고, 모로가 옷코토누시의 몸에서 빼낸 산을 데리고 물속으로 들어간다. 사슴신은 옷코토누시의 생명을 빨아들이고, 옷코토누시는 순순히 죽음을 받아들인다. 자신의 모든 것을 걸고 옷코토누시를 구하기 위해 노력하는 산의 자기희생적인 모습은 작품 전체에서 가장 빛나는 장면이라 할 수 있다.

숲과 숲의 동물들을 지키기 위해 노력하는 산과 아시타카와는 대조적으로, 에보시는 옷코토누시에게 다가가는 사슴신에게 총을 쏘고 총알은 사슴신의 머리를 관통한다. 하지만 사슴신은 죽지 않고 오히려 걱정스럽게 바라보는 아시타카에게 안심하라는 듯 온화한 미소를 짓는다. 그러나 초승달을 보며 디타라봇치로 변하기 시작한 사슴신에게 에보시는 다시 총을 겨누고, 사슴신은 이번에는 총에 나뭇가지가 자라게 한다. 그럼에도 불구하고 에보시는 사슴신에 대한 공격을 멈추지 않고, 결국 에보시가 쏜 총에 사슴신의 목이 잘려 나간다.

옷코토누시의 생명을 빨아들이는 사슴신.

숲을 지키던 사슴신의 목이 떨어지자 잘려진 목에서 갈색의 걸쭉한 액체가 쏟아져 나오며 숲의 나무와 고다마들은 모두 죽어 버린다. 사슴신을 죽여 숲을 죽음으로 몰아넣은 에보시는 죽어가는 모로가 머리만으로 공격하여 오른팔이 잘려 나간다. 아시타카는 에보시의 상처를 치료하며 산에게 도움을 요청하지만 산은 아시타카에게 자신이 인간임을 부정하며 인간을 증오하니까 에보시를 데리고 숲을 나가라고 한다. 여전히

목이 잘린 디타라봇치와 초승달.

인간을 불신하는 모노노케 히메이지만, 아시타카는 그녀를 설득하는 일을 포기하지 않는다. 그런 아시타카의 마음에 조금씩 감화되어 가는 모노노케 히메는 서서히 마음의 문을 열고 아시타카를 도와 사슴신의 목을 되찾아주는 데 힘을 보탠다. 그러나 목을 찾은 디타라봇치는 강에 몸을 던져 소멸된다. 죽음의 신으로 변한 디타라봇치가 죽자 나무에는 다시 새싹이 돋아나며 숲에는 다시 생명이 찾아온다.

> 산 ; 되살아나도 여기는 더 이상 사슴신의 숲이 아니야.
> 아시타카 ; 사슴신은 죽지 않아. 생명 그 자체이니까. 삶과 죽음, 둘 다 갖고 있는. 나에게 살라고 말해 줬어.
> 산 ; 아시타카는 좋아해. 하지만 인간은 용서할 수 없어.
> 아시타카 ; 그래도 좋아. **산은 숲에서, 나는 제철장에서 살게. 함께 사는 거야.**(필자 강조)

사슴신이 죽자 숲은 다시 생명을 찾는다. 그러나 사슴신은 죽은 것이 아니다. 식물이 씨를 남겨 그 씨에서 다시 새로운 생명이 탄생하듯이 사슴신은 다시 새로운 모습으로 재탄생되는 것이다. 생명은 일회성이 아닌 순환적인 것이기 때문이다. 삶과 죽음 역시 하나인 것이다. 사슴신이 아시타카의 입을 통해 전하는 메시지는 '살라'는 것이다. 산은 숲에서, 아시타카는 제철장에서 서로 공존하는 방식을 찾아 '함께 사는' 삶이 미야자키 감독이 제시하는 영화의 테마이다.

산은 숲에서, 아시타카는 제철장에서

이상 고찰해 본 바와 같이 「모노노케 히메」는 숲에 사는 동물의 형태를 한 신들의 이야기와 인간의 대립을 그린 작품이다. 들개의 편에서서 숲을 지키려는 모노노케 히메와 제철장을 이끌어 나가기 위해 숲을 파괴할 수밖에 없는 에보시의 대립, 그리고 이 둘의 관계를 조정하여 평화로운 삶을 지향하려는 아시타카의 노력을 축으로 한 이야기라고 할 수 있다. 미야자키 감독은 이런 신화적인 우주의 상징적 의미체계 속에 인간과 자연이 더불어 살아가야 한다는 메시지를 전하고자 했다.

조지프 캠벨은 신화에 대해 다음과 같이 이야기하고 있다.

르 드볼뢰가 어머니와 자식, 자식과 어머니간의 "신비적인 관계participation

mystique"라고 불렀던 것은 궁극적인 낙원이다. 우리의 어머니인 대지와 전 우주는 이 경험을 범위가 더 넓은, 성인의 경험 속으로 옮긴다. 어린아이와 어머니의 관계와 같은 정도로 자신과 우주의 관계가 완전하고 자연스럽다고 느낄 수 있는 사람은 자신과 우주 사이의 완전한 조화와 일치를 얻게 된다. 우주와 조화를 이루면서 그곳에 오래 머무는 것, 이것이 신화의 주요한 기능이다.[121]

원시 신화의 세계에서는 인간과 자연은 하나였다. 인간은 동물이나 숲의 정령들과도 대화하고 교감할 수 있는 능력을 지녔었다. 삶과 죽음 역시 별개의 것이 아니었다. 인간은 우주와 완전한 일치를 이루며 그 일부를 이루었던 것이다. 미야자키 감독이 「모노노케 히메」의 영상을 통해 이루고 싶었던 것은 이러한 신화적 세계의 구현이다. 하지만 그는 산은 숲에서, 아시타카는 제철장에 남는 것으로 영화를 끝내고 있다. 이것은 과연 인간과 자연의 평화로운 공존이 신화에서나 존재할 수 있는 이상론이라는 암시일까? 이에 대해 미야자키 감독은 다음과 같은 말로 인간이 자연과 어떻게 공존해 나가야 하는지를 제시하고 있다.

자연이 좋은 것이라고 하는 자연관만으로는, 실은 인간과 자연이 조화롭게 살아간다고 하는 생각은 생겨나지 않지 않을까 하는 생각이 듭니다.[122]

121 조지프 캠벨, 과학세대 옮김(1988), 『신화의 세계』, 까치글방, 5쪽
122 1997년 5월 7일 산케이신문(久美薫, 앞의 책, 258쪽 재인용)

인간이 동물의 세계에서 벗어나 문명의 세계로 들어서기 시작하면서 사람들은 자연에 대한 외경심을 잃고 자연을 정복과 파괴의 대상으로 삼기 시작했다. 하지만 문명의 진화를 위해 자연을 개발하는 것도 어쩔 수 없는 일이다. 인간과 자연이 서로 대립하지 않고 조화롭게 살아갈 수 있는 길, 그 방법으로 미야자키 감독은 '숲'과 '제철장' 모두를 인정하는 상생론적 공존방법을 해결책으로 제시한다.

산과 에보시는 각각 자신이 지켜야 할 이상이 있는 인물들이다. 영화 초반에 두 사람은 각각 가혹한 운명으로 평범하지 않은 삶을 살아가는 존재로 등장한다. 산은 숲에서, 에보시는 제철장이라는 힘든 노동의 장에서 살아간다. 두 사람은 마음속에 응어리진 미움 때문에 산은 들개로, 에보시는 철이 상징하는 바와 같은 냉혈한으로 사는 삶을 택하게 된다. 하지만 이 둘 사이에 아시타카가 등장하여 있는 그대로의 상대를 자신의 마음속에 받아들이는 모습을 보여주면서 두 사람도 조금씩 변화하기 시작한다. 산은 숲에 버려졌을 때 들개를 자신의 가족으로 받아들여 들개와 소통을 할 수 있는 존재가 되었다. 하지만 인간에게는 자아의 벽을 굳게 쌓았고, 아시타카도 에보시도 받아들이지 못하고 인간을 증오하는 존재가 되었다. 그러던 산도 아시타카가 죽음도 불사하며 자신을 구하고, 자신을 향해 '아름답다'고 하는 말을 듣자 마음속에 담아 두었던 인간에 대한 증오의 감정이 조금씩 사라지기 시작한다. 사슴신의 목을 총으로 쏴서 죽인 에보시는 머리만 움직이는 모로에 의해 오른팔을 잃게 되지만 자신을 죽이지 않고 팔만 잘라버린 모로에게 감사한다. 조정과의 약속 때문에 사슴신을 죽였지만, 사슴신의 죽음으로 숲 전체가 파괴되면 에보시 역시 터전을 잃게 되는 것이다. 마지막에 에보시는 자신의 목숨을 살려준 모로에게 감사하며 파괴된 제철장을 다시 일으키자는 다짐을 한다. 들개를 비롯한 성성이, 멧돼지와 같은 숲의 신들의 존재 자체를 인정하지 않던 이전과는 확연히 달라진 모습이다. 이제 에보시도 숲의 정령들의 존재를 인정하고 그들에게 감사하며 함께 살아가는 의미를 깨닫게 되는 것이다. 「모노노케 히메」는 자신의 생각만이 가장 옳은 것이라 여기며 타자에게는 철저히 마음의 문을 닫은 모노노케 히메나 에보시가 점차 타자로서의 상대를 인정하고 함께 더불어 살아가기 위한 길을 모색해 가는, 자연과 인간이 더불어 살아갈 수 있는 길을 제시한 영화이다.

줄리아 세르토리는 「모노노케 히메」가 서로의 의미를 만들어가는 데 초점이 두어진 영화라 평하고 있다.

> 「모노노케 히메」는 생태계에 관한 영화가 아닙니다. 그 작품은 어떤 것도 영원하지 않다는 사실을 보여주는 영화입니다. 그럼으로써 천 년이 지나면 어느 누구도 우리가 누구였으며 무엇을 했는지 상관하지 않는다는 사실을 조용히 일깨워주고 있지요. 그러니 우리는 무언가 변화시킬 수 있는 지금 이곳에서 서로서로 의미를 만들어가는 데 초점을 맞추어야 합니다.[123]

---

123 Julia Sertori "Twilight of the Gods" 『漫画マニア』 46, 1998, 7-8쪽. (헬렌 매카시, 조성기 옮김

자연을 무분별하게 파괴해서는 안 되지만, 무조건 보호만 할 수도 없다. 인간이 살아가기 위해서는 자연을 개발할 수밖에 없는 것이다. 자연도 보존하면서 인간도 살아갈 수 있는 길만이 자연과 문명이 함께 공존해 갈 수 있는 방법일 것이다. 하지만 현실에서 이러한 조화로운 공존은 그리 쉬운 일은 아니다. 미야자키 감독은 「모노노케 히메」를 통해 우리 안에 잠재된 신화적 상상력을 일깨워줌으로써 인간과 자연이 공존할 수 있는 새로운 길을 모색할 수 있는 계기를 마련해 준 것이 아닐까 생각한다.

(2004), 『미야자키 하야오』, 인디북, 240쪽 재인용)